鹈鹕丛书
A PELICAN BOOK

为人父母
Parenting the First Twelve Years
那些证据告诉我们的事

[英]维多利亚·库珀
[英]希瑟·蒙哥马利
[英]基伦·希伊 著
白亦玄 译

上海文艺出版社

目录 | Contents

1 引言

为人父母与科学研究

001 第一章

该如何照看婴儿?

033 第二章

成为父母对一个人有何影响?

055 第三章

何为"家庭"?家庭有优劣之分吗?

079 第四章

孩子该如何社会化?

101 第五章

孩子该怎么玩?

137 第六章

教育里最重要的是什么?

163 第七章

父母和专业人士该如何培养孩子的韧性和自主性?

191 第八章

孩子应该看起来什么样子?

213 第九章

过去真的比现在好吗?

242 结语

工作愉快，会玩懂爱，心怀期待

246 注释

296 延展阅读

引言　为人父母与科学研究
一些意见，建议，抑或福音？

一对父母从来都不可能既不听家人的建议，又不听外人的意见；既不被人批评指责，还不让人家埋怨自己是当局者迷，说出一代不如一代之类的话——就那么简简单单地把孩子养大。为人父母（parenting）*这个话题一贯涉及诸多颇具争议的观点、视角和意识形态，大家也都乐意去讨论分享，甚至有时候还要将自己的见解强加给他人。专家写的指导手册几百年前就有了，而至于什么是孩子，家长该调整自己成为怎样的"称职"（well-adjusted）成年人，这种议论恐怕历史更加悠久。安德鲁·所罗门（Andrew Solomon）在《背离亲缘》（*Far From the Tree*）[1]一书谈及养育"异常"（different）孩子的时候就写道："为人父母不是完美主义者之间的比拼。"然而这种完美主义的目标正是绝大部分家长竭尽所能想要实现的

---

* 英文parent（及parenting, parenthood等派生词）既可作"教养方式"，又可引申为"为人父母"之意。译本会尽量还原此类双关词义，不能兼顾时则采取与上下文最连贯的表达。（如无特殊说明，下文脚注均为译者注）

东西。总有人会说父母们失败了，他们的孩子多少还是有些问题——太胖，太瘦，太自负，太自卑，太沉迷虚拟世界而罔顾现实——这样看起来，为人父母还就是完美主义者之间的一场较量，谁要是哪方面落后了，那就该被数落羞辱一番。

这本书既不是家长指南，也不想树立某一种养育孩子的方式，更不会说你不照做就会有什么样的可怕后果。本书不是要争辩什么，也不推崇某一种哲学或养育途径，相反，本书旨在提供一个通读近年来大量文献的途径：我们要考察并质疑一些理所当然的育儿经。这本书不仅写给家长，也写给与儿童成长相关的科研人员、专家学者以及政策制定者。虽说"抚养儿童是全村之责"（It takes a village to raise a child）这话是老生常谈了，但养育子女确实还是和很多人息息相关，这些人也希望了解学界新近的发现。

父母对孩子的生活状态一直（很明显地）充满兴趣，但自20世纪80年代后期开始，学界和政策制定者也对孩子的生活经历产生了浓厚的兴趣。儿童研究（childhood study）在全球范围内业已成为大学中的独立学科，而其广度也仍在不断扩展；尽管数个世纪以来，人们都在致力于增进儿童的福祉，[2]但近来的儿童干预措施则开始采纳基于儿童自身的视角，开始了解儿童在物质需求之外的种种需求。然而这种研究的传播不甚广泛，家长与相关从业者也很少听说它们：有时是因为这些研究充斥着医学和社会学术语，让学界之外的人听了一头雾水，有时是因为这些研究只在学术期刊中出现，学院以外的人难以接触。此类原因不胜枚举。所以，本书希望发现、总结并适当地批评一些已有的学术成果，解释其中的意义和启示，同时也指出其中的局限性。这本书不会面面俱到：过去四十多年来，关于儿童与父母养育的学术成果浩如烟海，根本无法穷尽，但是这本书将尽量有代表性地选取能够反映儿童生活不同角度的独到研究，展现儿童与教养方式研究中的宏观主题与概念。

本书作者具有多学科背景：教育学、心理学和社会人类学的教育背景，同时也教授社会学、历史学和发展学的课程。因此，这本书聚焦于社会文化因素——并着力展现为人父母的社会方面。虽说这本书涉及医学、遗传学和神经科学，但我们使用的绝大多数例证都属于社会科学，而且定性分析远多于定量分析。当然了，人们一直都在讨论各种研究方式都有什么好处，甚至讨论社会科学到底能有多"科学"，不过定性研究最强大的一项功用便是可以深度探寻社会学上所说的每个个体的"亲身经验"（lived experiences），并将其置于社会、文化和政治的语境之中。这并不是说遗传学不重要，也不是说我们只信后天（nurture）而罔顾先天（nature）。正因如此，我们才引入神经科学和遗传学的讨论，为的就是展示这种先天与后天因素之间的互动（或者沿用大多数讨论的构架，称之为遗传与环境因素的互动）。如果说人们对遗传学偶有怀疑，那往往是因为它被过度阐释为一种万能的解答，而忽略了更广义上的背景条件。比方说：罗伯特·普洛明（Robert Plomin）及其同事做了一系列遗传行为学实验，观察被领养的孩子会发展出生父母的特质还是养父母的特质。[3]他们发现，如果生父母罹患过精神分裂症，那么哪怕其养父母未患此类疾病，被领养者也明显更容易患上此类疾病。这样一个结果有力地证明了精神分裂症具有遗传学基础。但这也不是问题答案的全貌（研究者也承认过了）。做被领养儿童的实验很难剥离一个变量：大量的其他经历，比如被领养前的经历，孩子或者他们父母的健康状况以及领养者家庭的孩子数量，这些都会影响孩子患上精神分裂症的概率。而进一步的研究表明，生理层面上有精神分裂症倾向的孩子，在特定的成长环境中会更容易表现出精神障碍，这就意味着，想要理清各种因素的缠结关系并不总是易事。推而广之，这类研究都强调应该将儿童及其经历放在研究的中心，而不要指望找到一把医学或生物学的钥匙就能解开儿童成长过程里的所有谜团。

所以，本书将聚焦于两大领域：一是广义上关于"教养方式"（parenting）的各类概念理论，以及这些理论对个人和相关机构的影响；二是作为个体的孩子和父母是如何体验家庭、社团与教育生活的。教养方式这个表达在社会学中是个新词，现在广泛地用来指成年人用以调教孩子身体、情绪、社交与文化发展的各种过程与行为活动。[4]过去40年见证了理解"何为父母"与"何为子女"这两个问题的巨大改观——"教养方式"从研究儿童照管（childcare）机制变为研究成人的行为、态度和身份认同，本书将回顾这一转变：人们不再简单地是父母，而是要去成为父母，通过学习新阶段所需的技能和心态并付诸练习，真正地做父母。尽管在大部分文献里，为人父母成了"为人母"的同义词，而且只有最近的一批文章才开始关注父亲与"为人父"的话题，为人父母的说法对父亲和母亲理应是同等适用的。[5]在英国，教养方式已成为政治景观的一部分，并与20世纪末至21世纪初的新工党政府紧密联系：他们指责是糟糕的教养方式导致了飞升的肥胖率、反社会行为、贫穷怪圈、自卑心理、未成年人怀孕、性早熟、社会流动性迟滞以及社会凝聚力低等一系列问题。[6]这样一来，教养方式就远不只是个体家庭的问题了。

第二个聚焦领域是个体如何体验童年与教养方式，这里的个体既指孩子又指父母。这一话题不可避免地涉及感情因素，而且很难把个人经历与大量的调研事实相剥离，因为一个人既是家长又是孩子（还有可能就是研究者或者政策制定者），而这些事实有可能和个人经历与信念背道而驰。在这本书里，我们认为教养方式会随着时间改变，也会随着个人的生活经历而改变。对很多人来说，在某一特定时期为人父母变得尤其困难，也许是因为十几岁的孩子比小宝宝更难沟通了，或者是他们自身的处境和经历发生了变化。我们不必对此大惊小怪，一个人如果有两个孩子，那他对两个孩子的教养方式可能差距颇大。没有哪两个孩子是以相同方式抚养长大的，哪怕他们有相同的父母和完全一致的外部环境；大人是会跟孩子一起改变、适应和成长的，这种微观的个人层面的改变和宏观的社会层面的改变一样令人惊叹。这种对于个体的强调让我们得以研究所有孩子的经历——"普通"的也好，"古怪"的也罢。这一点也认定了，亲子关系是一种互利的关系，父母与孩子互相塑造，互相改变。[7] 为人父母并不是父母把观点强加给孩子的单向过程，而是二者之间的一种联系；孩子在自身塑造中扮演着积极的角色，并将大人转化为有着各自教养方式与各自风格的父母。孩子塑造了父母，就像父母塑造了孩子一样。

在这本书里，我们要回顾教养方式这一话题下的许多争议、困局和悖论。我们将广泛参考有关教养方式诸多方面的研究成果，并由此引申出这些例证究竟揭示了什么，针对同一主题的两项实验何以在结论上背道而驰。这里有一个例子是关于孩子如何跟残疾的同龄人互动的。一些研究表明（详见第六章），孩子相对来说还是支持"全纳教育"（inclusive education）的，也很珍惜班级里能有残疾的同龄人。而第八章呈现的研究则给出了正好相反的结论：孩子对这些跟他们不一样的同龄人感到不安，甚至充满敌意。这些实验都是真实可靠的，但是需要从更宽的角度进行解读。这些孩子是什么背景？他们的学校大体是什么样的？残疾的孩子的融入达到了何种程度？尽管这些实验结果初看相互矛盾，但是我们恪守的两个指标——语境（context）与个体经历（individual experience）——让我们对繁杂琐碎的生活现实最终有了一条反思：要想让干预行为有效施行，所有的经历都要囊括在列。

本书也将从不同的角度察看一些"明显的"问题，并质疑相关的一些公认看法。一个例子就是第八章关于肥胖的探讨。一方面，我们承认超重和肥胖的孩子会因为体重而面临健康风险，但我们也要看到这种个人的风险是如何被建构并被提升到社会问题层面的，其结果不仅需要父母的干预，也需要国家的干预。当然，这里并不是说肥胖就不是一项影响健康的风险，而是说我们还有另一种视角来看待它，这种视角有时候就是医疗与伦理并轨而来的：肥胖的孩子不仅有健康问题，他们自身，或者他们的父母，本身也是社会问题，因为他们的自我放纵和缺乏自制令社会失望。有关怀孕和儿童照管的意见也有类似情况，它在意识形态上本该是中立的，一切只为母亲和孩子的最高利益着想，但实际上它被政治、文化、社会规约和环境因素极大地左右着。无论哪种情况，我们都强调要理解社会与个人的接合点，而这正是本书的题中之义；我们认为，家长和政策制定者要想获得切实有效的建议，理解这一点势在必行。

我们关注大约 0～12 岁孩子的教养方式。儿童研究的一大特征就是，它涉及的发展阶段是按照生日而不是按照生理和心理的发展来划分的。尽管说刚出生的宝宝和17岁的少年在需求和能力上大相径庭，但国内外的法律还是将童年定义为18岁以下的阶段。而我们对于童年何时开始（也意味着何时为人父母）也莫衷一是。童年是从出生开始吗？还是从受孕开始呢？还是更早一点，一对准父母开始要孩子之前，他们在身体上、情绪上和行为上的各种准备都该纳入进来吗？更何况，为人父母是一生的事业——不是学一串技能，经历一堆事情后就一了百了：孩子3岁，12岁，18岁，哪怕40岁的时候都不算结束。事实就是如此，21世纪已经有了"还巢一代"（Boomerang generation），大学毕业或者工作离家的孩子又常常跑回家里，甚至还有了"离婚返巢族"（'Doomerang'children）——三四十岁离婚的人又跑回了家里——可见为人父母永无止境。所有的书在阶段划分上，多少都有些主观，那么面对大量的文献资料，我们选择的是紧靠0～12岁这一区间——这个范围够大又能自洽。关于童年的很多方面我们没有涉及——他们的身体健康我们只是一笔带过，他们在家外与校内的生活也没有写到，比如像男女童子军（Scout and Brownie）这样的社团，其实我们也可以说这里有另一种形式的教养方式在运行。但总而言之，这本书分别讨论了儿童生活的不同层面，分析了例证及其启示，从整体上展现了儿童研究如何开展，个体经历如何分析，以及这些研究如何深化了我们对儿童生活诸多方面的理解与认识。

第一章
CHAPTER 1

该如何照看婴儿?

怀孕,分娩,然后照看孩子,一般来说这是世界上最自然不过的事情了,女性凭借本能已将其延续了千年。然而现实中,根本就不是这么一回事。很多人发现,怀孕就很不容易(六分之一的夫妻很难受孕),而且一旦女方怀孕了,她们就会不断地听到各种建议,该干什么,该吃什么,该怎么做,这其中很多还是相互矛盾的。医生、助产士、同病房的孕妇还有雇主会密切注意着她们,所以说,怀孕根本不是一个私密又自然的活儿。类似地,生产也成了意识形态的一部分——女性如果采取选择性剖宫产,就要被批评是"高贵娇气不愿用力"(too posh too push),如果选择了在家中或在分娩池分娩,又要被嘲笑是"自然分娩的嬉皮士母亲"(hippy earth mother)。孩子一生下来,关于母乳哺育——要不要用母乳喂养,应该喂多久,公共场合能不能喂——也是吵得不可开交。甚至孩子还没生下来,人们就开始规定怎么样才能成为好父母,还预言家长(尤其是母亲)要是做错了,对孩子一生会有多么严重的危害。然而，为人父母不仅仅是学一些正确的技巧来保证孩子"正确地"融入这个世界，也不仅仅是让他们按照"正确的"作息时间吃饭睡觉。亲子关系是一种依据孩子和父母的个人需求、欲望和环境，随着时间不断发展变化的关系。没有哪种正确的育儿方式是放之四海而皆准的。关于怀孕和分娩阶段该做些什么，怎么照顾这些小宝宝，观点有很多；这些观点往往是相互矛盾相互批评的，而且一直都是这样。

怀孕时女性该做些什么？

在绝大多数文化里，父母身份早在孩子出生前就开始存在了，比如建议孕妇不要做某些事，不要吃某些东西，针对孕妇的行为另有一套法则。尽管现在很多这样的建议会有医学依据，但是认为母亲的孕期行为对孩子的未来发展有长期影响，这一观点是广为接受的，甚至没有接触过西方医学的人们也会这样认为。西方的孕妇不可以吃生鸡蛋、肝脏、寿司和未经高温消毒的软奶酪，而其他地方的女性也有一套饮食禁忌。比如在加纳的某些地区，孕妇不可以吃蜗牛和秋葵，因为这些东西会让小宝宝总流口水；而进食菠萝或者大蕉则会导致分娩疼痛、早产甚至流产。椰子大概也是不能吃的，因为会导致失明。还有一些地区禁止孕妇在市场上购买西红柿、辣椒、秋葵和茄子,因为这会导致皮疹和残疾。在坦桑尼亚的部分地区,妇女在怀孕期间不可以吃鱼,而另一些地区的孕妇则要避开家畜,以免孩子染上这些动物的习性。人类学家在欧洲的部分地区、以色列、埃及和巴西发现,人们会把孕妇对某种食物的渴求与特定的胎记联系起来,比如,要是一个孩子有草莓型或者深色的胎记,那他妈妈在怀他的时候肯定特别想吃草莓。[1]

在欧洲,给孕妇的建议一直在变,专家也为此苦战不已。19世纪晚期,人们鼓励女性在孕期节食,这样既可以减轻她们自己体重,分量小的宝宝又可以让分娩轻松一些。有些医生建议使用束身内衣,这样既把孕妇逐渐涨大的肚子藏了起来,又能把孩子勒小一些方便分娩——不过也有人告诫女士不要勒得太紧,以免把孩子勒坏。当时人们依旧怀着对先天缺陷的古老迷信,尤其迷信母性印记(maternal impression),也就是认为女性在孕期的经历和情绪会对孩子有负面的影响。1858年,巴伐利亚女大公索菲给自己的儿子,即奥地利皇帝弗朗茨·约瑟夫一世写信,警告说他怀有身孕的妻子太喜欢动物了:"我觉得茜茜不该跟她的鹦鹉待那么久,因为要是一个女人总盯着动物,尤其是刚怀孕的那几个月,那孩子可能就长得像动物了。"英格兰有一种由来已久的迷信,直到19世纪中叶都有记载,如果一个女人在独自去分娩的路上看到了一只野兔(一种长期被认为与巫术有关的动物),那她就会生出一个唇腭裂（即兔唇）的孩子。

到了20世纪，女性被建议在孕期尽量休养，保持平静，不要和家里人吵架，不要看令人兴奋的书，甚至连刺激的场面都要避免。她们要避开咸酸的食物，包括腌菜和不够成熟的水果，以免孩子以后性格乖张；但是建议所有孕妇一天至少喝两品脱牛奶。孕妇被禁止骑自行车，甚至乘车出行都不可以，因为要避免路上的颠簸。对这些老掉牙的观念，虽说可以付之一笑，但是，认为孕妇的环境和情绪会影响孩子的性格、长相和健康的这种想法可没有消散。现代研究认为，孕期的压力会损害胎儿并影响发育，尽管对压力的设定标准还有待商榷。不过，有一种测量方式是观察孕妇和胎儿的皮质醇——通常被叫作"压力荷尔蒙"——的水平。美国心理学家艾丽霞·戴维斯（Elysia Davis）在孕期压力作用方面开展了几项科研项目，虽然研究中的孕妇都出现了皮质醇水平升高的现象，但是水平持续高于正常值的孕妇的孩子，更容易在出生及之后表现出更高的痛苦水平（distress level），而且在两岁大的时候更容易出现焦虑情绪。[2] 尽管这方面的研究还在起步阶段，建议孕期避免压力或减小压力也是说着比做着容易，但是这种研究凸显出，我们不仅要关注孕期的生理健康，也要关注心理健康。这就回到了那个源远流长的老观点：孕妇的情绪和心理状态会直接影响她未出生的婴儿。

当今西方孕妇要知道的一条要义是，怀孕的整整九个月里都不可以喝酒，理想化的情况是备孕期间也不要喝。这个建议不可避免地伴随争议，即便这分明是担心酒精对胎儿的风险，但也还是跟好父母的伦理话题捆绑在了一起。[3]多年来，孕期饮酒的话题很大程度上都被医生和健康专家忽视了，而且大家认为喝酒对孕妇和孩子没多大风险。确实，很多女性被建议有规律地喝一点健力士黑啤，以补充铁元素。这在1973年后发生了改变，因为美国的医生发现，一小批饮酒孕妇的孩子出现了一组先天缺陷，包括低出生体重、面部畸形以及一些智力和发育迟缓——他们将其命名为胎儿酒精综合征（Foetal Alcohol Syndrome，FAS）。[4]英国医学期刊《柳叶刀》（*The Lancet*）上刊发了三篇影响深远的文章，虽然只聚焦了七个病例，但他们的结论是，母亲孕期饮酒与胎儿畸形和先天缺陷直接相关。然而，这个综合征起初被认为很罕见，后续研究也显示并不是所有饮酒孕妇的孩子都有先天缺陷；的确，有一份研究从美国国家神经系统疾病与脑卒中研究所的围产期合作计划（Collaborative Perinatal Project）的55000份数据中，只发现了23例患有胎儿酒精综合征的新生儿的母亲长期酗酒，另外只有6例疑似胎儿酒精综合征病例（虽然并不是通过直接观察确诊的）。[5]胎儿酒精综合征看起来和其他因素也有联系，比如孕妇的总体健康状况、营养状况（原实验中的孕妇已嗜酒超过九年，并患有肝硬化和营养性贫血）以及她们的社会经济地位等。

初期研究出现以后,关注度迅速上升,20世纪80年代推出了覆盖面更广泛的胎儿酒精谱系障碍(Foetal Alcohol Spectrum Disorder,FASD)诊断技术,发现孕期饮酒不仅和特定的缺陷相关,还会导致更为广泛的症状,比如智商低下、睡眠障碍与行为障碍(包括多动症)。1981年,美国卫生与公共服务部军医总长建议所有孕妇和备孕的妇女戒酒。在英国,医生则认为孕期一周喝一两杯红酒或者啤酒是安全的,但是,2007年英国卫生部的指导方针和美国的态度一致,建议孕妇彻底戒酒。此中的道理是,既然没人知道安全值是多少,那宁可小心行事;假定任何剂量的酒精都可能带来风险,所以应该彻底避免。如今,大部分女性得知自己怀孕后确实就不再喝酒了(社会上也越来越把孕期饮酒看作一种污点),但由于英国有20%是意外怀孕,所以很多女性在孕期会有一段时间无意识地饮酒。

伊丽莎白·阿姆斯特朗(Elizabeth Armstrong)与艾利·李(Ellie Lee)等学者,就孕期饮酒的社会反应以及医学与伦理如何交织的问题做了广泛的研究。[6] 他们的兴趣点不在酒精对胎儿的影响,而在于孕期饮酒如何成为一种社会与道德问题。他们认为,要求孕期戒酒不仅是出于孩子健康的考虑,也是一种监管女性身体的方式,以此衡量一个女性的道德水准,判断她适不适合做家长。一个女人怀孕期间不再喝酒,不仅表明她遵从医嘱,同时也向外界表明她是个好人,为了孩子放弃了自己的享受。这样,在个人和社会层面,孩子尚未出生,她便已为人母。

政策制定者自20世纪80年代早期就开始倡导滴酒不沾(no-alcohol-at-all)的观念("以防坏事发生"),但是很多研究都没能证明低剂量的酒精摄入也会导致胎儿酒精谱系障碍。一项基于10000名英国儿童的研究比较了完全戒酒的孕妇和妊娠初期阶段每周喝一杯红酒的孕妇,结果发现她们的孩子的身心健康水平和11岁时的标准化考试成绩没有差异。[7]布里斯托大学2017年的一份研究似乎也证实了这一点,孕期轻微饮酒(每周少于4酒精单位)似乎对胎儿几乎没有破坏性影响,尽管在一小部分病例中,饮酒似乎和出生体重过低相关。[8]丹麦2010年基于63000名孕妇的一份研究则表明,少量饮酒的孕妇的孩子,竟然在某些方面的发展结果比戒酒孕妇的孩子"好一些"。[9]文章作者强调,这并不是一种因果联系——饮酒的孕妇可能有更高的社会经济地位和更好的营养状况——其他因素可能也同等重要。这份研究当然没能证明饮酒毫无风险(因为不可能证明一个否命题),也没有说孕期饮酒有好处,孕妇可以把它当作定期饮酒的借口。这份研究真正传递的信息是,女性知道关于饮酒的忠告,考虑过风险,也会将其与生活中的其他因素权衡(比如饮食和锻炼频率),而且并不是因为相信专家告诉她们的。[10]

这种观点能在一些群体中引起轩然大波,可能也并不稀奇——孕期饮酒的反对者称饮酒是"通过脐带虐童",而且即使看到了这篇文章也不想改变意见。况且,针对每篇同类主题的文章,总会有很多人找出相反的例证;英国医学期刊《儿科学》(*Paediatrics*)2007年的一篇文章发现,每周喝一杯红酒的孕妇生下的孩子,比戒酒孕妇的孩子更容易在4岁时产生心理问题。[11] 这类研究及其大相径庭的结论并不能告诉我们,孕期饮酒安不安全,或者在什么水平上是不安全的。实验只能告诉我们,研究结论争议颇多,"证据"这个词有时候根本靠不住。

如果分娩是很自然的事,它怎么会这么困难?

关于分娩的观念许多年来已有了许多改变,这种改观不仅在医疗和技术层面,也在于社会态度层面和对何为"好"分娩的理解层面。曾经,母亲和孩子能够活过分娩可能是唯一重要的事,而如今,活下来已经更像是天经地义的事情,分娩的经历已变得和结果一样重要。现在大家鼓励准妈妈们写一个"分娩计划"(birth plan),决定孩子在哪里出生,家里还是医院,以及父亲该不该在场(虽然比起过去,现在这种选择少得多,将近86%的父亲会参与孩子的出生)。尤其是现在强调"自然"(natural)的分娩,这也常常被视为所有女性应该追求的理想。"顺产"(natural birth)这个词对每个人都有不同的意味,但基本来说,它意味着用(如果需要用)最少的止痛措施,不需要医生,只靠一个助产士或者接生人员,让产妇在分娩过程中尽可能扮演一个主动的角色。由此甚至衍生出了激进的"自由分娩运动"[free childbirth movement,也称无协助分娩(unassisted childbirth)或无障碍分娩(unhindered childbirth)]。

有一种观点认为,分娩存在了数千年,所以是一种自然的、符合生理的、普遍而本能的行为,女性的身体就是被"设计"来干这件事的。然而这种观点低估了一个事实:尽管数百年女性都会分娩,但总有母亲和她们的孩子因此丧生,而且在当今世界的许多地方依旧如此。这种观点也忽略了一个事实:进化不是一个设计过程,而是一个适应性的过程,这也是对演化科学家所谓的女性"应该"无痛无介入分娩的观点最有力的驳斥。这些科学家在20世纪60年代初期就开始关注,为什么人类的分娩这么困难这么危险,几乎都要有人帮助才能完成。其他灵长类的分娩并不需要协助,没有那么困难痛苦,比人类快多了:人类分娩平均要持续九个小时;猿类和猴子只需要两个小时。所以对人类来说,分娩是孩子来到这个世界的一种相当危险的方式,看起来没有什么进化意义。当然,从进化的角度来说,人类女性的身体进化出一种适于顺利低风险分娩的结构会更好,不过,把胎儿弄小一点会怎么样呢?[12]

人类的婴儿出生时，头部相对较大，大脑发育相对完善，但身体发育并不完善（相比其他哺乳动物，它们的孩子生下来很快就可以行走，而人类的新生儿看不见也听不见），而这个适应性特征在分娩时与人类的另一个独有特征背道而驰——双腿直立行走。这要求人类在更早的生理发育阶段就把孩子生下来，也就意味着，人类的婴儿有更长的一段时间处于无助的状态，需要他人照顾。这被称作"产科困境"（obstetric dilemma）——人类需要窄小的骨盆来实现高效的行走和奔跑，同时又需要宽大的骨盆让婴儿即使头部那么大也能分娩。进化妥协的结果是，女性怀孕时胎儿的头部会尽量发育，然后在头部大到不能通过产道之前把他生出来。这能说明很多问题：分娩是一种进化的妥协，不是理想化的适应，"自然"不代表轻松简单，更不代表与生俱来的顺利。同理，我们也不该再认为，"原始"女性生孩子毫不费力，几个小时就能下地走路了。她们不是这样的——绝大多数情况下不是——这个自然的过程也会要了她们的命，就跟历史上的西方女性一样。

在西方世界，分娩对母亲和孩子来说一直都是危险的。二者的死亡率居高不下，直到1935年抗生素（磺胺类药物）投入商用后才有了明显的下降，自此，医生可以治疗此前被证明有致命性的产后感染问题了。[13] 不过，分娩的痛苦和危险也曾被视为上帝的计划，因为上帝命女性生孩子时受"苦楚",以此赎夏娃的罪。在过去,止痛技术尚不存在,而且因为会违背神谕,止痛在道德层面也是不可接受的。直到19世纪中期,这种观念才被质疑,最著名的质疑者要数维多利亚女王的御医们。当时女王已有多次难产,所以从第七个孩子开始,她的御医开始在分娩中使用乙醚(氯仿)对她进行麻醉。她称其为"神圣的氯仿",效果是产生一种"难以言表的平静、快慰和愉悦"。[14]自从女王用过之后,这种把女性分娩时的痛苦看作自然与神旨的观点也就被废除了,尽管当时只有最富有的人才拥有私人医生,或者可以去医院生孩子以享受这种止痛技术。直到20世纪30年代,助产士才能够把气体装置带进产妇家里,在这之前,产妇在家中分娩是几乎没有止痛措施的。

20世纪初期,产科学开始成为独立的医学专业,分娩也迅速进入了男性主导的医学界的视野。过去认为分娩在女性生命中正常而偶有危险但远非疾病的观点开始退却。1920年,《美国妇产科杂志》(*The American Journal of Obstetrics and Gynecology*)首卷中将分娩描述为一种"病理过程",而且"只有少数女性可以避免分娩时的创伤",因此急需医院医师采取先进现代技术的干预(20世纪20年代,80%的孕妇是在家中分娩的,只有接生婆照顾她们)。[15]妇产科的兴起意味着分娩逐步科学化,在医院生产象征着医学战胜了迷信,科学战胜了无常。分娩过程变得标准化,由各种图表进行监测。1955年,伊曼纽尔·弗里德曼(Emanuel Friedman)发表了"弗里德曼曲线",他用图表描述了在自然产程中胎儿下降和产道扩张的关系。这样,医生就可以把分娩看作几个阶段,偏离正常值意味着需要即刻干预。尽管这种进步对孕妇和孩子有明显的好处(产科医生无疑挽救了数百万的生命),但这种新操作实际上让孕妇远离了生产过程,甚至剥夺了她们的权利,使她们只能被动地等待专家接手,而医疗介入的水平则远超从前。在医院里,孕妇都要按流程刮阴毛,灌肠,然后躺平,用药以止痛和镇定。她们通常被注射吗啡和东莨菪碱(此药物可能导致健忘症)以达到"半麻醉"(twilight sleep)状态,有时在孩子出生后她们才能醒过来。美国医师芭芭拉·贝尔曼(Barbara Behrmann)比较了她和她祖母的分娩经历,她这样描述她祖母的故事:

> "温加登太太,您能别喊了吗?都吵到别的病人了。"这是1936年的场景,我祖母正在生孩子。一个护士会定期把注射药物后迷迷糊糊的她叫醒,让她克制一下自己的行为。我祖母生我母亲的时候就记得这么多了。[16]

在英格兰也是这个标准流程:男士不可以参与妻子的分娩(探访时间以外也不能见面),孩子一生出来就会立刻被抱到育婴房。

然而，并不是所有男医生都觉得有这个必要。1933年，产科医师格伦雷·迪克-里德（Grantly Dick-Read）在《自然分娩》（*Natural Childbirth*）一书中首次创造了"自然分娩"一词，随后又在1942年出版了至今仍在发行的《无恐惧分娩》（*Childbirth without Fear*）一书。他反对使用药物，反对"半麻醉"技术和助产钳手段，认为分娩不但是生理过程，也是一个情绪过程。他相信分娩的疼痛源自恐惧，通过知识和理解就可以克服。尽管他的观点受到一些女性的欢迎，书也成了畅销书，但是医学同行只当他是哗众取宠，他们警告孕妇，要是按照他说的那样四肢着地去生孩子，恐怕母子不保。他的观点多年之后才被主流医学界重新审视。他的反女权观点（一些著作显示他认为女性除了当母亲别无他用）和种族主义观点（他声称"原始"女性根本不会感到疼痛，反正她们也不在乎死活）也一直招致批评。[17] 但他的这份遗产依旧存世，自然分娩也成了当下流行且颇受推崇的观念。迪克-里德提倡的产前班（ante-natal class）现已司空见惯，成为最好的制度之一，主要由助产士主导，只有出现严重问题时才需要医师的介入。家中分娩也愈发受到欢迎。女性在分娩过程中越来越主动，可以选择生产的方式，而这无疑是很好的：女性被药物搞得意识模糊的日子一去不返了。

自然的不等于是好的，但是认为分娩就是做几个选择，认为知识和教育发展一直在改善现状，也是不对的。分娩依旧有风险有危险，认为科学技术把这个自然过程过度医疗化了的想法，也不甚准确。迪克-里德也承认，只有在麻醉技术和抗菌技术进步的前提下，自然分娩才有可能。没有这些新发展，"自然的"分娩会有很高的死亡率。况且，很多女性，甚至包括想尝试自然分娩的女性，也乐于接受一些技术手段，比如孕期的超声扫描和分娩时的胎心监护，所以完全"自然的"分娩只是一种想象。提倡自然分娩也可能污名化想要止痛和采取其他干预手段的女性，同样也会污名化选择剖宫产的孕妇，让她们觉得自己有什么没做到，或者"根本就没在生孩子"——剖宫产或者硬膜外麻醉的产妇生下了健康的宝宝，你却说她"没做到"，这根本不讲道理。没有一种分娩是完全"自然"的，任何一次分娩都有赖于一些干预手段——自人类之初就是这样。所以，干预才是"自然的"选择。[18]

依恋关系重要吗？

孩子降生后，健康专家和家长最关心的几件事之一就是母亲该如何在几小时到几天的时间里，就和新生婴儿建立起联系，以及这种关系的牢固程度如何。[19]助产士鼓励分娩后母子立即开始肌肤接触，并且强调要把婴儿正确地放在母亲的胸口；一个广为接受的观点是，成功的依恋关系是家庭未来幸福和成功的关键。大家告诉女性，在看到孩子脸庞的那一刻,应该会感到一阵爱意(荷尔蒙)袭来;卖超声扫描的商家也说,自己的技术有助于在孩子出生前就建立情感纽带。[20]母爱被视作一种超越一切且自然的本能,尽管在现实中,很多女性表示她们在初次见到宝宝的时候有一些杂糅的情绪和想法,其中有好奇、保护欲、距离感以及单纯的疲惫等。即使如此,早期的依恋关系也被当作良好的亲子关系,尤其是母子关系的基石。英国国家医疗服务体系(NHS)外约门诊服务的目标之一,就是在母子间"促进稳固的依恋关系"。[21]人们也开始尝试通过发现婴儿 6~8 周时期的依恋问题,来预测并干预未来可能出现的问题。[22]

关于母子之间依恋关系重要性的讨论,最著名的出自约翰·鲍尔比(John Bowlby)之手,作为一名英国儿科医师,他曾为世界卫生组织撰写过儿童心理健康的报告。基于这篇 1953 年的报告,他出版了畅销书——《儿童护理与爱的成长》(*Child Care and the Growth of Love*)。随后他又于 1969 年出版了《依恋与缺失》(*Attachment and Loss*)。他关于依恋关系的见解时至今日仍影响着政策的制定(哪怕鲍尔比可能不太认同现在对"依恋"这个词的用法)。他称依恋关系是一种在生物层面具有适应性的、物种间广泛存在的机制,它通过保证母子间的亲近,保护脆弱的幼年人类个体。他认为,所有的儿童在早年间都需要一个稳定持续的照料者来产生依恋关系(大多数情况下就是母亲)。如果这种关系破裂了,或者幼儿在这个关键阶段和母亲分离了，就可能导致病态的结果——他们会长成不幸福的、没有安全感的成年人，总想重建这种关系。他相信有这么一个关键期——从出生到两岁——依恋关系初次建立，并会影响未来所有的走向。母亲如果在这个阶段和孩子分离（其实直到5岁都有风险），这些孩子会感到被"剥夺了母亲"（maternally deprived），对他们一生都有危害。鲍尔比当时的理论以孩子为中心，极端地强调亲密关系的重要性，并要求家长给孩子提供持续的关爱。这是一个精神病学专家对儿童失去关爱的长期影响的关切，这种关爱的缺失包括孩子遭受虐待，住院（家长在一段时间内不能看望孩子），被关在空无一人的大房间里，以及在战争或其他社会动荡时期与父母分离等。

鲍尔比认为，理想的母亲〔或者唯一可以充任母亲角色的人（single key maternal carer）〕需要在头几年专注于照看孩子，如果不这样做或者做错了，后果不堪设想。[23] 后来的研究者应用他的理论发现了不良依恋关系对儿童长期影响的证据。在20世纪50至60年代开拓性的工作中，芭芭拉·提扎德（Barbara Tizard）和朱迪斯·里斯（Judith Rees）比较了65名儿童的心理健康状况和社会行为，他们在20世纪60年代出生后就被送往了伦敦的住宿制托儿所。[24] 在2～4岁期间，24人被领养，15人返回了原生家庭，还有26人就留在了托儿所。因此，研究人员得以比较三组儿童的差异，评定他们长大后的行为。他们发现，4岁时，8个留在托儿所的孩子变得沉默寡言，反应迟钝；他们表现出异常的社会行为，很难和他们的护理员产生依恋。另有10个孩子表现出无差异的依恋态度，会跟着陌生人走并寻求他们的关注——对到访者和路人都一样。剩下的8个孩子对特定的一个护理员产生了依恋，怪异行为少一些。此类研究显示出孩子缺乏稳固依恋时面临着哪些风险，突出了当孩子们缺乏与一个关爱自己的亲密成年人的联系，没人能信任、能响应其需求时，会面临多大的危险。这些研究也显示出建立早期亲子纽带的重要性。

当然，也不是每个人都相信依恋理论。一些作者，特别是1992年《母婴纽带：一部科幻小说》(*Mother-Infant Bonding: A Scientific Fiction*)的作者、精神病学专家戴安·爱（Diane E. Eyer）认为，依恋关系和情感纽带是一种人与人之间灵活可塑的现象，并不是一种普遍自然的本能，而且历史上很多女性并没有和孩子建立起纽带，但也成了很好的母亲。[25] 心理学家温迪·霍尔韦（Wendy Hollway）也发现，很多女性深爱着、照料着自己的孩子，但是难以接受甚至厌恶母亲这一身份（下一章会进一步讨论）。[26] 这些研究者认为，过分强调依恋关系只会加深女性不能或不想和孩子直接建立纽带时的沮丧和负罪感——她们有些是孩子因为早产而被放在保育器里的母亲，有些是患上产后抑郁或其他疾病而不能照顾孩子的母亲，还有些人的孩子是领养的，觉得孩子早年没有自己的陪伴，不能建立充分的依恋。

在更广阔的政治经济语境下审视鲍尔比的理论还会发现其他的问题。[27]首先，他的想法以一份研究因偷盗犯法的不良少年的文章为基础。他调查了这些人的生平，看看他们有没有在关键期和母亲分离。后来他发现了在一个占很大比例的年龄节点上，这些孩子确实和母亲分离了，于是他说母爱剥夺是其因，少年犯罪是其果。批评者指出，他只能证明二者有关联；他并没有进一步研究母爱剥夺，也没有关注到其他形式的剥夺，比如贫穷、社会的排斥和歧视，而这些都可能导致未来的犯罪行为。

虽然鲍尔比也承认不是母亲的女性也可以照顾好孩子，但他更强调唯一母亲角色存在的重要性；在20世纪的北美地区和欧洲部分地区，这种以母亲为中心的依恋理论在政治上和历史上得到极大的响应。女性主义学者认为，政府用这种理论将女性赶回家里，使她们失去了二战期间获得的工作和经济独立。[28]男人从前线归来需要就业机会，女人则成了需要解决的问题。一种方式就是普及这个科学发现，孩子出生的头几年需要母亲的照顾，而且母亲也该一直是孩子最主要的看护人——打仗的时候，女性不得不出来工作，那时候可没人真的在意这个问题。这样女性就可以被有效地从劳动力中剔除出去，为了孩子和社会的未来回到家中。如此一来，国家不用帮女性照看孩子了，传统的核心家庭模式和性别间的劳动分工也得以固化。不过有一个反例也值得注意，就是一战之后，英国通过1919年的《恢复战前惯例法》(*Restoration of Pre-War Practices Act*)将女性移出了劳动力大军，但是并没有用依恋理论的由头。

同样比较不幸的是，在关于依恋关系和情感纽带的研究里，父亲很大程度上被排除在外。对鲍尔比而言，父亲与儿童早期发展几乎毫不相干，没起到什么作用，但是有的研究证明父亲也十分重要。[29] 在一些社会中，父亲和母亲一样要照顾婴儿和孩子，父亲同样是生命角色中的关键一环。人类学家在一些族群中发现了父亲高度参与的儿童照看模式，尤其是中非的阿卡俾格米人部落，他们已经成了父亲教养(paternal parenting)的典型代表；阿卡俾格米人甚至鼓励孩子吮吸父亲的乳头。阿卡俾格米人的孩子有50%的时间由父亲抱大，而阿卡俾格米男性和女性的角色也是可以互换的：女人出去打猎的时候（她们很擅长），男人就做饭和照顾孩子，计划下一步去哪儿安家。[30] 这让一些人类学家和心理学家认为，是谁照料孩子并不重要，有人去做就可以了。

照顾婴儿和孩子也成为一件让越来越多的西方男性想更多参与的事。英国二三十岁的父亲中，有53%表示想找份压力不那么大的工作，48%表示愿意少拿点工资，换来工作与生活的平衡，其中就包括能多照顾孩子。[31] 但爸爸们不但在依恋关系上被忽略了，在所有早期教养方面都被忽略了。有人觉得孩子降生之后，自己就被排除在家庭生活之外——大家都去密切关注母子依恋关系了，或者都去为母子二人服务了。尽管英国法律允许陪产假（paternity leave）和共享产假（shared parental leave），但是时长有限（只有不到10%的新爸爸会申请延长），这也就意味着，当代英国在父亲教养角色方面还有些矛盾心态（详见第二章）。

宝宝该母乳喂养吗？该喂多久呢？

"母乳最佳"（breast is best）是健康专家和政策制定者的一句颇具声势的口号，女性也总能听说母乳喂养可以提升孩子的智力，预防肥胖，改善免疫系统等等。如今，世界卫生组织（WHO）和联合国儿童基金会（UNICEF）建议母乳喂养采取1-6-24法则：出生1小时内母乳喂一次；出生的头6个月只用母乳喂养；持续母乳喂养并配以安全营养的固体食物，直到两岁左右。但一如往常，在不同地方的不同社会中的每一个人会对这个法则做出改动，而且一些文化观念也可能会逆其道而行之。举个例子，妊娠晚期和分娩结束后的初乳（colostrum）问题。初乳富含营养并有轻微的通便功效，能促进婴儿的第一次排便，同时可以预防黄疸和其他感染症状，所以在西方医学中，尽快吃上初乳至关重要。但是大量人类学证据表明，许多文化认为这种奶水对孩子有害无益。

研究调查了乌干达境内的多个族群，发现只有一两个对初乳比较乐观，大多数都认为初乳"不好""味重""水分大""不干净"或者"会让人生病"，更愿意等真正的奶水来了再喂给孩子。还有的人认为初乳会灼伤孩子的嘴，或者导致腹泻。[32]在英国，直到20世纪30年代末期，还常有人告诉母亲，孩子出生的头三天里，她们只能喝水，好让她们最初的"坏奶水"排干净。[33]

1-6-24法则看起来毫不含糊，但实际上远没有普及，尤其是在西方。比如说在美国，79%的新生儿出生时是母乳喂养，但6个月时只剩下49%，到12个月时只有27%了。英国在欧洲算是母乳喂养率最低的国家之一，2012年有81%的新生儿是一出生就母乳喂养的，但第六周时就只剩24%左右。英国真可谓母乳喂养最差劲的国家，在第12个月还能碰到母乳的孩子不足0.5%。相比之下，这个比例在德国是23%，在巴西是56%，而在塞内加尔是99%。其中的原因很复杂，比如个人的选择、社会对母乳喂养的态度以及孩子作息养成的问题。斯旺西大学的艾米·布朗（Amy Brown）做了研究发现，人们鼓励母亲们给孩子养成作息习惯，其中就包括晚上尽早睡觉。但这跟母乳喂养很不相宜，因为母乳喂养的孩子需要多吃几次，更容易半夜醒过来。布朗认为，社会上对采取母乳喂养方式的女性的那种矛盾甚至敌意的态度，很多媒体报道母亲喂完孩子尴尬地把衣服穿好的故事，还有她们自己对重返工作、重获独立的需求和渴望，都让女性包括愿意进行母乳喂养的女性想尽早停止这种喂养方式。布朗访谈了300名女性，她们在头六个月里就停止了母乳喂养，其中有80%的人提到的理由是疼痛和不便，但也有40%的人提到了社会上的负面态度，60%的人说她们缺少支持和鼓励，还有20%的人抱怨太尴尬。[34]除了缺少支持和社会的负面态度，婴幼儿配方奶粉的存在也是一个原因：这些奶粉就是被设计出来让女性在喂养方式上有更好选择的，给奶水不足的妈妈提供了出路（尽管她们有多少人是生理上不能母乳喂养，又有多少人是缺乏自信才做不到，这一点仍有争议）。[35]所以，塞内加尔这样的国家有更高的母乳喂养率并不稀奇，因为那里的配方奶粉价格昂贵，女性在喂养方式上只是没得选罢了。

在19世纪之前，欧洲和美国的女性如果不能或者不想母乳喂养，就要雇一个有奶水的人来喂养他们的孩子，这种人被称为奶妈（wet nurse）。这通常意味着要把孩子送到奶妈家里抚养，直到断奶为止。在牛奶（或者其他动物的奶）成为广泛被人接受的替代品后，这种习俗才逐渐失去市场。1867年，人们开发出了第一款配方奶粉——利比希可溶性婴儿食品（Liebig's Soluble Food for Babies），之后这一替代趋势开始加速；这之后又涌现出许多跟进产品，比如里奇婴儿食品（Ridge's Food for Infants）和雀巢牛奶（Nestlé's Milk）。[36]1883年，仅美国就有27家注册的婴儿食品品牌，其产品多以奶粉形式出现，并添加糖和淀粉作为碳水添加剂。当时这些奶粉往往缺少维生素、矿物质和蛋白质，但当人们了解到它们的重要性后，也就分别将其添加进去了。配方奶粉被宣传为一种母乳的健康替代品，很多是用来帮助没有奶水或奶水不足的母亲，从而解决婴儿营养不良。彼时卫生条件和用水质量大大提升，奶粉可以更安全地兑水食用，无疑挽救了许多那个时期的孩子的生命。但奶粉不是灵丹妙药，有时候也会吃死人，特别是夏天的时候，奶粉难以保存，牛奶也容易变质。直到细菌概念进一步普及（大约在20世纪之交），人们了解卫生的重要性之后，这种致死事件才开始减少。后来发明的橡胶奶嘴易于清理杀菌，越来越多的家庭也用得起冰盒了，牛奶才得以安全地储存，配方奶粉这才终于成为完全安全的母乳替代品。

渐渐地，配方奶粉不仅是特定情况下的母乳替代品，更成了其改良品，妈妈们可以更现代地科学地喂养，让孩子的营养需求更好地得到满足。她们可以更准确判断孩子该吃多少奶粉，这也有助于吃睡作息的养成。于是配方奶粉宣传说，产品有助于培养听话的宝宝，可以提供最高的营养标准，并且可以定量监控，医生和父母可以确保孩子一直都摄入"适"量的食物。同样关键的是，厂家也开始营销这种具有前瞻性、科技性的形象，他们直接寻求医生的支持并用在广告里。1929年，美国医学协会（American Medical Association）组成了食品委员会（Committee on Foods）来监管审查配方奶粉，并要求所有厂家获得他们的"批准标识"（'Seal of Acceptance'）。这一方面可以让配方奶粉厂家更服从安全生产标准，另一方面也说明医生开始公开地为他们的产品背书。

同样应该注意到，配方奶粉并没有受到普遍欢迎。1913年，新西兰医生特鲁比·金（Truby King）出版了一本《儿童的喂养与照料》（*Feeding and Care of Baby*），在未来40年中统治了西方女性的育儿观念。他推崇严格的作息习惯，宝宝要有规律地睡觉和排便，多呼吸新鲜空气，并且必须要母乳喂养。婴儿应该每四个小时喂一次母乳，妈妈们绝不可以用配方奶粉。如果孩子睡着了，那就叫醒起来吃奶；如果两次进食的间隔里孩子无故哭闹，不要喂他们也不要安抚他们。[37] 尽管有特鲁比·金这样的人发声，但母乳喂养的比例还是在不断减少，到20世纪50年代时，医生和家长已把配方奶粉视为一种安全、高效又科学的哺育方式。比如，海伦·弗兰德斯·邓巴（Helen Flanders Dunbar）在她1949年的著作《孩子的身与心》（*Your Child's Mind and Body*）中写道：

> 你不用给孩子喂母乳。现在的科学证据表明，不吃母乳的孩子在身体和心理方面和吃母乳的孩子一样健康，有时候甚至更健康。如果你想给孩子喂母乳，完全可以，但是要听医生的建议，从一开始就在母乳之外加点别的，

像橙汁、奶粉、燕麦粥之类的。如果你不太想喂母乳，如果喂母乳让你感到紧张和不适，如果你太忙没时间，可又觉得喂母乳是自己的职责，就请不要喂。[38]

但是和分娩问题的情况一样，对女性身体的过度医疗化和"医生最了解"（doctor knows best）这样的观点开始被抵制。很多人越来越质疑配方奶粉是否真的是孩子最佳的选择，国家生育信托基金（Natural Childbirth Trust）和母乳协会（La Leche League）这样的组织开始提倡母乳才是最好、最自然的哺育方式。婴儿配方奶粉开始被批评为一种营销噱头，让女性失去了自己喂养孩子的自信。尽管批评者也承认，对一小部分孩子来说，配方奶粉是有用且必要的，但他们依旧认为奶粉不该成为母乳的标准化替代品。况且在一些欠发达的地区，营养、卫生和医疗的条件都很差，母乳改成奶粉的后果已经是灾难性的了——病弱的母亲相信自己病得太重，营养不良，没法喂养孩子，转而选择高度市场化的昂贵的配方奶粉。[39]由于没有清洁的用水来冲调食用和清洗奶瓶，这些配方奶粉也有潜在的风险。一份研究表明，如果母乳喂养可以普及，全球每年可避免823000例婴儿死亡事件（以及20000例母亲死亡事件）。[40]

但在如今的西方世界，并没有证据证明配方奶粉对孩子的健康风险，关于母乳比奶粉多出的健康收益也依旧讨论火热;一部分原因是,尽管大量样本的研究可能会证明,母乳的孩子总体上身体更好、智力更高、更不容易患上肥胖,但是作为个体的每个孩子和母亲的反应是不一样的。[41] 个体环境决定着一位母亲如何选择喂养方式,也决定着这个选择之后会如何影响孩子的一生。我们不可能直接孤立出一个变量——比如说母乳喂养这个方式——然后把所有结果都归因于它。有些妈妈用母乳喂养得很轻松,但有些人则很煎熬,疼得受不了。有些人只是单纯觉得孩子吃不饱,所以采取了混合喂养;但还有的人是因为严格的 1-6-24 法则忽视了她们的现实情况,她们要工作、要通勤,不可能总有充足的奶水,她们也可能在孩子出生的几个小时内就要离开医院,没时间没条件喂奶。出于各种原因,母乳喂养并不是对每个人都适合,对母乳喂养有困难的女性进行污名化,可能构成一种新的母亲责备(mother-blaming),让一名母亲在疲于照顾宝宝的同时,又承受不必要的压力和焦虑。

对一些女性来说,延长母乳喂养的时间是一种自主的选择,和她们想成为什么样的家长有关。这在参与"亲密育儿法运动"(Attachment Parenting movement)的家长中最为明显。这种理论推崇母子之间紧密的情感纽带,建立在以下几点之上:母亲要尽可能地待在孩子身边(携带孩子),马上回应孩子的需求,亲子同睡(孩子和父母一起睡),一直母乳喂养到孩子自己决定不要再吃母乳了。2012 年某一期《时代周刊》的封面是一张令人咋舌的图片:一位年轻母亲骄傲地给她4岁的儿子喂奶。此举将亲密育儿法带入了大众的视野,并引起了巨大的反响。这究竟是因西方女性出于市场需求放弃已久的自然正常举动,还是一种坦白说有些让人毛骨悚然的哗众取宠?[42]无论孩子有多大,只要是在公共场合哺乳,意见自然是分两派,但这张图片还抛出了另一些问题:母乳喂到多晚算晚?谁来决定断奶的时间?母乳喂养怎么就成了社会和公众的监督任务?

与亲密育儿法密切相关的是对自然的思考,以及其他文化中的女性,尤其是"原始"文化的女性是如何照顾新生儿的。这项运动部分受到珍·莱德罗芙(Jean Liedloff)于1975年出版的《富足人生的原动力:找回失落的爱与幸福》(*The Continuum Concept: In Search of Happiness Lost*)一书的启发,书中描绘了委内瑞拉雨林中的耶夸纳人(Yequana)是如何照看幼子的,其中就包括:出生后母子的迅速接触,亲子同睡,最初几个月随时将孩子带在身边,根据需求母乳喂养,以及只要孩子需要关注就立刻给予关注。莱德罗芙认为,如果孩子的需求不能这样被满足,比如西方的孩子就常常不是,其结果就是未来不可避免的心理障碍。

《富足人生的原动力》极具影响力,售出数百万册,被译成三十多种语言。尽管这本书的初衷并非做一本育儿手册,但其观点认为有一种祖先沿用千年的自然养育方式,而西方世界已忘却或放弃，这是极具吸引力的，并引出了2001年美国作者威廉·西尔斯（William Sears）和玛莎·西尔斯（Martha Sears）出版的《亲密育儿书》(*The Attachment Parenting Book*)*。这本亲密育儿法的"圣经"称，这种教养方式会培养出幸福自信的孩子，因为他们的父母会优先满足他们的需求。不可避免地，也有人认为亲密育儿法不现实，只是蹭热度而已（有人甚至认为这种方法很自恋，完全是满足母亲的需求而不是孩子的需求）。[43] 当然，在英国或者美国做个亲密式的家长需要一定的富裕程度，妈妈应该不用上班（或者可以雇人帮她一起带孩子），[44] 而且有时间和孩子一直近距离接触，想母乳哺育多久都可以。而且，其实也没什么人研究亲密养育法养出来的孩子是否真的比其他的孩子更幸福、更快乐和更有安全感。

有一种抚养方式可以确保孩子幸福健康地成长，和家长建立稳固的依恋关系，相信它存在当然很美好，然而事实上并不存在这样的方式。非西方的文化给人以子女抚养的启迪，但这并不是完美教育和终生幸福的蓝图。仅仅精挑细选一个文化的某些方面，然后应用于另一个完全不同的文化情景，这样做根本不能指望它会得出完全一致的结果。我们从没有研究询问过莱德罗芙认识的那些耶夸纳人，他们开心幸福是

---

* 现国内市面上常见的多为重新分册上市的"西尔斯亲密育儿"系列丛书。

不是因为早年受到的教养方式（或者说，耶夸纳人对幸福的定义和西方是不一样的）。而我们能证明的是，他们孩子的生存概率远低于西方的孩子，他们的预期寿命更短，医疗条件也很有限。

世上并没有一种完美的、普适的分娩和养育方式，让每个人都受用，哪里都没有。我们也不可能拿着长期结果，从中挑出个变量，像母乳喂养 6 个月或 12 个月、亲子同睡、控制哭闹这些都不行，因为还有个体的性格、气质、阶级、生活方式、营养和健康状况等一系列的变量。亲子之间每天的互动，也一直被文化观念、社会经济压力、医疗和科技进步等深刻影响着。婴儿降生在某一特定的社会文化世界中，婴儿及其需求与欲望会被如何理解，决定了他们早年会受到怎样的对待。成为父母可不只是将孩子生下来，虽然全世界有那么多种教养方式，但绝大多数父母都希望从孩子出生起就给他们一个尽可能好的开始，并尽其所能地保护他们，确保他们的生存和成长。

第二章
CHAPTER 2

成为父母对一个人有何影响?

成为父母的意义看起来不言自明，毕竟每个人都被照料过，虽然这个照料者可能是父母、祖父母、继父母、合作性父母*以及养父母。不管这些经历有何不同，成为父母无疑蕴含着一种期待，这是个人的期待，也是身边人的期待。很多这种期待与社群、社会和文化中的性别角色与正确教养方式挂钩。人们从自己的父母那里学会怎么做父母，最后成为他们父母的一个翻版，学界对这一观点已有深入研究。然而，对教养方式的家庭、社会和文化溯源，却和另一大批研究的结果相左：大量研究表明，教养方式的诸多层面，尤其是亲子依恋关系层面，都是由生理、神经和神经激素来决定的。本章我们将囊括生物学、心理学、神经科学和人类学的研究成果，探讨几个相关的话题。

---

* "合作性父母"（co-parent）一词在不同语境下有多种含义。通常情况下是指，在以法国为代表的部分国家，非婚生子的伴侣，或希望抚育子女的同性伴侣和独身主义者，由此二人组成的形式上的"父母"身份。

有多少是我能控制的?

成为父母的过程常被看作一个简单的自然过程。父母在其中经历的变化通常就被解释成一种生理上的发展,研究一下生理机制和脑化学就不难理解。确实,怀孕期间的很多生理和神经变化已日渐成为研究的焦点。神经生物学和神经科学的研究认为,孕期及分娩后的许多荷尔蒙变化对早期亲子关系,尤其是亲子间情感纽带的建立至关重要。

生理上来说,怀孕和分娩会给女性的身体带来暂时以及永久的变化。这包括早孕反应(白天有持续的呕吐感,一些女性甚至整个孕期都会有这种反应)、对强烈气味和特定食物的异常敏感及饮食冲动;强烈的疲惫感和波动不定的性欲;体温忽高忽低,爱出汗,有晕厥感,情绪反应强烈;经常哭,有时候是因为生气,有时候是因为沮丧。[1]虽然在英国高达90%的孕妇表示在怀孕早期有恶心想吐的感觉,但这种症状看起来其实也是有文化特异性的。新几内亚和牙买加的女性就不太说自己有呕吐感,而是说自己睡不好,真的梦见自己怀孕了,容易感染,还容易起疹子、得溃疡。这说明,单纯的生理解释是远远不够的。

在怀孕的头几周里,孕妇的新陈代谢水平开始提高,由于需要大量的能量来维持胎儿的基本需求,孕期的头三个月里孕妇的血糖和血压开始降低。许多西方的妈妈报告自己在怀孕和产后照顾宝宝的头几周里有"脑雾"(brain fog)症状。[2]这种现象常被称作"婴儿脑"(baby brain)——即孕妇和产后的母亲脑力功能下降,记性差,反应慢,这常常反映出的是行为上的紊乱和异常。一些研究表明,孕期女性的大脑会发生变化——脑室(分泌脑脊液的组织)之类的部位体积会增大,而大脑整体的体积则在减小,并在孩子足月的时候达到最小值。[3]但脑部变化是暂时的,孕妇的脑体积会在孩子出生的几周至几个月后再次增长。孩子六个月大时,孕妇的脑体积普遍就可以恢复到孕前水平了。[4]艾尔斯琳·霍克兹马(Elseline Hoekzema)与同事在荷兰和西班牙开展过研究,在怀孕前和分娩后用核磁共振技术(MRI)扫描父亲和初为人母的女性的脑部,发现男性的脑部没有发生改变,但女性显示出一系列变化:最引人注意的是,影响前后皮质中线部、双侧外侧前额叶以及颞叶部分的灰质体积大幅度缩小。灰质的改变反映出许多神经变化,比如大量突触、胶质细胞(一种非神经元细胞,可以维持稳态并形成髓磷脂,包裹保护中枢神经系统和周围神经系统的神经元)和神经元数量减少以及树突结构的改变。这种现象被称为突触修剪(synaptic pruning),许多神经科学家认为这是孕期大脑回路精修微调的核心过程,它使脑功能特化,对健康的认知、情绪和人际发展至关重要。[5]霍克兹马和同事们认为,失去部分灰质并不意味着失去了部分脑功能——事实上这一过程更像是一种优化,让大脑可以在孕期内更高效地运转。进一步的神经病学研究表明，这种让许多女性产生"脑雾"的孕期灰质变化，也许会帮助形成分娩后的亲子依恋关系，其实也就是一种转换母亲身份的适应性过程（当然了，前一章说过，依恋关系本身依旧有争议）。而神经生物学研究的发展也已证明，负责社交行为、共情和焦虑的脑区（前额叶、中脑和顶叶）会被孕期和产后的荷尔蒙变化激活。

伦敦大学学院的安德里亚斯·巴特斯（Andreas Bartels）和塞米尔·泽基（Semir Zeki）称，母亲感到的潮水般的爱意、强烈的保护欲和持续的忧虑，都反映出女性的大脑在孕期和产后会做出调整，以此促进依恋关系的形成——而这通常被认为是为人父母的先决条件。[6] 他们的研究表明，母爱涉及一组相互重叠的特殊脑区，这些脑区是受到孕期和产后荷尔蒙变化调控的。实验中，他们让 20 位志愿者母亲看自己孩子的照片，又让她们看她们同时期认识的其他孩子的照片，测量并比较了两种情况下她们的脑活动。实验发现，与看到其他孩子时相比，母亲在看到自己孩子时，对孩子的依恋关系会抑制与负面情绪和人际判断相关的脑区。因此他们认为，对他人的强烈感情不但会抑制负面情绪，还会影响到此人进行人际判断的相关神经系统。

科学家们近来才开始揭示孕妇/新妈妈的行为与她们荷尔蒙变化、神经活动和脑化学的可能联系。[7] 研究女性的大脑或许也有助于更好地理解新妈妈们的产后抑郁和焦虑情绪。[8] 六分之一的女性称有过产后抑郁,也有很多人报告自己有过焦虑和强迫症的想法,尤其是想去查看孩子的呼吸、睡觉和进食。催产素(也用于引产)已被确认为一种所有哺乳类动物建立母婴纽带的重要驱力;它在孕期的分泌显著增加并在产后维持在高位。丹佛大学家庭与儿童神经科学实验室的金雨阳(Kim Pilyoung)[9]记述了催产素水平如何在母亲看到孩子甚至听到孩子哭闹那一刻开始上升,她认为催产素同样会影响父亲对孩子的反应。[10]这种变化对亲子之间的纽带建立非常关键,金雨阳将这种父母体验比作坠入爱河。

耶鲁儿童研究中心的詹姆士·斯温(James Swain)提出了一种模型来描述,比如说,孩子的哭声如何启动父母的特定脑回路,调动他们的情绪和奖惩机制,激起他们的情绪和行为反应,让他们跑去查看孩子。[11]这种刺激信号包括哭声、视觉刺激、身体接触以及体味。斯温研究了人类父母的脑成像并结合了早期动物研究,提出"父母脑"(parental brain)模型来预测母亲的大脑、情绪和行为将如何响应宝宝发出来的信号。斯温把母亲脑回路的激活方式描述为一种条件反射式的照料冲动,这种冲动被编入了她们的情绪和行为反应,是父母之爱和依恋关系的体现。他认为,进一步了解神经系统对为人父母的影响,对长期的亲子依恋关系和孩子心理健康和适应力发展都有深远的意义。

脑部变化也不限于女性。埃亚尔·亚伯拉罕（Eyal Abraham）和同事们开展的研究注意到，男性开始照顾孩子后，他们的大脑也发生了改变。[12]有充分证据表明，父亲也会有类似荷尔蒙增多现象，这其中就包括与母亲和孩子接触后诱发的催产素分泌增多。他们的催产素水平与他们对孩子表现出的爱意成正相关。很多这种生理变化被定义为适应性过程，可以帮助父母和他们的孩子建立依恋关系。然而，也有很多研究者质疑，神经学研究到底能在多大程度上解释养育期间的适应性过程和学习过程。[13]尽管孕期和产后的生理和荷尔蒙变化不可忽视，神经学研究确实不能彻底解释清楚，为什么全世界的男男女女会有那么多种为人父母的方式。此中许多差异要涉及人类学、心理学和社会学的研究成果，不仅要研究全球范围内教养方式的差异，还要考察社群、社会和文化影响是如何塑造教养方式的。

人类学家罗伯特·莱文（Robert LeVine）广泛地研究了跨文化间的教养方式，他的成果展示了教养方式间的差异，同时也表明这些方式都是习得的，可以帮助新父母更好地适应他们自己的文化和社群环境。[14]所以，尽管我们不能否认，在孕期和照料孩子头几年里，许多的父母会经历各种生理和神经变化，但不同的社会也会鼓励新父母采取不同的、合乎规则的教养方式。在婴儿死亡率高的地方，有时候，母亲对估计活不下去的孩子是没有什么感情投入的。人类学家南希·舍佩尔-休斯（Nancy Scheper-Hughes）写过很多关于巴西东北部棚户区婴儿死亡现象的文章。她描述了那里的穷苦母亲对婴儿强烈的矛盾心态——她们不"相信"这些孩子能活下来，所以几乎不投入什么感情。她们不承认也不认同独立的人格，一个名字会反复给母亲生下的几个孩子用好几遍，她们也几乎不会公开地悼念死去的孩子。很小的孩子是基本不被当作人看的，只有当他们有了活力的迹象，有了求生的愿望，年龄再大些，这时的他们才值得感情投入，母亲也才会承认他们这时才更有人的样子。这些母亲倾向于忽略没有什么活力的、病恹恹的孩子。她们认为有些孩子是注定活不下去的，因此不会拼命去救活他们，也不会给（通常是买不起）他们药吃，对他们的死亡抱着听任甚至冷漠的态度。[15] 这些发现得到了一套完善的人类学研究的支持，研究重点指明了家庭、社群、社会和文化因素是如何塑造出全球范围内诸多的教养方式的。[16]

我会成为自己父母的翻版吗？

社会学家弗兰克·富里迪（Frank Furedi）在《偏执的育儿》（*Paranoid Parenting*）[17] 中写道，成为家长不光是接受自己有孩子后的新角色，也是对自己身份的一次认同。但是，我们又很难把新家长的愿望、抱负和社会施加的压力相剥离。

任何社会在任何时候都会给新手父母提出一些建议、期许和要求，告诉他们成为父母的意义，以及他们应该怎么做。

显然，人们会从自己的父母和照顾他们的人那里学到一些为人父母的知识；这就解释了为什么一些教养方式会在家庭中代代传承，也就是英国开放大学的温迪·霍尔韦（Wendy Hollway）教授所说的代际回响效应（intergenerational echoes）。[18] 伦敦大学伯克贝克学院的心理学教授杰伊·贝尔斯基（Jay Belsky）和同事们在 2009 年提出了一个理论模型，试图解释家长的教养行为是如何被自己父母的教养方式塑造的。而这个话题的早期研究则出现在 20 世纪 50 年代左右，不过那时的侧重点在于代际传递（intergenerational transmission），[19] 以及为什么像虐待和好斗这样的行为会在家庭中代代沿袭。

代际研究深度关注的是，父母的身份认同如何从他们早年经历的家庭中发展而来。这类研究通常使用个人对家庭生活的反思和回忆，询问父母和祖父母一辈的人是怎样抚养自己的孩子的，以及他们自己又是怎样被抚养成人的。此外，这类研究也经常会问小孩子，他们觉得父母的教养方式怎么样，觉得自己想成为或会成为什么样的父母。举例来说，一个孩子在人生头几年里就会接触到各式各样的行为方式，而这些或多或少都会影响他们的思维、想法以至未来行为。比利时鲁汶大学的伊莎贝尔·罗斯克姆（Isabelle Roskam）[20] 在 2013 年开展了一项横跨三代人的研究，她发现祖父母、父母和孩子都明确提到一些相同的教养方式，其中包括热情体贴等积极行为以及严苛管教等更为消极的行为。然而并不是所有的教养行为都是代代相传的。这项研究发现，经历过温情和支持型教养的孩子更愿意成为使用同样教养方式的家长，而不是成为控制型家长，尤其是管教严苛的家长。

和采用其他自陈式方法的研究一样，上述的结果很大程度上都依赖于记忆和解读，所以可能会产生问题。而且想象自己从孩子变成虚构的家长的未来，然后想象自己会采取什么样的教养方式，显然不能很好地预测你实际上会变成什么样的家长。况且，并不是所有的父母都会沿袭自己父母的教养方式和行为。有些人不赞成甚至否定自己受到的教养方式，并且竭尽全力确保自己将来不会采取同样的方式。就像安德鲁·所罗门写的：

> 只要孩子跟我们有些相似，他们就会是我们最真诚的崇拜者；只要他们跟我们有些不一样，他们就会是我们最严厉的批评者。一开始我们就引诱孩子模仿我们，希望自己得到这世间最大的肯定；孩子会选择按照我们的价值体系生活下去。我们自己跟父母不一样的时候，我们无比自豪，可孩子跟我们不一样的时候，我们又悲伤不已。[21]

心理学家奥利弗·詹姆士（Oliver James）在他写的《去

你的》(*F*** You Up*)[2]中敬告各位家长提防把人惹毛的可能性，并在另一本《如何不惹毛他们》(*How Not to F*** Them Up*)[23]里为准父母提供了详实的案例和解决方案，避免跟孩子大发雷霆。詹姆士引用了跨学科的研究成果，描述了孩子的行为被父母的行为塑造，父母的行为又被他们的父母塑造这一复杂的过程——而且这个过程亘古不变。这类研究对认清家庭内部的学习传承显然有益，但不能清楚地解释，为什么有的孩子会认同并固化一些教养方式，有的孩子却不会。而且这种观点会有一种暗示，就是孩子完全是被动的，教养不过是对他们"做完就完了"（done to them）的一类事。儿童神经病学家迈克尔·鲁特爵士（Sir Michael Rutter）认为，人们之所以低估孩子自身对教养方式和亲子互动的塑造作用，就是因为没有考虑到无数代家长在有二胎之后他们都能观察到的一个现象，那就是，孩子之间差异可以这么大，他们跟孩子的关系也可以如此不同。[24]

加拿大心理学家史蒂芬·平克（Steven Pinker）认为，人们很容易就"把孩子看成是一堆等着塑形的腻子"[25]，从而忽视了他们对父母的行为有何等重要的作用。我们有必要在这里特意解释一下这个观点，因为很多关于教养方式的当代学说都认为，在教养关系中，孩子与父母的地位同样重要。亲子关系近些年来已成为研究的焦点，尤其是"双向性"（bidirectionality）这一概念，即亲子之间会持续地相互影响的现象。大量研究关注了儿童及其家长的个性与行为特性，以此理解亲子关系将如何影响父母的身份认同发展以及儿童在家庭中的发展过程、学习过程以及信念习得的过程。[26] 这类研究非常复杂，因为它们想要揭示的是亲子互动与行事"是什么"以及"为什么"。当然，关于教养方式还有很多难懂的问题。家长的一些行为经常是难以理解的，甚至很难用常理解释。

西格蒙德·弗洛伊德在《日常生活的神经病理学》(*The Psychopathology of Everyday Life*)[27] 中认为，成年人几乎不是自己行为的主人，他们经常（甚至一直）只是在响应深藏内心的想法和感受罢了。尽管弗洛伊德的这本书强调了家长应努力（通过精神分析）链接内心深处想法，从而理解自身行为的重要性，而当代的研究则开始以融合神经生物学和心理学的方式来解读父母身份的种种行为。在《爱的重要性：爱抚对婴儿大脑形成的影响》(*Why Love Matters: How affection shapes a baby's brain*)[28] 一书中，精神分析心理治疗师苏·格哈特（Sue Gerhardt）强调了理解教养过程中神经生物学和心理学原理的重要性。这本书侧重于幼年经历如何既传授孩子知识，使他们社会化，同时也能（尤其是在出生后的头几个月）塑造他们的神经通路。她这本书的很多内容建立在大量"脑可塑性"（brian plasticity）[29] 研究基础之上。脑可塑性研究并不认为行为是一成不变的，而是认为支持和强化某些特定行为的神经通路具有可塑性和灵活性，可以作出相应的适应和改变。无独有偶，以色列巴伊兰大学贡达多学科大脑研究中心（Gonda Multidisciplinary Brain Research Center）的露丝·费尔德曼（Ruth Feldman）[30]也认为，幼年情绪体验铺设的神经通路有助于形成思维和行为的神经通路；这一现象涉及面积极广，所以也就不难解释为什么家长的教养方式总是回归他们自己幼年经历的那种方式。但费尔德曼和同事们也指出，人脑的可塑性和发生变化的能力意味着，早年形成的神经通路是可以被改变的——这正是第一章中依恋理论批评者的核心观点。大脑活动在很大程度上受到荷尔蒙的影响，但也并不总是如此，有研究表明大脑的改变也受到亲子互动、广义的社会和环境因素以及学习的影响。这可能也就解释了，为什么许多新手父母会回避采用他们童年接受的教养方式。大脑的可塑性也让无数家长体会过这样一种感觉——通常是养不止一个孩子的家长——随着生活的继续，你的家长身份认同会改变，你的教养方式和互动方式也会改变，这样才能面对孩子们不同的需求和不同的性格。

当然，家长们有各自不同的育儿理想。这些想法可能很多是受到自己童年的教养方式的影响，不过也可能是受到文学作品和媒体报道的影响，因为里面会明确传递各种教养方式的信息。伴侣关系也许会破裂，家庭状况随时都在改变，但父母是一生的角色。然而，此中暗含的一种观念是，成为何种父母对一个人有着持久的影响——对他们的教养方式有影响，对孩子未来的走向也有影响。所以说，家长有责任培养出健康快乐、适应环境的孩子；要是出了岔子——家长也容易被指责。

对于相当大的一部分人来说，成为父母如同一场危机，意味着太多的新要求，包括生理上的、情绪上的、心理上的，还有经济上的，比如要有更多的财务负担，[31] 可能还会给现在的亲密家庭、休闲时光以及工作与生活的平衡带来一丝不确定因素。除了极特殊情况，人们通常这样描述成为父母时内心的挣扎感：往往是一种强烈的失去自我的感觉，背后是互相竞争的个人、社会和文化的影响。

我可以全都要吗？

父母的互动和养育被认为有着深远的影响，甚至可能会奠定孩子未来的基础。各种新闻头条反映了——还有些人认为是新闻引起了——许多家长对孩子养育问题的关注。要不要送孩子去托儿所，要不要在家里做儿童保护措施，一个人带孩子会有什么后果，宝宝还小的时候就离开他们去上班会对他们的未来发展有什么影响，这些都是经过深度讨论的话题。那么，平衡这么多责任意味着什么呢？有没有可能既维持和谐持久的亲密家庭关系，又拥有稳定安全的财务独立，还能有一份满意的事业，同时能让孩子健康快乐地成长呢？家长该如何平衡这么多需求呢？对此，新手父母会有很多的问题和关切。第三章里，我们会考察已有的研究，看看不同家庭环境对孩子的交际和情绪发展有哪些影响。在这里，我们先来看看母亲在带孩子的同时去工作会有什么影响。

仔细读读研究资料就知道，把所有上班的女性归为一类，把所有家庭主妇归为另一类，根本没法涵盖所有女性和所有孩子的情况，更何况他们各自的生活环境也大相径庭。家长能够有机会决定自己的个人和家庭处境至关重要。在英国，家庭主妇的比例在过去二十年中下降了不止三分之一。[32] 也有很多女性选择在孕期工作，孩子出生不久后也会重返工作岗位。自 1951 年起，英国就业女性的数量翻了三倍多，而且最新数据显示，有 68% 的带孩子的女性仍在工作。[33] 这种家长人群中的人口学变化被媒体登上头条，意在强调一种潜在的危险——职业妇女的孩子更可能功课欠佳，不善社交，更容易发生吸毒和未成年性行为等不良行为。[34] 的确，在英国、澳大利亚和美国等女性就业率逐步上升的国家开展的研究表明，母亲工作对孩子的学业表现和人际发展确实有潜在的负面影响。受约瑟夫·朗特里基金会（Joseph Rowntree Foundation）委托，埃塞克斯大学社会经济研究所的约翰·埃米施（John Ermisch）和马尔科·弗朗切斯科尼（Marco Francesconi）于 2012 年开展了一项研究，测算家长工作对孩子的影响。[35] 结合英国家庭状况调查（British Household Panel Study）的数据，他们发现，尽管全职工作女性可以增加家庭收入，但工作会限制她们和家庭互动的时间，还可能降低她们孩子未来的受教育程度。[36]这项研究表明，在孩子1～5岁期间，母亲长时间全职工作可能会降低孩子获得更高学历的机会，并会增加他们失业的风险，让他们更容易在刚成年的生活拮据，青年时期经历心理困扰的风险也会增强。而兼职工作的母亲对孩子长大成人似乎没什么负面影响。研究中，父亲参加工作的影响并没有母亲参加工作那么明显。孩子上学前父亲长时间工作与降低孩子未来失业的风险相关，也与降低他们成年早期生活拮据和青年时期经历心理困扰的风险相关。总体来说，这份研究认为，抚养孩子的时候，父母上班对孩子的发展有负面影响。然而，如果我们仔细审视其中的研究方法就会发现，数据中使用了大量很笼统的归类，比如只有兼职和全职中"父母是否有薪工作"和"父母陪伴时间"这种条目，却没有分析家庭生活中的种种复杂情形。比如家长的社会经济地位以及他们是不是自己选择去工作的，这些也都是值得考虑的内容。

1991年，美国国家儿童健康和发展研究院（National Institute of Child Health and Development）在美国境内开展了一项历时研究，考察女性就业与儿童发展结果的关系。这项由哥伦比亚大学心理学家珍妮·布鲁克斯-冈恩（Jeanne Brooks-

Gunn)、韩文瑞(Wen-Jui Han)和简·沃尔德福格(Jane Waldfogel)实施的研究发现,女性在孩子3岁前参与全职工作,与孩子的行为问题显著相关,其行为问题包括攻击性行为和4岁半时的人际焦虑。1岁前母亲全职工作的孩子,比1岁前母亲兼职工作的孩子,更容易发展出破坏性的行为问题。在认知差异方面,1岁前母亲全职工作的孩子在认知测试中得分更低,而1岁前母亲兼职工作的孩子则没有这样的低分情况。[37]

虽然女性就业与孩子的行为问题和发展结果有着种种负相关,布鲁克斯-冈恩和她的同事们却认为,女性就业未必对孩子的智力和人际发展有负面影响。她们把女性就业和其他影响因素(比如亲子互动、家庭收入和儿童看护)放在一起看,发展出了对女性就业与儿童发展关系更为细致的理解。她们发现,尽管女性在孩子年幼时工作存在消极的一面,但女性就业对大一点的孩子的负面影响是非常复杂的。这同婴儿时期不一样,我们不能简单地说女性就业对孩子发展不好,而更应该结合个人情况来权衡利弊。对很高比例的一部分女性来说,不断增加的财务安全让她们能够提供高质量的儿童护理,有更多机会创造更多提高孩子生活质量的体验,同时惠及家里的其他子女。

2005年,新南威尔士大学为澳大利亚社会政策研究中心(Social Policy Research Centre)做的一项大规模研究发现,有工作的父母给他们新宝宝的居家团聚时间和照料——通常认为母亲出去工作的时候，这些就被牺牲了——实际上依旧保持在高位。[38]澳大利亚研究委员会（Australian Research Council，ARC）主席林恩·克雷格（Lyn Craig）教授研究了5岁以下孩子的父母并发现，相比牺牲照顾孩子的时间，有工作的母亲更倾向于牺牲自己做家务、放松和休息的时间，以此保证不工作时合家团聚的黄金时间（quality time）。为了留出和孩子（们）相处的时间，相比不工作的母亲，有工作的母亲会把更少的时间花在做家务、个人护理和独自休闲等方面。这项研究也解释了职业女性是如何"倒时间"（time shift）的，她们重新安排家庭事务，从而有更多的时间和孩子待在一起。比如说，每天起早一些，出门上班前先和孩子多待一会儿；然后，每天睡晚一些。当然，对很多女性来说，上不上班没得选——但她们上班也有各种缘由。林恩·克雷格也承认，这些选择不多的女性往往过得都不太好。[39]因为不得不去上班，所以把孩子留给别人照顾，这在情感上让她们难受。另外，很多母亲维持不起高质量的照料，而对于独自照顾孩子的母亲来说，情况更加难堪。对很大一部分女性来说，成为母亲的挑战不仅来自要平衡诸多责任，也源自她们不得不解决心理上和社会上的困境，弄清楚到底哪些对孩子好，哪些对孩子不好。

对很多职业女性来说，拥有一份工作、一份事业对她们的幸福感、安全感和生活满意度是有积极作用的；而对其他很多女性来说情况正相反，工作不是选择也不是抱负，而是一种不得已的事情。林恩·克雷格认为，对于后者来说，她们为平衡工作和养孩子所面临的压力会比主动选择工作的职业女性更大。大量研究表明，父母的幸福水平是预测孩子发展结果的重要指标之一，而且孩子的情绪与人际发展是与父母的幸福、忧虑和压力相关的。[40] 许多心理学研究显示，父母的忧虑和压力可能会导致孩子面临人际和情绪问题的风险。[41] 在《孩子什么都学：父母的压力是孩子的毒药》(*Kids Pick Up on Everything: How Parental Stress Is Toxic to Kids*) 一书中，教牧咨询师戴维·科德（David Code）例举了大量心理学实验并提出，父母的压力水平会影响到孩子人际、情绪和认知的发展。尼克尔·塔尔格（Nicole Talge）和同事们于 2007 年开展的研究表明，如果一名孕妇在孕期感到压力，那么她的孩子更有可能面临潜在的情绪和认知问题，比如更有可能感到情绪焦虑，或在童年时期更有可能语言能力发育迟缓（第一章引用的文献中也提到过这一点）。[42] 其中，母亲的压力荷尔蒙皮质醇（stress hormone cortisol）*水平被认为是一个关键因素。[43] 总的来说，父母的压力比就业这单一项更可能影响孩子的发展。尽管这一章里，我们没有考察导致父母压力的决定性因素，但应该看到，父母会在

---

* 压力荷尔蒙皮质醇或称应激激素皮质醇。

许多方面感到压力，比如财务稳定、住房保障以及工作与生活的平衡。因此我们也有必要考察一下形成父母生活经历的诸多因素。

生理因素对为人父母的影响毋庸置疑——最基本的有为了适应分娩而做出的生物学改变，再进一步也有为了方便建立亲子纽带而发生的神经学改变——但人类通过广泛学习来影响和塑造教养方式的能力也不可忽视。人们可以做选择，也确确实实在做选择。我们的研究结果并不把为人父母看作被生理属性和文化因素决定的一成不变的角色，父母有能力改变和调整他们的行为，创造出适应他们各自环境的角色。

第三章
CHAPTER 3

何为"家庭"？家庭有优劣之分吗？

第三章 何为"家庭"?家庭有优劣之分吗?

"家庭"(family)* 算是语言中承载最多,争议也最多的一个词了;媒体、政客和学界不断地使用和探讨这个词。家庭可以是情感的寄托,也可以是魔鬼的化身,世间所有的快乐与痛苦都与它有关。家庭既是私密的,是"冷酷世界中的避难所",同时又是高度政治化的,是国家有权利也有义务涉足的空间。我们很难理性客观地思考或讨论家庭:因为在生命中的某一段,每个人都有或有过(某种形式的)家庭,尽管体验不同,这些经历或许都会给往后的日子留下印记。就像前一章说的,我们几乎可以肯定,它一定会影响到一个人对自己子女的教养方式。

核心家庭(nuclear family)——对已婚异性夫妇和自己亲生的孩子共同居住一所房子里并形成一个独立的经济单位——这个概念在相关的讨论中尤为突出。核心家庭在西方,

---

* 英文"family"既可作"家庭",又可表达"家人"之意。

尤其是北欧由来已久，人们常常认为它不仅是文化和历史中的常态，还是抚养孩子长大成人最好最高效的方式。然而这个模式并不通行。人类学家认为，尽管任何社会形式中都有家庭，但其形式千差万别。跨文化地看，组成家庭的方式有很多，最终的家庭模式也很多：孩子可能生活在三代甚至四代人共同的居所，成长时与爷爷奶奶、叔叔婶婶和兄弟姊妹住在一起。在非洲过去的小型社会中，孩子可能成长在一夫多妻制的家庭中，一个男人有多名妻子，她们各自生下的孩子同住在一起。人类学家也发现了一妻多夫制的社群，一个女人嫁给了几兄弟，生下的孩子由他们共同抚养。[1] 尽管核心家庭对西方依旧有着文化上的吸引力，但它可不是一个放之四海而皆准的模式。本章我们会考察"家庭"概念的不同呈现形式，看看研究会告诉我们家庭动力学（family dynamics）因素对孩子有哪些影响。

家人是谁？他们该做些什么？

谁是你的家人？要回答这个问题，很多西方人会本能地回答是他们的"血"亲（大概就是基因亲缘关系）——他们最亲密的家人就是有血缘联系的人，比如父母、祖父母、子女还有兄弟姊妹。英语里有"血浓于水"（blood is thicker than water）这样的表达。人们也可能会问被领养的孩子："你知道你真正的（即生物学意义上的）父母是谁吗？"这些都说明生物学意义上的关系正是家庭概念的基础。尽管一些人依靠婚姻之类的关系也被算作家人，但生物学意义上的联系依旧举足轻重。但是让·皮亚杰（Jean Piaget）在1928年发现，[2]这种判断方式对西方的小孩子，尤其是 5 岁以前的小孩来说几乎没什么意义。他考察了不同年龄的孩子给家人下的定义，发现 5 岁前的孩子倾向于简单地把生活在一起的人归为家人，而且也不太理解关联性（relatedness）的问题。再近一些社会学研究认为，这项观察结果依旧成立，并发现孩子 8 岁左右才开始意识到生物学关联性的重要意义，尽管有些少数族裔对生物学上的关联有不同的侧重。[3]一项英国的研究让孩子们定义谁是自己的家人，谁不是家人，结果发现犹太人特别清楚生物学上的联系。这不但反映出他们独特的宗教身份（孩子通过其母亲继承犹太人的血脉），也反映出在他们聚族而居的小社区里，很多人都是远亲，可能常要解释孩子与人的亲缘关系。[4]

更宽泛地说，社会学家卡洛尔·斯马特（Carol Smart）就指出，孩子更在乎的是家庭里大人提供的爱与保护，而不是血缘和正式的家族联系；对孩子来说，重要的是家庭关系的质量和情感与物质需求的满足，而不是家庭结构，也不是成年人的数量和性别比。[5]斯马特和同事们确认了家庭关系中孩子在意的三个方面，分别对不同年龄段的孩子有不同的意义：

居住环境（residence，谁和谁住在哪里），这对七八岁以前的孩子尤为重要；家庭角色（family roles，家庭成员为彼此做了些什么），这主要涉及 7～12 岁的孩子；以及这些关系的质量（孩子在家中感受到的爱、照顾和尊重），这对 11 岁以上的孩子最重要。他们发现在划分家人的问题上，孩子在很多方面比大人更为灵活，会把很多人都视为家人，其中包括在世和故去的亲戚、其他家庭中的成员，甚至还有家里的宠物。

剑桥大学家庭研究中心（Centre for Family Research）通过关注由捐赠精子或卵子以及胚胎移植方式诞生的孩子，探索了非血缘关系家长的关爱与照料对他们的女子的重要性。这项研究关注了这些孩子的长期发展结果以及他们对自己身世的看法。在过去 20 年中，人工受孕出生的孩子不断增多，英国每年通过捐赠的精子或卵子出生的孩子大约有 2000 名。[6] 这些孩子出生后面对的家庭结构迥异——可能是单身母亲，也可能是同性或异性的夫妻，而人们对这些家庭早已有了充分的研究。[7] 研究表明，年幼的孩子并不太明白供体受孕是怎么回事，但是到 7 岁时就能明白个大概了。但是到 10 岁时，他们就彻底明白，他们的父母和他们没有生物学上的联系，他们有的对此是冷漠的，有的感到好奇，不一而足。露西·布莱克（Lucy Blake）问了一组 10 岁左右的人工受孕出生的孩子，看看他们对自己的身世有何看法。一个回答说："我觉得没什么不一样的，我过好自己的生活就行了。我真的不会想太多，我有很多别的事情要去想，比如很酷的事情。所以我真的不太在意。"另一个回答说："我觉得他有点不是爸爸，他就像半个爸爸，不过我经常把这一点给忘了。"[8]

该中心的另一项研究关注了被两个妈妈（同性恋者）养大的孩子并发现，孩子在5岁时开始意识到他们没有父亲，但并不是很介意，也不觉得这是个大问题。布莱克和同事们报告称："与预期相反，通过配子（精子和卵子）捐赠受孕的亲子关系的质量和自然受孕家庭的亲子关系质量差不多，甚至更好……通过人工受孕技术怀孕的家长付出了极大的努力，可能也就难怪这样的家庭里典型情况是父母更加温柔，参与度也更高。"[9]孩子们的反馈似乎也证实了这一点，他们觉得不管有没有生物学上的联系，他们都和父母很亲密，他们之间的关系也是美好温馨、彼此支持的。

儿童对家庭生活不同层面的关注点是由社会学家弗吉尼亚·马罗（Virginia Marrow）于90年代中期发现的。她访谈了8～14岁的183名儿童，直接问他们如何看待自己的家人，觉得父母身上哪些品质最重要。[10]她发现，确实像皮亚杰说的那样，对大部分孩子来说，家人就是住在一起的人，但是8岁以后，家人就不再是住在一起这么简单了。此时，家庭成员间彼此的关爱和照顾变得更加重要。所以9岁的纳迪亚才说："妈妈对我很重要，因为她给我饭吃，给我衣服穿，并且非常爱我。爸爸对我也很重要，因为我吃的饭、穿的衣服都是他花钱。他很照顾我也很爱我。"[11]

等孩子再长大一些（11～14岁），他们对家人的评价也更全面。年龄小的孩子倾向于只说自己的经历和自己的家人，但当他们11岁时，他们就可以描述分析更抽象的概念，比如相互尊重和亲密度之类的。13岁的丹尼尔说："家是你被爱被需要的地方。你在那里度过时光。家人会照顾你，带你来到这个世界。它很重要。家人们是爱，是归属。他们帮助你，他们能理解你的困惑。"[12]但也要记住，孩子说的可能是文化中的理想形式，而不是他们自己的亲身经历。很多孩子的成长中没有家庭的帮助，甚至没有获得照顾和关爱。家庭既可能提供相互的扶持，也可能是痛苦的来源。在近期一项针对英国中学生的研究中，科迪莉亚·萨顿（Cordelia Sutton）考察了他们认为哪些人哪些事会让他们感到快乐，并发现了这种关于家庭生活的矛盾。她让40个十几岁的孩子画一份幸福地图，自己在中间，然后画上一层层的同心圆，圈里面填上让自己快乐的人、事和物。虽然家庭成为了让他们快乐的事物之一，但有几个孩子补充道，只有幸福平和的家庭才能让他们感到快乐。进一步研究中的孩子也印证了这一点。佩奇写的是"我爱我的朋友和家人，但有时候他们也让我难过"，而莎莉娜写的是"我的家人，但只有我们不吵架也不生气的时候才行"。研究中的其他孩子也提到"有时候家是一种不好的氛围"（霍利的原话），甚至是一种压力，让他们在不开心的时候也必须表现得开心,因为这是父母要求他们表现的。[13]

家庭生活的其他方面也显示出,儿童对他们最亲密的关系,尤其是同胞手足(siblings)之间,有着一些矛盾的心理。出人意料的是,同胞关系方面几乎没什么社会学的文献,而心理学研究则更侧重于同胞之间可能存在敌对和竞争关系。[14]然而,同胞和父母一样,可能是一个人童年中相处时间最长的那些人,手足之情可能也是许多人经历过的最持久的人际关系。在世界的很多地方,年长的兄弟姐妹在孩子的生活中扮演着核心角色,他们既是陪伴者又是掌控者。[15]在并不久远前的西方,很多孩子,尤其是女孩子,都被要求在父母做家务或者外出上班的时候照顾或至少照看一下弟弟妹妹;今天,这种现象没那么常见了,但哥哥姐姐的角色依旧重要。

同胞关系有很多种类和变体,但不论是好是坏还是利弊兼具,这种关系都以感情的强度和深度为特征。哥哥姐姐通常在弟弟妹妹社会化的过程中起基础性作用(但也会被弟弟妹妹社会化),在相处过程中他们将学会如何合作、共情和玩耍。[16]当然,这样的亲密关系也意味着,同胞之间很早就了解彼此的脾气秉性,知道怎样把对方惹恼。很多文献中,这种爱恨交织的情感已然成为同胞间关系的典型。之前弗吉尼亚·马罗的那份家庭关系研究里,11岁的卡勒姆就将此一语道破:"我妹妹很重要,因为她有时候很信得过。但她也真的很烦人。"[17]尽管有所保留,但孩子们还是很珍惜共同度过的时光和经历,在同胞面前,他们可以"做自己",不用装出自己最好的样子。社会学家萨曼莎·庞奇(Samantha Punch)将此称为儿童的"后台行为"(backstage behavior)——即没人看到也不感到拘束时才做的事情。儿童总体上会觉得同胞手足能"毫无保留"地接受自己,而自己也会接受他们的缺点和不足:"如果你跟朋友大发脾气,他们就会觉得,比如'天呐他是不是讨厌我之类的',但他们〔同胞〕知道,我虽然有时候会讨厌他们,但我不是真的讨厌他们,你嘴上这么说,但是你根本就不会这样做。"(克雷格,11 岁,童年中期)。[18]

已有证据表明,无论属于什么年龄、性别和种族,儿童都有这种感悟。但是对少数族裔同胞关系的研究显示,他们有独特的相处模式,对同胞关系的描述也更为积极。弗吉尼亚·马罗的研究比较了英国巴基斯坦裔孩子和住在郊区的白人孩子对各自家庭的描述。她发现,前者对同胞关系的描述尤为积极。他们不太说自己的同胞有多烦人,更多是说同胞之间为彼此做了什么。10 岁的莎佳说:"我的妹妹对我很重要,因为没有她我就无事可做了。我的弟弟对我很重要,因为没有他就没有人和我一起玩了。"[19]这些孩子不太期待去朋友家玩,同胞对他们来说更加重要。这也部分照应了他们社区规范的侧重:强调与家人间的亲密关系和感情满足,而不是朋友间的。[20]也许是因为害怕种族骚扰,所以一些巴基斯坦裔的孩子才会选择在自家附近活动,不离开自己的社区,而不像同龄的白人孩子那样在公共场所玩耍,这也让同胞关系在他们的生活中变得更为重要。

虽然孩子们会积极地评价自己的同胞,但他们之间潜在的冲突依旧是家长棘手的问题,尤其是在冲突越发频繁和暴力的时候。[21]父母可能会左右为难,既想自己主动介入,避免事态升级,又希望孩子们能自己解决问题,从而学会妥协和解决冲突。大多数家长最后都会介入,裁判一番,把问题归结在某一个孩子身上,但是近来的心理学研究认为这并不总是最好的解决方案:家长应该试着成为孩子们的调解人,让他们在有组织的协商过程中得出自己的解决方案。[22]这种策略听着理论上可行,但对很多家长来说并不现实——家长们需要为这种策略有所"训练"——而且在闹得不可开交的时候,让固执己见的小孩子坐下来协商几乎不可能。但这种策略也正反映出,很难真正维持家庭生活中的公平公正,而解决性格不同、年龄阶段不同的孩子的需求冲突也绝非易事。有些孩子,就像一些大人一样,就是自己待着反而更开心。

祖父母也对儿童的生活有重要的影响,但直到近期,他们的作用才受到更仔细的关注。在许多老派的社会学理论中,祖父母通常被视为家庭中的边缘化角色。但在新千年以后,人们越来越认识到他们的重要性,并发现在过去30年中他们的重要性在许多方面非但没有下降,反而在不断上升。[23]然而,很多研究关注了孩子出生时父母的身份认同如何改变(第二章已述），但几乎没有人关注孙辈出生时祖父母的身份认同将作何改变。如今，祖父母可以提供可观的财务支持，也可以提供些实际的帮助，尤其是可以免费照看孩子。有些研究关注了孩子自己是怎么看待祖父母的，发现了在很多情况下，孩子也很在意这种祖孙关系。祖父母会以一种父母有时做不到的方式去倾听孩子的声音，常常成为孩子与父母之间的协调者。儿童非常珍视祖父母在物质上和情绪上的哺育（一项研究中孩子会讲到他们和祖母一起做饭烘焙），还有一些儿童很认可祖父母在听他们说话时，既不评价也不打断。[24] 虽然孩子长大以后，祖孙关系也会改变，但这种亲密感是不会变的。美国的研究发现，相比没有亲密持久祖孙关系的孩子，有这种关系的孩子能更好地处理父母离异事件。[25] 但这种研究也有很多反例：很多孩子在父母离异后也失去了和祖父母的联系（尤其是爷爷奶奶），而且一些祖父母和自己的女儿或女婿之间变得难以相处，疏远甚至敌对，这种情况下，他们之间被迫的持续接触也可能导致孩子生活中的紧张和压力。

孩子对家庭生活的看法是复杂的，他们说自己需要充满爱意和支持的家庭，毫不意外这也正是他们（以及绝大多数成年人）一直渴求的。多数人愿意把家看作他们永远的归属，一个他们永远可以回归的地方。但家庭也可以是有害的，令人窒息，仿佛自己不属于也不适合那里，从不被人理解、关爱和支持，而家庭中的特殊关系（比如同胞关系）又常常被压力和敌意切除。因此，和谐并不总是家庭生活或亲密关系的天然属性。不过，孩子们一直强调亲密关系对他们有多重要，他们有多希望家是一个悉心照顾他们的地方，让他们能够得到无条件的爱。不是每个孩子都能经历这样的家庭，但每个孩子对此都有强烈的渴求。

家庭观念在衰落吗？

尽管西方现在的家庭形式愈发多元化了，[26] 核心家庭依旧（尤其是对政策制定者和政治家而言）有着极强的代表性，在意识形态方面也极具重要性，它是家庭的"黄金标准"，也是开展教养活动的舞台。有些人宣称，在这种家庭环境中长大的人学业成绩更好，心理困扰更少，酗酒、吸毒的可能性要小很多，也更倾向于将初次性行为留到20岁左右。人们还认为，他们和父母的冲突更少，而父母也会更多地融入他们的生活，为他们提供更多的情感支持和认知刺激，同时监督他们的发展。[27] 然而，显然不是每个孩子都这样。虽然有研究表明，平均来说，某些类型家庭的孩子发展得更好，但是也有很多好孩子的家庭是不合"常规"的，所以这种归纳也就存在争议。

由于1945年后西方世界的离婚率上升，有大量研究开始关注父母离异对孩子的影响。许多成年人一直认为，父母离异对孩子有着显著的创伤性的影响，而历时研究也开始调查父母离异对孩子未来幸福感的长期影响。其中最近的一项研究是由心理学家朱迪斯·沃勒斯坦（Judith Wallerstein）开展的加州离婚子女研究（California Children of Divorce Study）。[28] 这项研究始于1971年，跟踪了60个离异家庭的131名儿童。她持续跟进了这些孩子25年，每5年和他们开展一次深入的访谈。她发现，父母离异对孩子来说往往是难以接受的，会扰乱他们的生活，而且这种影响将长期持续。她声称在她的研究中，有一半的孩子变成了"忧心忡忡、学业不佳、妄自菲薄且有时易怒的少男少女"。[29] 她的一项发现一经提出就饱受争议：40%的离婚子女不会选择结婚。

沃勒斯坦被《时代周刊》称为"反离婚大潮的教母"，其研究结果在公众观念和社会政策领域极具影响，已从美国辐射开来。她发现，孩子越小，父母离异的初始影响越大：有些孩子会退回婴儿状态，而几乎所有孩子都会变得焦虑、恐惧，害怕父母会遗弃自己。18个月后，这些孩子依旧受到影响，男孩子尤其容易在家和学校里都感到心神不定。父母离异五年后，这些孩子依旧焦躁而沮丧，但十年后，这些孩子看起来会开心一些，很多人说自己都忘了父母离异这件事，甚至不记得他们住在一起过。此时，没有人记得自己的恐惧感和被遗弃感，但是他们彼时确实这样说过。他们也不会将父母的离异归咎于自己——有些人很高兴父母在自己小时候就离婚了，没有拖得更晚。与之相反，沃勒斯坦发现如果父母在孩子较大时离婚，这些孩子起初看起来并不在意，但随后的恐惧和焦虑来得更加持久，这种情绪有时还会被带入未来的人生。

沃勒斯坦的研究随即遭到各种原因的批评，包括方法论和意识形态方面的批评。她研究的都是中产阶级的白人孩子，而且她的样本又小又局限。1976年，她在《纽约时报》中回应道："我不是说不要离婚，我是觉得孩子也许宁可有个不幸福的家庭（也不想父母离婚）。"很多人因此指责她让女性有了"负罪感"，意思是女性为了孩子着想，就应该留在不幸福的婚姻之中。[30]但她否认了这一点，表示自己只是想给离婚的女性一些建议，告诉她们离婚后该如何顾及自己的孩子，让她们知道离婚可能有哪些潜在的问题。数年之后，她的立场也有了改变，她于1989年写道："一场深思熟虑而极其现实的离婚可以教会孩子如何用怜悯、智慧和正确的行动面对生活中的困苦。"[31]

和沃勒斯坦一样，很多社会学家和心理学家也不再认为父母离异对孩子有着不可挽回且不可逆转的伤害，并开始关注其中更复杂的图景：家庭中每个个体的社会、经济、心理状况以及更加宏观的社会变迁。他们认为，2018年父母离异的孩子和40年前父母离异的孩子经历的肯定不一样：离婚更加寻常了，更能为社会接受了，孩子也不太可能是同班或同龄人中唯一父母离异的那一个——这跟沃勒斯坦的样本可能不太一样。[32] 人们还发现，虽然旧的关系破裂了，但新的关系也会建立，而且孩子也未必一直生活在单亲家庭之中，平均来说，一个单亲家庭只会存在 5 年。也就是说，这些孩子童年经历的家庭类型会发生改变，先是核心家庭，然后是单亲家庭，接着是继亲家庭（step-family），而且有的孩子还会反复经历这个过程。

关于父母离异对孩子长期影响的其他研究表明，沃勒斯坦的研究需要关注更多细节，而她的结论可能是站不住脚的。经济学家理查德·莱亚德（Richard Layard）和心理学家朱迪·邓恩（Judy Dunn）考察了超过 90 份关于离婚对儿童影响的研究并发现，50% 的孩子受到离婚的负面影响——如学业表现不佳、行为障碍、不受其他孩子欢迎、焦虑、抑郁等方面。但是他们指出这些影响，尤其是行为障碍，在两年之内就消失了，也就是说虽然父母离异起初让孩子们很难接受，但是他们最后确实也适应了。[33] 通过与这些孩子聊天，讨论他们对自己的看法，人们（不出意料地）发现很多孩子确实觉得父母离异让他们情绪焦躁，不知所措。这对大人来说也是一样的，哪怕最友好的离婚方式也不能让人心如止水。然而，人们越来越意识到，如果孩子觉得自己对眼前之事完全地知情，而且自己对父母依旧重要，那他们就能好地适应离异事件。[34] 所以，自己对父母"重要"是孩子适应离婚现实的关键：

在许多研究中孩子告诉研究者，他们希望双亲都能承诺他们依旧关心自己。孩子希望明确地知道发生了什么事，还有，孩子想知道自己要住在哪边（但这里可能有些心理上的矛盾，因为孩子可能不想做让任何人难受的决定）。[35]

让很多孩子最焦虑的不是离婚本身，而是随之而来的冲突、困惑和不确定性，以及那种自己被隔离开、完全不能了解事态的感受。儿童心理健康慈善组织"未来之所"（Place2Be）于2016年就离婚对孩子的影响出了一本书，其中涉及了大量的案例研究。9岁的安娜利兹这样描述父母的离婚："他们不会说他们要分开了，但是我眼看着就是这样，因为他们每天都在吵架……然后有一天，我从学校回到家，我爸爸和他的东西都不见了。我感觉他们都不要我了。"[36]很明显，糟糕的离婚方式会给孩子带来问题；如果离婚展现的不是解决问题，而是婚姻问题的延续，很多孩子会觉得这个过程极其压抑。[37]同样重要的是另一些研究的发现，如果婚姻中一直存在冲突，或者家长有反社会倾向或暴力倾向，这也会对孩子造成伤害，这种婚姻带来的矛盾和不确定性和离婚是一样的。所以，关键在于不要只把离婚看作唯一的风险因素：贫穷、家庭的不和谐以及父母心理的不健康，同样对孩子有风险，甚至比离异还要严重。[38]

如果说父母离异确实让孩子焦虑，但未必是创伤性的，那我们就要问，为什么单亲家庭长大的孩子看起来长期发展结果差强人意，而且更有可能学业不佳、辍学，甚至后来会有犯罪和反社会行为？研究已经给出的一个答案是，很多单亲家庭的研究没有考虑到贫穷的问题，所以是资源匮乏而不是单亲家庭更容易导致负面的发展结果。一项研究认为，在反映家庭结构与孩子发展结果关系的现象中（比如未成年怀孕和辍学），有50%都可以归结于贫穷而不是单亲结构——单亲家庭明显比双亲家庭要贫困一些。[39] 此外，从一个简单又实际的方面来说，两个人一起分担每一天的养育任务，无论是接送孩子上下学、准备午饭、讲睡前故事还是洗澡，都意味着大家共同承担日常起居，不用太担心找人接应或计划有变。一个人做这些的话，在体力、情绪和财务上，都要困难得多。

教养子女没必要住在一起，但是为了教育好子女，大部分家长在离婚或分手后依旧住在一起。这样家庭的孩子几乎不会觉得自己只有一个"单亲"父亲或母亲。有的离异家庭里，父母其中一方搬出后，仍会深度参与另一方的生活，这时"单亲"这个词也不甚准确。许多父亲依旧与子女紧密地联系在一起，而且这种牵连在很多环境下都有发生。美国的一些研究发现，虽然孩子情绪上的幸福感与他们同父亲相处的时间没什么相关性，但在孩子依旧与父亲保持情感联系而且父亲愿意给予他们支持的情况下，孩子存在行为障碍的概率更小，这就说明，这种父子关系的质远远比量重要。[40] 同样，这也不是普遍现象，很多单亲家长确实在靠自己一个人高效地抚养子女。英国大约有13%的父亲在离异后与孩子失去了联系，[41]不过数据背后也是诸多的个人因素：有人想和孩子保持联系，但是被前妻阻挠；有的人重新组建了家庭，没时间或者没意愿去看望自己长大的子女；还有的人相信孩子没有自己会过得更好。几乎没有研究考察孩子对此现象的看法，但是有些研究表明，如果子女和父亲的关系不好，或是觉得自己是被遗弃的，他们大些以后就会拒绝承认父亲是家庭中的一员。[42]大部分研究认为，和父亲保持良好关系的孩子比没有这层关系的孩子发展得更好——但有一个例外，父亲有反社会或者虐待倾向时，与父亲没有联系会更好一些。[43]

尽管离婚对很多大人和孩子来说都是一件烂糟糟的麻烦事，但现在，以孩子幸福感为中心的新方案已经开始浮现。有人呼吁英国效仿瑞典的体系，父母双方在离婚后要共享孩子的监护权和抚养责任，但孩子的主要住所可以灵活安排。在比利时，离异父母双方不仅有共享的监护权，同时还有一套体系来调换住所和照料人，所以除非有极强的客观背景条件制约，否则孩子和双亲相处的时间应该是一致的。[44]其他的一些家长开始尝试"鸟巢"（bird-nesting）模式，让孩子一直住在家里，父母则根据各自的监护期轮流入住。[45]据称这是一个专门以儿童为中心的安排，可以将对儿童生活起居的干扰降到最小——他们没必要在双亲家里都置备一套家当，也没必要从不同地方往学校或幼儿园赶，而且可以一直处在熟悉的环境里。当然，这些离异后的抚养方式很容易面临现实的困难——它们依赖父母长期的良好合作，但是离婚后这可没那么简单。共享的监护权对父母可能比较公平，但对孩子来说可不太容易，尤其是父母不住在附近或者有了新伴侣的时候，实现这种安排会变得无比复杂。此外，共享监护权和鸟巢式养育都有赖于充裕的资金：鸟巢式意味着父母不仅要有各自的住处，还要有一套大些的房子。但当大家连买一套房子都费劲的时候，就别想有两三套了，资源匮乏会让再好的初衷都难以实现。但是这种设想能有人讨论，有人严肃对待，就说明家长清楚离婚对孩子的可能影响，并希望用一种创造性、建设性的方式来克服这些问题。

关于离婚后儿童的研究文献争议不断，也许从中能得出的最佳结论就是宾夕法尼亚大学心理学家萨拉·贾菲（Sara Jaffee）和同事们的一句话："越来越多的人达成共识，一般来说，在单亲家庭中成长对孩子的发展是一个强大的风险，虽说大部分曾在单亲家庭中成长的孩子也确实没有受到长期的负面影响。"[46]尽管如此，单亲家庭还是令人担忧，尤其是当他们出现在黑人或少数族裔社区时。已有人表示这些家庭混乱而病态，繁衍出了一代暴力、反社会的年轻人，他们不仅会毁了自己的生活，对社会也是一种破坏性的存在。2007年英国内政大臣杰克·斯特劳（Jack Straw）发起一项运动，意在强调和解决黑人社区突出的父亲缺失问题。他的一句话常被拿来引用:"我们都知道——孩子都需要爸爸。当然他们也需要妈妈,但是在少年长大成为青年人的过程中,父亲是非常重要的角色,但是在加勒比黑人族裔群体中,他们往往更可能是缺失的。"[47] 2011 年,伦敦发生暴乱时,加勒比黑人族裔父亲的缺失被认为是导致此次社会崩溃的主因之一。这一观点由来已久,可以说与 50 年前美国政治家丹尼尔·帕特里克·莫伊尼汉(Daniel Patrick Moynihan)的观点不谋而合,他在 1965 年的《黑人家庭》(*The Nigro Family*)一书中专门讲到了种族、父亲缺失和社会混乱的关系。

> 从 19 世纪东海岸野蛮的爱尔兰棚户区到被暴乱割裂的洛杉矶郊区,这是美国历史中血的教训:如果一个社区里有大量青年人从破碎的家庭中成长,一直被女性掌控,从未与任何男性权威建立稳定的联系,也从没对未来有过什么理性的期待——这种社区架构就等着被混乱、罪恶、暴力和不安疯狂反扑吧;甚至都不用估计,这几乎就是板上钉钉的。[48]

但政治家和媒体的这种观点被一些社会学家反驳,他们有另一番解读,认为孩子由单身母亲甚至贫寒交迫的单亲母亲抚养长大,并不会自动成为学业不佳和具有反社会行为的堕落分子，持有莫伊尼汉这类观点的人，既有种族主义倾向，又头脑简单。另外，这些单亲母亲几乎不会独自抚养孩子，她们由女性朋友和广大的社群很好地支持着。1974年开始的一项经典研究中，卡罗尔·斯塔克（Carol Stack）考察了芝加哥城内一个贫穷的非裔社区，她称之为"公寓区"（Flats）。[49] 在这里，她发现妇女形成几组，构成不同的家庭模式，在她们人际和财力允许的范围内交换共养孩子。孩子们在不同时间会住在不同的房子里，包括他们的母亲们的，母亲的朋友们的，不得已的话还有她们的女性亲戚家的。尽管这通常是不得已而为之，现代的观点也认为这种养育行为印证了女性主导的黑人家庭是混乱而有害的，但斯塔克认为，这种养育上的安排也可看作构建积极的儿童看护机制，可以强化社会纽带，而不再是一个家庭瓦解的标志。甚至在今天，"单亲"加勒比黑人家庭和"单亲"美国黑人可能依旧是个错误的称呼，因为很多女人是在母亲和同胞的帮助下抚养子女的，她们的互助网络让其家庭更像是大家庭（extended family）而不是单亲家庭。各类研究几乎没有关注过，到底是贫穷和社会排挤还是父亲的缺失导致了这些问题。虽然二者联系紧密，但为了不将这些群体污名化，其中的关系就需要仔细分析才行。

列夫·托尔斯泰（Leo Tolstoy）在《安娜·卡列尼娜》的第一行写下了名句，"幸福的家庭都是相似的；不幸的家庭各有各的不幸。"它可以被当作一句简练的格言,但很难说它反映出了现实。单亲父母、同性父母、大龄父母、养父母和委托抚养人同样可以组建幸福的家庭,就像双亲家庭中也会有不开心的孩子。相关研究已明确显示,家庭的形式和结构也许可以商榷,但孩子对关爱和保护的渴求是坚定的。孩子需要身边的人在意、关爱、支持他们。蒂莫西·比布拉兹(Timothy Biblarz)和朱迪斯·斯泰西(Judith Stacey)基于几十年来的同性家庭研究早已下过结论,"底线就是,坚定负责的教养方式里要花时间和孩子相处,关心他们在做的事情,要给他们计划、规矩、指引和感情投入。教养方式好就是好,至于用什么形式实现并不重要"。[50]

第四章
CHAPTER 4

孩子该如何社会化?

社会化（socialization）是指，孩子发展和学习特定家庭、社区、文化和社会接受的行为的过程。父母和照料人在这个过程中扮演着重要角色，他们会给予孩子刺激，与他们互动，给他们立规矩，帮助他们成长为健康、快乐又成功的成年人。不过家长和照料人实现这一目标的方式多种多样，很多心理学理论依旧在讨论最"好"和最有效的教养途径。本章我们来看一看，现有的研究对不同的教养方式都有哪些发现。

帮助孩子成为成功的人，这是全世界很多父母的一个首要目标，但是什么才算成功却是个争论不休的话题。"头三年"（first three years）运动所代表的，是一整套涉及心理学和神经科学的跨学科研究。这一派观点认为，早期刺激对婴儿大脑的发育至关重要，甚至可以塑造童年乃至成年阶段的发展轨迹。这个关键期没做好的话，可能会让孩子的最大潜能无法被发挥出来。所以，新爸爸新妈妈应该格外关注宝宝人生的头三年吗？给他们提供丰富的、富有激发性的环境，以便他们能够玩耍和学习,从而实现他们的最大潜能?还是说家长太过焦虑了,想掌控一切,无所不用其极,只为达到那些所谓的专家认为的最优解?以及,教养方式会有正误之分吗?本章将看一看,关于以下话题,研究将告诉我们哪些——父母与孩子发展出的关系,父母如何管教、互动以及激发自己的孩子,以及到底什么才是"好的教养方式"。

家长该何时开始给孩子刺激?

孩子童年时的成功与成就——这是很多家长的驱动力,尤其是对西方世界的父母来说——是个经久不衰的话题,但依旧颇受争议。这一点在关于婴儿期刺激的研究中尤为突出。"头三年"运动是由德克萨斯州乔治敦西南大学的传播学助理教授戴维·约翰逊·桑顿(Davi Johnson Thornton)于2011年提出的。[1] 在《"头三年"与"婴儿大脑"》[2] 一文中,肯特大学教养文化研究中心(Centre for Parenting Culture Studies)的简·麦克瓦里施(Jan Macvarish)、艾利·李(Ellie Lee)和帕姆·洛(Pam Lowe)记述了这一运动在20世纪90年代早期的肇始,以及其影响力是如何扩展到加拿大、新西兰、澳大利亚和英国等国的。这一运动囊括了大量神经生物学与神经心理学的研究成果,认为刺激对婴儿大脑的发育至关重要,并可以影响孩子从彼时直至成人阶段的发展。还有很多研究认为，刺激应该在孩子出生之前就开始——当然，头三年依旧是决定性的。从早期使用简单的声音和词语交流，到后来开始唱歌、讲故事，再到后来通过游戏和仔细挑选的玩具（包括互动式的小床挂件和婴儿健身架等）来刺激婴儿的发展，鼓励他们学习——要刺激他们的孩子，家长可做可买的东西太多了。

然而这个关注0～3岁幼儿的运动引起了很大的争议，许多心理学家、神经生物学家和社会科学家开始质疑其中的一些主张。其中一个依旧有争议的主张是，如果童年早期没有充分地给予儿童刺激，可能就会不经意间耽误他们的发展。在这里，我们要来看一看已有的研究成果，考虑一下是不是确实有证据表明0～3岁真的是儿童发展的关键期，如果有的话，还要考虑这对家长的教养方式有何启示。

过去二十多年的神经生物学，比如宾夕法尼亚大学神经科学与社会研究中心（Center for Neuroscience & Society）所做的一些研究，[3]运用脑成像技术和核磁共振扫描手段检测婴儿的大脑，确定在母亲妊娠和婴儿出生后的头三年里，婴儿的大脑经历了显著的变化，从而使他们的突触和树突密度得到增强（突触控制着运动、认知和知觉功能，因此管控着我们的很多行为）。[4]对人类而言，突触的形成是一个渐进的过程，大约在分娩前的两个月开始，直到出生后的头几年（突触是神经元末端之间的一个小间隙，让电信号和化学信号得以从一个神经元传递到下一个神经元。一个广为接受的观点是，突触在形成记忆的过程中起着核心作用）。神经生物学家帕特里霞·戈德曼-拉基克（Patricia Goldman-Rakic）的研究解释了，大脑中突触的组织方式如何在很大程度上决定了一个人的智力。[5]这项神经生物学研究的一个要旨是，虽然就基因层面来说，婴儿大脑中的一些神经元已经被设定好，将会控制诸如呼吸和消化之类基础的身体功能，但还有一些则处于休眠状态，等待着被刺激唤醒。因此有人认为，婴儿和儿童在这几年的发展关键期内的经历和他们受到的刺激，编入了孩子的大脑，决定了一个孩子未来可以多聪明、多自信、多健谈。[6]由此而来的假定是：没有早期的刺激，就没有强化认知发展的可能性。很多这样的主张成了媒体辩论的关键词，比如《卫报》就于2012年发文称，"童年的刺激是大脑发育的关键"[7]，表示更加丰富的早期环境可能为婴儿打造出"更好"的大脑，从而使他们成为更聪明、更温和、更加适应社会的儿童以至成年人。类似地，宾夕法尼亚大神经科学与社会研究中心主任玛莎·法拉（Martha Farah）开展了一项纵向研究（持续超过十年），[8]在孩子4岁时和8岁时分别调查他们的家庭生活经历，再配合他们在整个青春期的大脑扫描记录。研究记录了孩子们生活中的一系列细节，以期衡量他们在生活经历的刺激的种类和数量，比如他们读过了几本书，他们使用过多少种具有学习性和教育性的玩具，玩过多少个有学习和教育意义的游戏,以及受过多少其他类型的教育,比如学乐器。研究者也考察了家长与孩子的互动方式,并以"父母养育值"(parental nurturance)给这些互动打分,研究者用这个值来评测孩子从父母那里得到了多少温暖、帮助和照顾。结果显示,4岁时的刺激是预测未来大脑皮质的几个部分发育的关键因素。他们测定受影响最大的脑区是左外侧颞叶,这个区域与记忆、词义处理和一般性知识相关。而8岁时的"父母养育值"显然对大脑发育没有影响。[9]

但文化、心理学和哲学领域的同类型研究得出了很不一样的结论。麦克瓦里施和同事们认为,尽管在妊娠和出生头几年有明显的"爆炸性的突触连接活动",但很多这种研究,哪怕其影响力巨大,靠的都是相当夸大的结论。[10] 麦克瓦里施和同事们引用了致力于神经科学领域的杰出美国哲学家约翰·布鲁尔(John Bruer)以及心理学家杰罗姆·卡根(Jerome Kagan)的成果,挑战了一些神经科学家抛出的证据。

布鲁尔质疑的是,为什么更高的树突密度和突触发展水平就意味着更强的脑功能。他反而认为,其实树突密度是随着年龄增长而增长的。虽然一些像语言习得和视觉发展这样的技能,会高度依赖早期的刺激和环境影响,但许多其他技能和行为,比如知觉发展和社会智力,是会从童年期一直学习发展到成年期。布鲁尔提出,儿童的大脑在很普通的环境下就可以正常并充分地发展,所以要家长制定一个专门的刺激计划其实是一种误导。虽然布鲁尔和其他学界人士并没有说,和孩子玩耍、给他们刺激不重要——对于创造温馨有爱的亲子关系来说,这显然从很多角度来说都很重要——但他们认为,神经科学不能说这种互动活动就一定能引发特定的童年行为,并以此认定他们的发展结果更好(下一章还会再讲到孩子该如何玩耍)。布鲁尔称,尽管早期胎儿和婴儿的大脑会显著发育,但即使不称其为关键期,哪怕只称之为最重要的阶段之一,也是一种误导。儿童的学习和发展贯穿整个童年和青春期,而且相当多的学者提出,学习是个毕生的过程。这也与大脑可塑性领域的研究不谋而合:大脑的神经通路和连接在人一生中都会改变调整。麦克瓦里施和同事们就说:"所以大脑的发育最好被说成可塑的、有弹性的,而不是先天决定且固定的。"[11] 这一点也支持了杰出的心理学家迈克尔·鲁特爵士开展的大量深入实验:他研究了在罗马尼亚极度贫困的孤儿院中长大的孩子并发现,在一些情况下,刺激不足和贫困的影响都是能被克服的。[12]

布鲁尔和许多发展心理学家批评早期神经科学家采用的研究方法,因为这些研究多数依赖于用动物实验,而不是分析人类婴儿大脑的发育(因为会导致很多伦理问题)。同时他们也质疑,我们对早期刺激以及特定教养/照料方式对婴儿大脑发育的影响,到底了解多少。麦克瓦里施和同事们认为，神经科学传递出的很多信息可能会让家长觉得，从孩子很小的时候开始，他们就有责任去尽力刺激他们、陪他们玩并教育他们。神经科学提供的这条信息相当诱人，或者在心理学家戴维·麦凯布（David McCabe）和艾伦·卡斯特尔（Alan Castel）看来，这个观点是有欺骗性的，[13]但神经科学在其中的效力引起了广泛的讨论。心理学家认为，大脑成像更有说服力和影响力，是因为它为相当抽象的过程提供了实物基础。[14]在《神经科学解释中的迷人诱惑》(*The Seductive Allure of Neuroscience Explanations*）一书中，学者蒂娜·维斯伯格（Deena Weisberg）及其同事检验了人们批判性思考神经科学解释中的逻辑的能力：他们分别向神经科学课上的学生和神经科学专家简要描述了一些心理学现象，然后给出四种不同的解释，结果发现，人们更愿意接受有神经科学支持的解释，哪怕这些解释其实并不准确。[15]

剑桥大学人类脑活动研究中心（Centre for Human Brain Activity）的马克·斯托克斯（Mark Stokes）的研究可能提供了一个更为全面的视角，并指出神经科学领域的许多主张尚不成熟，因此引发争议也不足为奇。[16]斯托克斯描述了为何神经科学是一个相对崭新的研究领域，而其研究路径的发展仍在完善。

何为"正常"的刺激，而超越正常多少才会影响儿童未来的发展，这些尚无定论，但无疑整个西方世界的父母都被鼓动起来，尽可能地去和孩子玩、给他们刺激、让他们参与其中。

虽然没有确凿的证据表明，头三年的经历会对孩子未来的智力发展起到关键性作用，但英国、北美、澳大利亚以及欧洲部分地区都开展了许多项目，聚焦的就是童年早期刺激、玩耍和学习的重要性。这其中就包括了"五年成长"（thrive to five）项目[17]（超出了三年的界限，但依旧强调早期发展的重要性）[18]，还有城市儿童研究所（Urban Child Institute）[19]等信息门户网站。这类网站鼓励家长在据称最重要的学习阶段来训练孩子的大脑，同时也给父母、学者和从业者提供帮助和指导。虽然"头三年"运动确实提升了人们对婴儿刺激和教育的重视，但如果说这样就能打造出"更好的大脑"，给儿童和成年人智力发育的强化奠定基础，这种观点其实还有待考究。

孩子社会化的途径有正误之分吗？

家长有很多方法，确实也用了很多方法来让孩子社会化，鼓励他们接受特定的行为方式——跟他们讲道理，或者孩子做了坏事就惩罚他们，比如打屁股，设立一个"淘气角"（naughty step），让他们面壁思过、什么都不许干（本书最后一章将涉及一些关于规训和惩罚的讨论）。一说到为人父母，大家往往觉得让孩子社会化相当困难。同样，很多电视节目

（比如《超级保姆》(Supernanny)和《三日保姆》[Three Day Nanny]）会给父母提供很多技巧来帮助他们调教孩子的行为，使大人与孩子之间建立的关系更高效，让他们的孩子以大家都能接受的方式行事。[20]比如，《超级保姆》里就介绍了乔·弗洛斯特（Jo Frost）的"淘气角"，不听话的宝宝要在里面反思自己的"淘气行为"，并意识到凡事都会有后果——这只是节目示范的诸多"驯儿"（toddler taming）心经之一。[21]但是，有没有证据表明哪个才是最高效的社会化方式呢？

心理学家戴安娜·鲍姆林德（Diana Baumrind）在她20世纪60年代的前沿研究中考察过超过100个美国中产阶级学龄前儿童和他们的家长。[22]通过对亲子互动的深入观察以及对家长的访谈，她发现了权威型（authoritative）、独裁型（authoritarian）和放任型（permissive）三种教养方式——这一分类至今仍很有影响，并被广泛使用。

典型的独裁型家长会希望孩子在家里遵守一些规矩，而且一般来说是颇为严苛的规矩。他们的育儿方式更倾向于运用惩罚来让孩子学会他们的规矩，比如打屁股和大声斥责等。与之相反，放任型父母体现出一种非常自由的风格，他们对孩子要求很低，也不给他们的行为方式强加条条框框。虽然放任型的父母往往是温柔的、慈爱的，但他们也几乎不会给孩子提供规矩和引导。在独裁型和放任型之间是权威型父母，他们会跟孩子约法三章，但也鼓励孩子在行为上进行自我发展和自我约束。权威型父母典型地反映出了以孩子为中心的教养理念,父母要试着理解孩子的感受,帮助他们管理好自己的种种情绪。他们鼓励孩子自己管理自己,但同时也给他们立下家规,不许越界。

在鲍姆林德发表了父母教养方式的类型之后,不同的父母类型及其对孩子的影响得到了深入的研究。大量研究发现,与独裁型和放任型父母相比,权威型父母带大的孩子可能更独立自主,普遍也更加快乐。[23] 同时,英国医学研究理事会(Medical Research Council)国家卫生与发展调查机构(National Survey of Health and Development)也跟踪了1946年出生的5000名儿童长大成人的过程,一直跟踪到20世纪90年代,这项调查考察了父母教养方式与儿童、青年和成年人幸福感的联系。[24] 研究者发现,认为父母在自己童年时期有控制行为(比如侵犯孩子的隐私,不让他们自己做决定等)的孩子,在十几岁、二十几岁、三十几岁甚至六十几岁的调查中,表现出的快乐程度和整体幸福感往往偏低。相反,认为自己父母温暖而体贴的孩子,往往在一路长大的过程中都很快乐。

多伦多大学的马克辛·温特(Maxine Wintre)和肖恩·盖茨(Shawn Gates)于2006年开展的大规模调查中,采集了301对中年父母的数据,也支持了这一论断。通过分析受访者对自己受到的教养方式的回忆和对自己早年经历的主观描述，两位作者发现了教养方式与中年心理困扰的联系。[25]进一步研究发现，父母温暖而慈爱的孩子，长大后往往在情绪上更有安全感。[26]1983年，心理学家埃莉诺·麦科比（Eleanor Maccoby）和约翰·马丁（John Martin）在鲍姆林德分类法的基础上发现了第四种父母类型，他们称之为忽视型（neglectful）或不参与型（uninvolved）。[27]这种方式的典型表现是父母疏离与孩子的关系，虽然他们会满足孩子的基本需求，但在感情上依旧保持着疏远。这种教养方式与孩子更高的反社会和暴力行为倾向相关。[28]此类研究因为使用回忆童年经历的方法而备受批评，因为其基础是记忆和自陈，而这些都是极其主观的。不过，虽有批评的声音，但大量采用了同胞模型和双生子模型的早期教养类型研究还是支持了这些发现。[29]

尽管这类研究在分析不同教养方式的可能结果时格外有效，但要是把上面那些批评者的意见也加进来，我们就不得不承认，每个人具体的教养方式可不像分类法这么整齐划一。鲍姆林德的广泛研究也表明，父母在不同阶段不同环境下都可以改变自己的教养方式；[30]教养方式是灵活可变的。孩子本身对家庭动力学的贡献、他们的脾气秉性以及他们与父母的关系，也都是现代研究重要的标志性考量。

瑞典心理学家盖尔詹·奥夫贝克（Geertjan Overbeek）和豪冈·斯塔汀（Håkan Stattin）[31]于2007年开展历时研究，考察了童年时的亲子关系与成年人情绪调节能力的关系。这项研究共跟踪了212名瑞典儿童以及他们的父母,从他们出生起直至他们成年,提供了不同发展阶段人际和情绪发展的详尽信息——婴儿期、童年期、青春期以及成年期——并聚焦亲子交流与冲突,观察这一因素对儿童成年后的人际关系有何影响,以及是否和中年时的抑郁、焦虑和对生活的不满足感相关。研究结果显示,早期亲子间的敌对关系(比如关系不融洽,有冲突,不协调)可能是这一系列发展问题的信号:青春期与父母交流不畅意味着青年时情感关系不顺,这又会导致中年时对生活不满意,夫妻关系变差。但在这种教养方式与儿童行为发展轨迹的可能联系之外,研究者也提出了许多重要的思考。他们认为,有必要考察不同社会经济地位的父母会选择何种教养方式,教养方式的选择是否与父母的性别相关,父母会不会根据孩子的性格和气质来选择教养方式。奥夫贝克和斯塔汀认为,可能是孩子的困难型气质(difficult temperament)或者较弱的社会交际能力让各方面的关系都陷入困境,这不但影响和父母的关系,也会影响未来他们与伴侣的关系。换句话说,现在的研究提供了一些启发,借助亲子间互动的困难来解释社交-情绪行为的发展,但并没有解释造成这些负面亲子互动本身的原因。几乎没有研究关注到影响家庭关系的诸多因素,而且奥夫贝克和斯塔汀也承认,用不同的衡量方式可能会产生不同的结论。

因此,虽然有大量证据表明,父母们确实有不同的教养方式，而且从长期的人际和情绪发展来看有的方式优于其他方式，但要是觉得父母在塑造孩子行为方式的过程中扮演着一个领导角色——哪怕不是唯一的那一个领导角色——其实都是没有充分考虑到家庭关系的复杂性的。前一章就讨论过同胞和祖父母的影响，而且有学者就表示，父母可能并没有他们自己认为的那么重要。举例来说，心理学家朱迪斯·里奇·哈里斯（Judith Rich Harris）就曾表示，在孩子社会化过程中，同龄人群体是比父母更重要的一个因素。她写道："社会化不是一件成年人对小孩子做的事——它是小孩子对他们自己做的事……现代的孩子确实会和父母学到很多东西；他们会把在家学到的东西带到同龄人当中去……所以父母虽然看起来是文化的传递者，但其实不是：孩子的同龄人群体才是。同龄人的文化和父母的文化有分歧的时候，同龄人文化永远都是赢家。"[32]

什么才是"好的教养方式"？

尽管父母的教养方式看起来千差万别，但人类学家罗伯特·莱文（第一章介绍过）发现了典型的三个全世界父母都会追求的核心目标。他认为，首先，所有家长都关注孩子的存活和健康问题。虽然在西方世界，这一问题基本是不需要考虑的，但是在世界的其他地方，情况并非如此，这一问题依旧是父母们的首要考量。其次，父母或多或少都会帮助孩子发展自己照顾自己的能力。虽然不同文化间差异明显，但教育孩子，使其社会化，给孩子提供工作和独立生活的机会，这些是全世界父母都会优先考虑的。第三，让孩子获得成功，不枉一生，实现自己的最大价值——积累更多财富、获得虔诚信仰、达到智识上的成就，以及获得个人满足与自我实现等等，这都是家长关注的目标。当然了，不同社区和文化对"获得成功"和"实现最大价值"的观念很不一样，而莱文的大部分成果则来自以美国中产阶级母亲与肯尼亚乡村社区母亲为基础的比较研究。他在其中发现了两种模式——养育型（paediatric）与教育型（pedagogic）——并以此解释，为什么不同环境下的父母会做出不同的优选策略。养育型模式是非洲的惯常做法，侧重孩子年幼时的保护和生存问题，而教育型模式则是典型的美国做法，更关注教会孩子各种行为能力。美国的中产阶级母亲一般会认为，孩子能活下来是理所应当的，因此会把更多的时间精力放到塑造和发展孩子的社交与学业上去。她们会和宝宝进行"原始对话"（proto-conversations）[33]（哪怕孩子那时候没法理解也没法回应），鼓励他们早点开始走路和说话。[34]

而在一些非洲社会则恰恰相反，这些地方婴儿死亡率颇高，儿童的幼年生活极其危险，因此无论走到哪里，母亲都会把孩子一直带在身边，而且会给孩子喂养母乳到两岁左右。母亲会满足孩子的需求，但是并不把他们当作情感上能有回应的人，因此她们不会和孩子有眼神交流，也不会和他们说话。这并不是说她们不在意孩子的长期发展，只是她们不太关心孩子的行为塑造。对孩子来说，什么才是最好的、最适宜的呢？全世界不同的文化都会给出各自的答案。看看这些不同的育儿方式就能知道，为什么研究者想定义好家长的时候会困难重重了。孩子在不同发展阶段都该具备哪些能力，不同文化下的父母会有很不一样的看法，而这些又进一步塑造了他们的处理方式：哪些对孩子来说才是适宜的、"最好的"？"好的教养方式"包括哪些？戴维·兰西（David Lancy）[35]在他的人类学研究中，发现了诸多子女养育方式中的不同——很多是与西方模式的侧重点（极力强调孩子头三年经历的重要性，以及情绪和身体上持续刺激的必要性）背道而驰的。比如在墨西哥的尤卡坦玛雅人（Yucatec Maya）群体中，父母早期的照料是为了培养安静、快乐又平静的宝宝，所以过度的刺激是不可取的。人类学家也已经观察到，在以北美印第安人为代表的群体中，人们会使用诸如襁褓、摇篮板和婴儿吊带[36]之类的辅助器材，让孩子处于一种兰西称之为"良性昏迷"（benign coma）的状态中，不能与周围的环境直接互动。与英国、美国和欧洲常见的亲密模式相比，在这种情况下印第安人的亲子互动显得有些受限。在另一些文化中，比如巴布新几内亚的卡鲁里人（Kaluli）群体，父母不会和婴儿说话，因为他们认为婴儿没有办法理解，也没有能力沟通。

下一章还会讲到，并不是所有母亲都会和孩子玩耍，也不是所有的孩子都会被给予刺激，因为他们可能被认为是无法互动和回应的。

有进一步的研究探索了父母对养育子女的态度，以及他们带孩子时的实际操作。这些研究表明，就像人类学家梅雷迪斯·斯莫尔（Meredith Small）[37]注意到的那样，相比更认可集体协作的文化来说，北美父母典型地是在谋求培养孩子的独立自主能力。斯莫尔的研究，描述了为何许多北美的家长相信，孩子生来的气质和性格在一定程度上可以通过细心的调教来改变。对很多家长来说，要实现这一目标，就等于要给孩子提供取得成功和成就的机会，限制与之相反的经历。重视孩子的自信和自尊的根源是，他们认为孩子作为个体的自我意识会随着成长不断增强。但斯莫尔也注意到，在很多其他文化里并没有类似的个体概念。在世界上的很多文化中，"我"（I）这个概念和个人主义化的自尊概念是被轻视的，他们更强调集体主义化的"我们"（we）这个概念。像远东、非洲和拉丁美洲等地的集体主义文化并不强调个体的独立性，而是强调互相尊重和集体行动，于是就更提倡互利性以及合作性。但是个人主义和集体主义价值观对父母的养育方式及其可能结果有何影响呢？如果真的有影响的话？

康涅狄格大学人类发展与家庭研究系（Department of Human Development and Family Studies）的心理学家萨拉·哈

克尼斯（Sara Harkness）发现，美国家长用于描述自己的孩子的词汇中，有25%都会涉及优秀（advanced）、聪明（smart）、有天赋（gifted）之类的概念。她注意到，现在英国和美国的家长更倾向于注重孩子未来的成功，而不是童年时期那些眼前的快乐。在《如何养育成人：挣脱过度教养的陷阱并让你的孩子为成功做准备》（*How to Raise an Adult: Break Free of the Overparenting Trap and Prepare Your Kid for Success*）一书中，前斯坦福大学新生学院院长朱莉·莱斯考特-海姆斯（Julie Lythcott-Haims）将过度教养（overparenting）定义为一种潜在的陷阱。[38] 她甚至指出，很多父母是在采取"清单式"（checklist）的育儿方式，清单里面充斥着越来越多的活动、社团、目标和成就，早已超出孩子的负荷，对他们是一种潜在的伤害，尤其是这种模式评价孩子时依靠的是他们的成就，而不是他们的为人。她认为，这种养育模式不但鼓励家长一味地关注孩子未来的发展结果和成就，同时也限制了孩子们从错误中学习的机会和实现自身目标的机会，他们不应只实现父母指定的任务和目标。临床心理学家温迪·孟格尔（Wendy Mogel）在《B-的福气：用犹太人的方法培养坚韧的孩子》（*The Blessing of a B Minus: Using Jewish Teachings to Raise Resilient Teenagers*）[39]一书中认为，既然父母应该培养能够离家独立生活的孩子，那很重要的就是要培养孩子的独立自主、足智多谋和坚韧不拔的品格。当然，这绝非易事，因为这样做就意味着要给孩子"足够的自由来犯错"。[40] 我们会在第八章时重温这个话题，看看如何既能培养韧性，又避免孩子被错误伤害。

然而，关注孩子的成就与成功并非英美父母的专利，最近有研究发现，这一点也是当个中国好妈妈的要义之一。蔡美儿（Amy Chua）在她名为《虎妈战歌》(*Battle Hymn of the Tiger Mother*)[41] 的书中描述了这样一类母亲，她们是严厉的规则制定者，但她们首要关注的依旧是孩子的成功与成就。这一目标的实现方式包括了父母巨量的刺激、任务型导向的游戏以及无穷无尽的兴趣班（比如教孩子乐器、识字以及数学等）。蔡美儿表示，其实，许多中国的母亲认为，学业上的成功就是教养上的成功，如果孩子没能通过几个发展节点，在家、在学校都表现不好，那很大程度上就是家长的过错。社会学家富力迪在《偏执的育儿》中就注意到一个不断增长的趋势：从孩子幼年时起，父母便开始介入并试图管控孩子生活的诸多方面。[42] 同时，联合国儿童基金会于2001年发表的一篇报告也进一步探究了这个话题。虽然文中承认了儿童保护和安全的重要性，但同时也指出，家长监督（parental surveillance）的氛围对孩子来说是有潜在危害的，因为"他们的生活和童年正被家长前所未有的关注包裹着"（我们将在最后一章进一步讨论这个话题）。[43]

对子女过度教养（尤以英美两国为甚）的现象与福斯

特·克莱恩（Foster Cline）和吉姆·费伊（Jim Fay）提出的"直升机父母"（helicopter parents）概念不谋而合。这个词出现于20世纪90年代，指西方世界盛行的那种过度保护子女、好催促、爱插手，并且凡事以成就为纲的父母。该词第一次出现在儿童心理学家汉·吉诺特（Haim Ginott）的《父母与青少年》（*Between Parent and Teenager*）[44]一书中，但现在这个词的含义比当年要宽泛得多。"直升机父母"概括地说就是意图确保孩子走在成功的正轨上的父母：首先找到这条正轨，然后确保孩子一直走在上面。在《父母与过度教养导致的子女性格》（*Parent and Child Traits Associated with Overparenting*）一书中，克里斯·塞格林（Chris Segrin）、阿莱西亚·沃茨德罗（Alesia Woszidlo）、米歇尔·吉福茨（Michelle Givertz）和尼尔·蒙哥马利（Neil Montgomery）考察了直升机式教养的效果，并由此认为，过度教养可能培养出应对能力不足而又自恋的青年人，而其长期效应则是导致焦虑和抑郁。[45]简要地说，研究证据表明，尽管父母的刺激和参与对于孩子的发展至关重要，但过度教养可能更多地会与潜在的负面童年行为相关。

世界各地的父母和照料者都会用不同的方式来照顾抚养自己的子女。现有研究表明，有的教养方式的产出结果会比其他方式好一些；如果父母/照料者温柔有爱，和孩子约法三章，他们抚养孩子更有可能发展为快乐又有安全感的成年人。但这一点是有文化特异性的,并非共相。同时这也是主观的,充斥着争议——尽管有人称其背后有"硬科学"撑腰。现在很难在谈及教养方式的时候避而不谈一些育儿技巧里的新名词。从过度保护到"直升机父母""无人机父母"再到"虎妈",要想描述和指摘父母为了实现自认为的最优方案而做的那些事,方法可是太多。但是该怎样为人父母?怎样才是好的父母?孩子社会化的最佳途径是什么?对这些问题,神经科学、人类学和心理学的研究都没能给出确切的答案。不过在这些领域里可以确认的是,人们的教养方式各具特色,关于"好"方式千差万别的理解,家长实现"好"的途径十分丰富。

第五章
CHAPTER 5

孩子该
怎么玩?

第五章 孩子该怎么玩？

玩耍（play）*太重要了，可以说是每个孩子应享的人权。玩是人类孩子的普遍现象，尽管其本质可能千差万别。[1] 而它在孩子生命中的重要性正是父母和决策制定者的关切，因为它对孩子的身体、人际、情绪和认知发展有着非同寻常的贡献。玩耍有时候被看作童年的标志，以至于其重要性已经成为对儿童生活的一个基础性认识。但真的是这样吗？玩耍这个概念是否需要进一步探究呢？它真的是普遍现象吗？玩耍真的是健康快乐童年的基本要素之一吗？如果孩子不能玩，不愿玩，或者玩得"不对"，会有什么后果呢？要回答这些问题，就要看看对当代儿童来说，什么才叫玩耍，玩耍有何文化差异，玩耍对孩子发展的不同方面的影响。看一看玩耍中无处不在的新科技及其对玩耍的转变，这也同样重要。

---

* 英文"play"既可作名词"游戏"，又可引申为动词"玩耍"之意。作者行文中多有一语双关的意味，译文中尽量还原这种双关，在不能兼顾时，则采取与上下文最为连贯的表达。

什么是"玩"？它是普遍存在的吗？

尽管已有大量关于儿童玩耍的研究，但玩耍的真正目的及其定义依旧悬而未决。其中部分原因是，研究者追寻理解的是一个随时间和文化嬗变的现象。当然，全球范围内的对比研究认为，玩耍对不同社群来说有着不同的意义，因此也就没有一个通用的定义。[2] 这些研究发现了不同文化对玩耍的各种看法：有的孩子会在父母身边玩耍和工作，并模仿大人的举止；有的孩子会为了补贴家用开始工作，但依旧有独立的玩耍行为；还有的孩子，对他们来说玩耍和工作完全是分开的两件事。而且，父母和照料者与孩子的玩耍方式受到文化的调控，比如说，美国家长和中国家长跟孩子玩的假装游戏（pretend play）就会很不一样。[3] 人类学研究也认为，母子间的玩耍行为并不是普遍的，虽然西方世界认为这是儿童成长的重要一环，但全球范围内的研究发现，这种互动在其他地方相对是不常见的。现有的这些关于玩耍的不同风俗都表明，欧洲传承下来的文化中玩耍被赋予的"特别优先"地位，未必是所有文化的标准。[4]

文化群体、社会经济地位和族裔都影响着人们对玩耍的意义和价值的理解。比如说，中国的独生子女政策理所当然地让单独的一个孩子成为六口之家（父母及父母双方的父母）的核心。虽然很多中国家长认同玩耍对孩子的重要性，但在更广泛的文化背景下,因为对教育的重视以及家庭望子成龙的期待,父母往往所做非所想。[5]在中国,孩子可以随意摆弄玩具,但孩子7岁以后父母就会更倾向于选择有教育目的的玩具,而这种教育方面的考量正是媒体向家长传递的。[6]家长可能也想给孩子的童年留有更多的自由玩耍时间,但他们也感到一种文化上的"道德责任",要训练孩子走向成功,而这就跟为玩而玩的观念相悖了。结果,学业目标占了优先地位,孩子玩的机会变少了,也就催生了幼儿编程班这样的活动。[7]而且家长经济压力越大越会觉得,相比发展赚钱的技能,玩耍只能是个杂项。举个例子,移民时经济条件不好的家长就比经济条件好些的家长更容易接纳教育"先"于玩耍的观念。[8]

其他国家中也有类似的发现。在印度的各类社区中,几乎所有的家长都很重视孩子的玩耍,但也将早期教育放在更高的地位上。[9]受访的美国低收入父母也将玩耍看作学习技能的一种途径,并不太认同单纯地为了好玩而玩。[10]跨文化心理学家贾珀尔·鲁普纳林(Jaipaul Roopnarine)就提到:"处于文化中边缘化群体的父母……似乎虽然能充分理解玩耍的'社交价值',但还是希望通过早期的学业训练让孩子'抢先一步',做好上学的准备,为学业成功打基础——而不是通过'无谓'的玩耍行为来实现这一点。"[11]相反,在社会和家庭在上处于经济优势地位的父母则更有资本去"投资"(invest)孩子的玩耍，认为这可以强化孩子的发展水平，进而取得长期的社会经济优势（这点会在下一章详谈）。这表明，尽管玩耍有人指导，有人监督，但依旧有可能成为富裕人家的自留地，成为有钱人的特权。

大部分学术研究把玩耍看作一项由孩子掌控的活动，是自愿的、自发的且快乐的。这一观点涵盖了大量的活动：可以指孩子早期的活动（比如1岁左右的孩子不断地扔东西，拿东西互相砸），也可以指孩子长大些以后，那些有组织有规则的游戏。孩子长大了，玩耍的本质也改变了；20世纪初，米尔德里德·帕滕（Mildred Parten）命名了不同的游戏类型，至今还在使用（见下文）。[12]

在无所事事（unoccupied play）模式中，孩子只会偶尔地关注一下其他孩子和身边的事物。这种行为主要是为了探索事物的属性。在独自游戏（solitary play）模式孩子会专注地自己玩，远离其他孩子。这种独立的玩耍会持续到两岁左右，之后就将进入旁观者（onlooker play）模式，孩子开始明显地愿意观察别的孩子的行为了。他们想靠近别人，也许会发生一些人际接触，但并不会"加入"别人的游戏。平行游戏（parallel play）模式可以看作旁观者模式的一种发展，孩子们开始积极地在彼此的身边玩耍。他们可能会模仿其他孩子的举动，但是依旧不会和他们一起玩。这时他们的玩耍不是合作性的，也不需要其他人就能玩。这种模式常见于两三岁的孩子，是低龄孩子独自玩耍向大龄孩子具有社交性质的合作玩耍的一个过渡阶段。

此后将进入到积极互动的联合游戏（associative play）模式。尽管持续时间不长，但孩子们此时开始彼此分享与合作了。这种模式可能协调不佳，常常有孩子"脱节"，到处乱跑。通常在童年中期，即3岁以后，孩子们有了明显的合作游戏（cooperative play）模式。这时的孩子对其他孩子产生了兴趣并以良好的协调方式活动。他们的游戏中有着明显的角色分配，并且会发明、遵从以及破坏他们公认的游戏规则。他们在游戏中的互动是相互依赖、相互补充的。虽然长大后孩子的合作游戏越来越多，但他们常常还是会一个人玩耍。小孩子喜欢社交性的游戏，而且他们进行这种游戏的能力也日渐复杂。婴儿在早期的亲子互动或早在8～12月大时与同龄人的目光接触中，就有一些响应互动，可以看作儿童游玩性质的社交互动的早期起源。[13] 玩耍是孩子发展早期同伴关系的一种方式，而这些社交互动带来的好处，也是通过玩耍的发展来实现的。

这种分类对理解孩子的玩耍类型大有裨益，但不应被看作一成不变的发展层次中的阶段或节点：这样就低估了孩子的社交能力，小看了家庭与文化背景的影响以及孩子自身性格的重要性——世上没有两个相同的孩子，他们都有各自的发展与成熟轨迹。很有可能独生子女独自玩耍的时间会长一些，有的孩子3岁了也还不懂合作游戏；而4岁左右的孩子因为参加了团体活动，才相应地愿意更主动地参加合作游戏。[14]

孩子觉得什么是玩？

相对来说，少有研究考察过玩耍对孩子自己来说意味着什么，也少有研究从孩子的价值体系出发来考察玩耍。但这点很重要，因为孩子才是自己生活经历的专家，而玩耍又是其中的重要一环，所以谈论这个话题时，要优先听到他们自己的声音才行。只要听听孩子的意见就我们会发现，成年人对玩耍的理解未必就是孩子的理解，而孩子对玩耍的理解往往让大人感到稀奇古怪。[15]比如说，被问到玩耍的概念时，加拿大一个9岁小孩的想法就比他父母广泛得多。跟成年人不一样，孩子觉得几乎跟什么都可以玩耍，比如和朋友、父母以及邻居玩，自己也可以玩，跟宠物待在一起也算玩。

> 我喜欢和猫猫狗狗玩。我喜欢自己玩Wii游戏机。
> 我在后院里玩足球……
> 我喜欢马。我喜欢骑自行车和堆雪人。[16]

对这些孩子来说，玩耍不仅取决于和谁玩，也和运动、创造力、想象力、娱乐活动、体育与社交活动及其组合相关。

孩子会走路之后，他们的游戏里的故事和观点往往要对他们有着个人意义。若非这样，家长觉得有意思的游戏在孩子看来可能会就无聊至极。

对大部分孩子来说，所有玩耍活动的底线就是它们必须好玩（fun），甚至对有严格规则的游戏和体育运动来说也是如此，只要好玩就是玩耍活动，但是研究者作为成年人，往往是不会把这些当作玩耍的。孩子不会把活动和目标本身当作是玩耍，而在意的是这个好玩的体验（在大孩子的实验中，这些体验表现为快乐、开心、新奇、满足，等等）——这可能跟父母的观念和优先度相左。家居连锁企业宜家委托研究人员开展了一项国际调查，采访了全球 12 个国家的 30000 名父母和孩子，他们发现，超过四分之一的孩子认为父母给他们在校外安排了太多事情去做。一份基于英国情况的综述认为，"孩子自由玩耍的时间在现代社会是一样'难以企及的奢侈品'，孩子反倒［被塞给］大量有组织的活动，因为人们认为这更有教育意义"。[17] 孩子们常说他们想跟父母有更多的时间玩耍，[18] 而很多父母一想到玩耍的缺失会给孩子的生活和亲子关系带来多人影响，其实也会心怀愧疚。这种情况在时间充裕的国家（比如荷兰）和不充裕的国家（比如印度，那里 60% 的父母都表示自己符合"我们没有足够的时间陪孩子"的描述）都有发现。[19] 在上面提到的加拿大 7－9 岁儿童玩耍研究中，这一现象的儿童视角得到进一步讨论。在孩子讲述的玩耍经历中，关于亲子矛盾的一个不变主题就是父母需要空间和独处。

> 她［她妈妈］想让我玩个不会打扰她做晚饭的游戏。
> 他们就想做事的时候不带我们。
> 我家长说去玩去吧，意思就是别烦我们了，或者离我远点，真的别烦我了。
> 他们会说上楼去吧，把嘴闭上，别跟我说话，让我把账单算出来。[20]

因此，玩耍有时候给孩子的体验，就好像这是一件要求他们必须做的事，好将他们拒于成人世界之外。

玩耍为什么很重要？

大量心理学研究表明，无论如何定义玩耍，它都不仅是童年的一大特征，同时也是让孩子去和环境互动，去学习，去建立友谊，去锻造和成年人的依恋关系，去发展自信和韧性的机会。[21]通过早期玩耍经历中摸爬滚打，孩子可以学会空间、色彩和图案：这些概念便是基石，在成年人的帮助下，可以让孩子在未来发展出对世界的科学理解。也许"大幅度"肢体运动的好处最为明显。孩子打打闹闹，跑跑跳跳，抛接摔打，其实都是在强化他们的手眼协调等能力，促进身体力量和耐力的发展，同时也让他们对自己的能力更有自信。但是，不同国家的父母和孩子眼中，运动类玩耍的概念大相径庭。一项多国研究表明，平均44%的家长希望体育运动以家庭为单位展开。[22] 这种理想在韩国最盛，受访者以家庭为单位参与的实际运动总量和他们期望的总量差距最大。孩子总会说想一家人一起出去，尽管也有很多人（大约38%）表示，与看电视相比，出门只是备选。

孩子的玩耍中有一个很重要的方面，尤其能帮助促进合作游戏，那就是他们假装（pretend）和虚构（make-believe）能力的发展："假装"的能力在全球各种背景下都能看到，无论孩子的生活环境是贫穷还是富有。[23] 假装游戏（pretend play）要求能够角色扮演，模仿别人的行为，想象自己在另一个人的处境之中。这种能力发展得很慢，起初只是对日常活动的"再创造"，而等到孩子两岁左右，他们的语言能力得到发展，可能就会用娃娃或者别的物件来表演生活中的事件。孩子再大些时，就不需要那么多辅助了，通常他们在4岁时就可以开始自己的故事表演了。他们经常会用想象力来创造相对复杂的情节，不需要找到与现实世界的直接相似的物品辅助。这种超越"日常局限"的思考能力有着深刻的发展意义（下章再详细讨论）。20世纪最重要的儿童心理学家之一的列夫·维果茨基（Lev Vygotsky）就曾写道：

> 在玩耍中,儿童总是超越了自己的年龄,超越了自身的日常行为;在玩耍中他就像自己还高了一头。就像放大镜的焦点一样,玩耍将所有的发展趋势汇聚于一点;在游戏中,孩子似乎试着跳到他的日常行为水平之上。[24]

因此,玩耍让孩子能够以不同的视角探索世界,而他们对想象性游戏的应用与让他们的社交能力相关。经常进行这种玩耍的孩子,即使不在游戏当中,也更好地接受自己的新角色,而大人们也认为这些孩子更有社交能力。同时,这似乎也能帮助孩子在压力条件下更好地调控自己的情绪。想象性游戏带来的积极效应让很多童年早期教育的开创者提出,它就是帮助孩子健康发展的关键。[25]

儿童的想象性游戏是由他们的家庭和文化语境塑造的。比如说,男孩女孩之间的游戏差异就是一例。游戏中很常见的一个性别差异就是,男孩子的嬉戏打闹更具攻击性。这些游戏包括了假装打架、摔跤、追逐还有骑大马等,一说到小孩子的游戏,大人的第一反应就是这些。对美国 4～5 岁孩子的研究表明,男孩子比女孩子玩得野多了,虽然他们也不会想伤害自己的玩伴。[26] 然而,也不是所有男孩子都喜欢这种玩法。比如,11 岁的孩子中有 40% 的人说不喜欢这么玩(出自一份美国儿童调查)。[27] 大人们总是很关切这种玩法,觉得这就是在打架,或者日后会升级为打架行为和反社会行为,因此也不会鼓励这种游戏。心理学家艾琳·肯尼迪-穆尔（Eileen Kennedy-Moore）就指出：

> 你要是观察一帮男孩子在外面玩，有可能就看到，一个人要压到另一个人身上去了。喊叫，怒吼，呻吟，不绝于耳。别的孩子可能把第一个男孩子拽下来，或者自己也爬上去，最后在地上就趴着一大摞孩子。要是有大人在旁边，尤其是个女人的话，很可能就跟他们喊起来了，"立马停下来，谁也别伤着谁！"[28]

在上面这段引文里，"尤其是个女人"这个表达看起来怪怪的，甚至有些性别歧视，但这确实反映了一些现实。在一项研究中，超过85%的孩子都能很好地区分打闹和真正打架的情景，但是成年人做不了这么好。和哥哥弟弟一同长大的男性和女性能做对70%的判断，而成长过程中没有兄弟的女性，几乎认为她看到的所有打闹的影像都是在打架。[29]

嬉戏打闹和暴力冲突的分别在于，打闹并不是为了解决问题，而且会有很多合作游戏的特征，比如他们会遵守规则，轮替角色，而且闹完之后不会留有敌对情绪。[30]但是，孩子没有完善的技能加入游戏的时候就会产生问题。没有充足社交能力进行这种游戏的孩子，或者不受同龄人待见的孩子，更容易在这种游戏中受到暴力和敌对的攻击。[31]但暂且不提这个问题，现在已经有人提出，这种各种文化当中普遍存在的嬉戏打闹是有助于孩子发展的，因为嬉戏打闹会促生出对规则的协商和社交能力。虽然男孩女孩都会嬉戏打闹，但是男孩的频率更高，[32]而且他们打闹的性质也不一样：男孩子打闹的时候声音更吵，动作也更野蛮。[33]其结果就是，女孩子更能在社会环境中协调自己的行为，但这也反映出男孩女孩之间不同的行事准则和未来机遇。[34]

有关假装游戏和合作游戏的心理收益的文献很多。孩子可以在各种情形中学习并实践社交技能，这些情形包括协商合作、处理冲突、扮演角色以及如何融入不同的社交群体。假装游戏提供了社交情景，孩子在其中需要并学会如何做出对社会负责的行为以及自我规范，[35]这包括管理自己的情绪、克服眼前的冲动、处理社交问题（比如解决分歧），因为这样才能让他们进行社交游戏（social play）。研究发现，老师们认为参与社交游戏最多的孩子，社交能力是最强的，在班级里也是最受欢迎的；[36]同时，假装游戏也与提高创造力有关。[37]虽然关于这些联系的成因众说纷纭，但我们似乎有理由可以说，让孩子们在玩耍过程中自由地探索和创造是有利于他们未来的智力和社交发展的。[38]所以玩耍对孩子来说不仅是好玩而已，我们有理由说，这对他们的人际、情绪、身体和认知发展都是有好处的。

不过，尽管有证据表明，玩耍对孩子的发展来说是有益且必需的,但依旧有人认为"玩耍在孩子生活中的中心地位被误解和忽略了",孩子玩的权利从来没被正确地使用过。[39] 格里森·兰斯唐(Gerison Lansdown)是儿童权利活动家,同时也是英格兰儿童权益联盟(Children's Rights Alliance for England)的创始人,他认为儿童玩耍的权利被幼年时的大量结构化课程侵犯了。这些课程采用形式化的直接教学法并会布置家庭作业,挤占了孩子的自由时间,向他们传递了一种隐性的信息:玩是在浪费宝贵的学习时间。童年早期研究专家利兹·布鲁克(Liz Brooker)和心理学家马丁·伍德海德(Martin Woodhead)也持一致观点并强调说,随着世界范围内小学教育愈发普及,死记硬背的教学方式的推广和低龄化,孩子玩耍的机会已经被挤压到了生活的角落里。[40]

在全球范围内,工作和贫穷也是制约儿童玩耍权利实现的关键阻力。同时,玩耍也会被生活环境制约,比如危险的交通、污染和犯罪率等因素,或者孩子干脆没有安全的活动场所。尽管很多国家(包括荷兰、德国和中国)7~12岁的孩子都告诉研究者,他们想多到户外去玩玩,但他们其实根本没法去玩。[41] 拿整个欧洲来说,孩子都说自己很享受户外活动(比如爬山、探险、骑车、捉迷藏等)带来的刺激和欢乐。[42] 这些活动挑战孩子的技能,在他们学习克服焦虑的同时也提升他们的极限,让他们"考验"自己,保持身体的健康,包括视力。确实有研究发现,世界范围内儿童近视(nearsightedness/myopia)比例与他们待在家里的时间是正相关的,因为他们在家往往会看电视。[43] 研究提出的补救方式也很简单,就是增加儿童的户外活动时间,但真要实现这一改变可不是那么直接的。如果真要实现孩子玩耍的权利,那就要像兰斯唐说的那样,"成人世界应该将所有阻碍其实现的'物质上的、社会经济上的以及文化上的障碍'统统移除"。[44]

要落实这一权利,就也包括改变父母看待孩子自由户外活动风险的态度(第九章将进一步讨论)。澳大利亚麦考瑞大学的海伦·利特尔(Helen Little)发现了当代家长的一个趋势,就是他们越来越不约束孩子们在社区里的活动。[45] 比如说,澳大利亚4~5岁孩子的母亲就非常了解"有危险的户外活动"对子女的发展有何积极影响。

> 我认为身体上的协调与力量与心智上的同样重要;我觉得这对他们玩游戏和自身发展都有好处……
>
> 在家里能有足够的空间跑跑跳跳,同时又能走去体验户外的世界,这一点非常重要。
>
> 他们需要新鲜的空气,这有利于攀爬技巧的学习,对试着和其他孩子一起玩可能也有好处。[46]

其他研究中发现了类似的观点,父母们觉得,经历和解决户外运动可能带来的风险,可以强化孩子们的发展。[47] 这些母亲认为,通过这种玩耍方式,孩子可以学会好好评估风险并处理风险,这种经历是"生活的基石,是了解自我和自身能力的基础"。学习如何处理风险被认为是生活的关键一环。

> 我觉得,学习的每一个层面都是有风险的。不一定是有形的风险,也可能是人际关系上或者情绪上的风险。就像学说话、学单词和交朋友一样,只要是学习,就或多或少地有受伤的可能。[48]

而这些澳洲母亲自己的童年经历中也包括了大量有潜在风险的户外活动。这些经历备受珍视,这些母亲将其视作自身成长历程中的重要影响。她们讲述了自己如何在很小的时候就将大部分时间花在了户外活动上,几乎没有成年人的看护。一旦她们长大一些,她们就从自家后院"毕业"了,开始探索整个社区。但她们的故事和她们孩子的故事形成了鲜明的对比,她们想让孩子面对的风险也与现实大相径庭:

> 尽管我觉得不太可能,因为我坚信大多数虐待行为应该是在家里的……这是他们独自一人在一个可能有人伤害他们的情况下的恐惧。
>
> 我觉得在这个年代,我们好像都成了这个样子,因为报道里就是这么说的。现在似乎到处都是这种让我们

不得不焦虑的信息。[49]

父母的这种恐惧与孩子在澳大利亚面临的风险在统计意义上并不成比例，和英国或欧洲大陆的数据也无法匹配；要知道在后两个地区，儿童面临的最大威胁来自家里，来自他们熟识的人，来自网络技术。所以说，限制孩子的户外活动并不能让他们更安全。[50]然而孩子独自在外时的焦虑依旧持久，哪怕家长自己也知道，这种焦虑是没有证据支持的。为什么这种恐惧会持续存在，并且对孩子的玩耍产生强烈的社会影响和文化影响？有一种解释被称为"可得性启发"（availability heuristic）理论，指的是人们会根据他们有多容易想到或意识到某种具体危险，来迅速决定解决问题的方法。[51]对父母来说，他们的判断结果是被鲜活的媒体报道"喂"出来的，他们很容易就能想到孩子的童年会面临大量的危险和伤害。这就创造了一个环境，让父母很容易高估自己孩子可能会受到的伤害，同时也让他们去指责其他没有提防这些已知风险的家长。[52]不过，就算父母们知道了真实的风险概率，也不会疏解他们恐惧，更不会改变他们的行为，哪怕他们知道也承认，积极参与风险活动可能给孩子的健康发展带来益处。[53]

家长看得越来越严，童年越来越多地在室内度过，这个趋势在其他国家也有发现。[54]有人估计1981～2003年期间在美国，孩子的室外活动减少了约50%，[55]而在英国的受访成年人中，有一半的人认为，孩子在 14 岁之前不应该在没有大人监护的情况下就跑出去玩。[56] 很多大人表达了对这种变化的关切，比如在一些夺人眼球的报刊头条里，大家很不恰当地对比了孩子在户外玩耍的时间与家禽放养或犯人放风的时间。[57] 塔尼亚·拜伦（Tanya Byron）教授主持了一项关于英国儿童网络生活的回顾研究，发现缺乏户外活动对儿童是有害的。

孩子在户外玩得越少，他们越不能学会面对成年后的风险和挑战……在广阔天地里尝试新事物时的思想的独立与自由对孩子是大有裨益的，这是什么都替代不了的。[58]

上网玩好不好？这对孩子来说是个风险吗？

当今孩子的很多游戏经历和父母辈是很不一样的。他们受到社会和家庭环境的直接影响，其中可能包括了快节奏的生活方式、多元的家庭结构和容易得到的儿童看护帮助。既然孩子从户外回到家中，他们在自己家里的时间就可能更长，看看电视或者上网"玩"，而这种变化引起了家长和社会的极大焦虑，他们开始担心孩子会接触到"错误"的玩耍方式，担心他们在虚拟世界中面对的风险。但毋庸置疑，孩子与媒体互动的本质正在发生变化。科技已经从"充斥了我们的居家休闲时光变成了存在感更显著的东西，它与其说是充斥着日常生活，倒不如说是与日常作息与活动完全融为一体了"。[59]

许多国家的年轻人一直被"拴"在现代科技上。[60]这对孩子的玩耍体验已经有了至关重要的影响。

孩子自由活动的受限与新媒体的发展不期而遇。这个复杂现状里的一个重要因素是,针对孩子的新型娱乐方式的发展和推广,把最年幼的孩子都包含在其中。父母现在很难抉择:孩子该何时开始使用这些设备,该怎么用,该怎么平衡基于新科技的游戏与更能锻炼身体的户外运动,该怎么控制孩子接触到的内容,这些活动在何种程度上对孩子的发展有益?因为这些新技术未必是家长从小就熟悉的,所以他们也没办法比较借鉴自己的童年经验。

如今,孩子们开始沉浸技术媒介游戏的年龄越来越小。现在3～5岁的孩子每天拿着平板电脑上网的现象,已经见怪不怪了,[61]而在2017年的时候,两岁的孩子中已有38%会用移动设备来接入当代媒体。[62]孩子对互联网的探索随着年龄增长而增长。在英国,3～4岁的孩子中有33%接触到了互联网,而这一比例在5～7岁的孩子中增长至65%,8～11岁的比例是83%,12～15岁中则有97%。[63]这些数值似乎是与孩子移动设备的占有量呈正相关的,因为使用移动设备是最受欢迎的上网方式,这让他们既可以玩网络游戏又可以浏览社交媒体。

父母要是想了解使用数字技术对孩子的影响,那媒体上的报道可能也会让他们将信将疑。比方说,2017年的媒体头条是这么形容新技术的:

会伤害认知能力:《光是盯着手机看就能让你变笨》。[64]

会让人上瘾:《技术成瘾是孩子的"数字海洛因"——把他们变成了屏幕迷》。[65]

会让孩子们在人际上被孤立:《社交媒体让孩子更孤独》。[66]

会伤害心智:《"照片墙"(Instagram)和"快照"(Snapchat)正伤害着年轻人的心理健康》。[67]

会影响家庭互动:《父母用手机会影响家庭生活,中学生如是说道》。[68]

过多的"屏幕时间"与学龄前儿童的肥胖问题、睡眠问题、攻击性行为和注意力缺陷都有关联,而孩子在媒体上的消费总时长则影响他们整体的健康风险。[69]2017年有一项得到广泛报道的研究:触屏技术与6个月到3岁区间内的儿童的睡眠问题相关。[70]《每日电讯报》根据这项研究声称:"有研究表明,苹果平板电脑(iPad)会阻碍孩子的睡眠和大脑发育。"[71]无独有偶,同一年广为报道的一篇会议论文也表示,两岁以下就开始使用平板电脑的孩子更可能出现语言技能发展的迟缓。[72]尽管这篇文章未被发表,但在媒体的报道中仿佛已经盖棺定论,媒体称:"平板电脑和智能手机破坏了孩子的言语发育。"[73]而这项研究发现的是,父母的报告中孩子拿手机的时间越长，孩子习得言语表达能力的时间可能就越晚。这些发现得出的建议是，两岁以下的孩子最好不要接触这些设备。

这样的头条弄得人心惶惶，很多家长也很欢迎有头条能介绍一下孩子可以使用数码产品的时间、方式和类别。然而，在考虑这些新型"游戏"产品对孩子的影响的时候，关键是要思考已有证据的实质是什么，尤其是要把它放在儿童发展与家庭生活的大环境中考虑，不能将新技术与社会的社交关系方面和文化方面相剥离。所以在前面的两个例子中，我们有理由认为那些小孩子——因为他们熬夜很晚，盯着明亮的屏幕，玩着嘈杂的游戏——睡眠的时间会比其他孩子更短，而这才可能影响了他们的发育。另外，如果小孩子不怎么说话或者没人和他说话，这可能会影响他言语表达的发展。但是，其中关键的不是技术本身而是技术的使用，以及亲子互动的缺失，家长为何允许电子产品影响孩子的睡眠时间。

而我们同时也要记得，新技术危害孩子的健康发展并不是个新鲜事。从历史的角度来看，一个普遍的趋势就是，几乎每一个新技术的发展，尤其是新技术会影响到交流与信息体验的时候，它们都会成为社会焦虑的导火索。当书写技术发展的时候，从小就没学过写字的苏格拉底表示，这一技术会"导致健忘"，因为人们不会再使用他们的记忆了，"他们会相信外在的书写字母而不再靠自己来记东西"。[74]8世纪书籍的流行被描述成"阅读传染病"，会让染上"阅读之瘾"的年轻人饱受苦楚，[75] 而让所有孩子都去读书这种想法，曾一度被医学权威视作要求过高，很不自然，对心理健康有风险。[76] 报纸将每天最新的消息传递到每一个读者手上，但正因为这一点，有些人就表示，这是在孤立社会中的个体，让他们与"真实"（real-life）社会群体的交流脱节。20世纪20年代收音机流行起来了，一些报纸和杂志开始报道有些孩子因为收听了不该听的骇人故事，就不按时吃饭，或者与家人的必要交流也出了问题，注意力也有所衰退。[77] 尽管人们在回头看的时候总觉得父辈的媒体焦虑十分好笑，但另一方面，他们又很确信自己现在的互联网焦虑和网络游戏焦虑是个正经事；20年后也会是这样，技术不一样了，但大家的关切是不会变的。

虽然关于技术对孩子影响的研究证据十分复杂，但确实有一系列研究发现，使用智能手机和平板电脑对孩子既有积极影响又有消极影响；比如说，有明确的证据表明，若身边一直有一个数码设备，会影响平行的另一个认知任务，但没有实验证据能证明我们的注意力会因此受到长期的损伤。把数码设备当作"外部记忆储存器"可能会意味着，我们无法像过去那样独立地回味经历了。[78] 现代的证据也一定程度上支持了历史上对书写技术和收音机技术的担忧。这些技术改变了我们与世界互动的能力，但现在看来这些都不是问题，因为我们同时也在欢迎它们给生活带来的积极变化。

比方说，虽然上面提到的那个研究认为平板电脑会影响孩子的睡眠，但这个研究团队同时也强调，没有证据表明触屏技术对孩子的认知发展有消极影响；而且在一个相关的研究中，他们也没发现有证据能证明，孩子初次使用触屏设备的时间与他们发展节点的出现时间呈负相关。恰恰相反，童年早期使用触屏操作，尤其是上下划动屏幕，是与更好的运动能力发展相关的。[79]同样，认为使用平板电脑将推迟言语发展的会议文章特意指出，推迟只是针对言语表达来讲的，而语言理解、人际互动和肢体语言之类的都不会受影响。

父母的一个关键问题是，他们的孩子该何时开始玩电子产品。家长常常担心，孩子投身到新游戏里，会牺牲家庭社交互动；[80]但也有研究指出，一些家长给孩子移动设备就是为了达到减少互动的目的，他们把设备当成"虚拟奶嘴"或者"电子保姆"，以此减少自己与孩子的人际互动（印证这一点就是之前引用的几段孩子们的话：父母想要一些独处空间的时候，就让孩子自己去玩）。这就凸显了电子游戏对儿童与照料者之间的人际互动有着重要的间接影响。娜塔莉亚·库奇尔科娃（Natalia Kucirkova）和珍妮·拉德斯基（Jenny Radesky）[81]的研究评定了各种新技术（包括触屏技术、电子玩具等等）对 0～2 岁儿童发育的影响。她们发现这种影响未必是负面的（尽管家长常常得到的建议是，两岁以下的孩子应该"远离屏幕"生活）；如果游戏时有社交介入，就是说父母跟孩子一起玩游戏、聊游戏的话，那么这些技术也可能产生积极的学习和发展结果。虽然传统的书籍和玩具比电子设备更能促进积极的社交游戏,但我们应该看到,关键在于父母和孩子能一起玩,游戏载体倒无关紧要了。如果深思熟虑地使用现代科技,它就会成为一个迷人手段,让孩子探索不同的方式来与他们的世界交流学习。[82]

另有研究发现,有关小孩子(0~8岁)使用电视、电脑、智能机和平板电脑的一个关键因素,其实是父母自己的"屏幕时间"(screen-time)以及他们对这些设备的态度。[83]儿童的年龄、父母的态度以及父母的"屏幕时间",三者互相影响,共同决定了孩子会在这些产品上花多少时间。基本上父母自己花的时间越多、态度越正面,孩子自己玩这些设备的时间也就会越多。如果父母使用的时候有社交互动和游戏互动,那对孩子就会有一个正面的影响。有一份针对273份研究的系统性综述衡量了这些影响对儿童发展的作用,结论是如果这些互动中有社交介入,那么孩子使用这些带屏幕的设备是可以促进其社交发展的。在家里使用时,这些设备可以促进亲子互动,推动家庭关系积极地发展。[84]

随着电台、影院和数字新媒体成为孩子生活的一部分,研究呈现出一个历史性的趋势,也即首先要关注孩子在新媒体上所花的时间,再看看这对孩子的健康、道德和认知能力有何影响。[85]在每一个案例中,社会都将父母看作把关人,认为其任务就是要让孩子避免风险。然而数字媒体并不是家长能从家庭生活中抹除的"外设"(add-on)。在世界的很多地方,数字媒体已经在许多方面与家庭生活融为一体,成为人际互动的重要一环,只讨论屏幕时间的研究未免有些肤浅了。

> 长久以来对数字媒体的时长研究现在已经过时了……父母反而应该问问,他们自己和孩子使用数字媒体的环境(context,何时、何地、如何使用数字媒体)、浏览的内容(content,看了或用了什么)及其联系(connections,是否影响人际关系,以及如何创造或阻碍了人际关系)。[86]

对于父母关心的"屏幕时间"问题,艾丽西亚·布鲁姆-罗斯(Alicia Blum-Ross)和索尼娅·利文斯通(Sonia Livingstone)发展了基于研究的相关指导意见。[87]他们认为,对父母(和孩子)来说,考虑一下技术带来的积极影响是有好处的,比如孩子创造性玩耍的机会、自我表达能力的提高、获得相应的快乐、能够获取的信息以及对人际关系的促进作用,不要只看见其中风险。要做到这一点,父母就应该有能力根据家庭条件和孩子自身,评估不同媒体和技术带来的机遇与风险。但这种"能力"会因家庭而异,可能技术本身没什么问题,这些能力上的差异才是真正的"风险"。

孩子该如何上网"玩"?

在过去十年里,越来越多的孩子开始接触网络空间,这使得虚拟世界和互动式网络游戏成了当今世界上很多孩子生活中的一部分。已经有上百种游戏模式来满足游戏机、移动设备和不同操作系统的需求,而这些游戏也被孩子看作"玩耍"的一种方式。而这一现象的能量往往被父母忽视了。一个很好的例子就是《魔兽世界》,这是第一个大型多人在线角色扮演游戏(massive multiplayer online role-playing games,MMORPG)。在这种游戏里大量的玩家以游戏人物的形式进行互动。截至2008年,魔兽世界的(付费)用户数量达到了澳大利亚人口的一半,即使与之竞争的其他游戏品牌在不断发展,其2014年的用户峰值依旧超过了1200万。[88]让孩子在虚拟世界操纵虚拟角色进行探索、竞技,现在这种游戏模式已经比比皆是了。这些游戏以前一般被认为是青少年现象,但是更小的孩子的父母马上就会意识到,有些游戏也是为自己的孩子研发设计的。比如《企鹅俱乐部》(Club Penguin)是为6岁以上的孩子设计的,但通常是年龄更小的孩子在玩,其账户数已超过2亿。[89]孩子玩的这些游戏可是笔大买卖,通常需要订阅指定账号,或通过游戏内购来增强角色,实现一些游戏功能。现在,孩子的社交活动已经和这些游戏体验紧密结合了。

另一个例子是《莫西怪兽》(Moshi Monsters),有上百万5～12岁的孩子在玩这个游戏。吸引孩子的是,他们有机会"领养自己的怪兽! 和新朋友畅聊! 玩游戏,解难题!"[90] 这种广告让孩子明明白白地看到了游戏的有趣之处。这些"虚拟世界是以好玩为核心的社区"[91],"好玩"就是设计一款成功游戏的要义。对虚拟世界玩家的调查发现,好玩比游戏的其他任何特征都重要,而其社交关系网虽居于第二位,却是"游戏"体验的内在要求之一。孩子显然是把虚拟世界和网络游戏当成了一个玩耍的地方。虽然家长认同玩耍对儿童很重要,但他们心中可能没把这种玩耍算进去。这种不同的见解,从游戏给孩子家长提供的信息就可见一斑:游戏会很典型地宣传游戏中的教育功能,这也就表明,网络中的游戏与乐趣对孩子的父母来说,本身并没有太多吸引力。

> 教育正是《莫西怪兽》的游戏体验的核心……成功地养大一只莫西怪兽绝非易事。游戏需要你的孩子逐渐发展出一系列技能。你的孩子需要创造性地思考,做假设,定策略,协调稀缺资源,与朋友合作并培养大量其他的技能,而这些都将积极地影响到他们的现实生活。(《莫西怪兽》,2009)[92]

当然了,通过特定的网络游戏和虚拟世界,孩子可以学到很多有用的技能，比如《企鹅俱乐部》《莫西怪兽》《魔兽世界》等等。但是，向小孩子的家长（尤其是在那些父母对小孩子上网管控更严的地区）宣传游戏的"技能培养"方面就暗示着游戏开发者已经意识到，父母和孩子对什么是游戏有着不同的理解。对父母来说，光好玩是不够的，因此游戏也应该根据父母认为什么有价值来进行调整。

如果从孩子角度理解什么"算"是游戏，我们便可预测他们的网络游戏和人际活动会产生重叠，而这种重叠就会让他们有可能接触到不良信息，过度游戏，接触到陌生人。[93]广大父母关心的正是孩子在虚拟世界与社交媒体中的玩乐与探索，而这些关切也因为父母很难知道孩子具体在做什么，而让他们越来越焦躁。这一方面是因为用移动设备的孩子越来越多，但同时也是因为，孩子不希望自己的网络行为被家长监督，所以也会对他们有所隐瞒。来自许多国家的证据也表明，在网络游戏这方面，孩子并不会重视（或听取）家长的建议。[94]虽然大部分家长都会明确地告诉孩子，不要和网上遇到的人说话、发信息，但在英国的一项调查中，只有十分之一的孩子照做了。[95]一项关于印度尼西亚儿童及其父母的研究发现，孩子认为自己在新媒体和网络游戏方面比父母强多了，[96]因此父母立下的上网规则并不总是能被孩子接受。也许在印度尼西亚这样的国家，科技代沟会比较大，但这个问题确实是广泛存在的，尤其是在"最新潮"（latest）的社交软件方面。[97]父母对虚拟环境感到生疏或恐惧，自然会让他们限制孩子的上网方式，或者干脆不信任孩子。结果就是家长可能会过度监督孩子，觉得他们有问题，而事实可能就是，现在已经和他们自己的童年时代不同了。孩子应该感到自己可以信任父母的判断和反应，应该寻求一种平衡，既让孩子愿意和家长分享自己网络活动，又让家长能够尊重孩子隐私。父母可以限制孩子的上网时间，这样虽然降低了孩子面临的风险，但也减少了孩子学习的机会，也可能降低孩子和父母分享自己未来计划的意愿。

不过就和现实世界中一样，父母要给孩子树立行为上的榜样，帮助他们成长；让他们在学习线下技能的同时，也学习融入成人社会所需的线上技能，比如判断网络信息的可信性。[98]

这里再说一次，对儿童网络游戏的恐惧不是个新鲜事。《哈宝旅馆》（Habbo Hotel）的虚拟世界中有 2700 万用户，玩这些游戏的孩子表示，最让父母"崩溃"的就是他们在游戏里有很多好朋友，但是彼此在现实中根本没见过。在 2012 年，有调查记者卧底了《哈宝旅馆》，进而报道了其中对儿童的性引诱和性侵犯现象。[99]这些事例都表明，父母对网络游戏这些方面的焦虑不是空穴来风。当前典型的儿童网络游戏都被设计成了"低风险"环境，一切都由监控技术和专业的监控企业进行支持。真正让孩子感到不安全的，其实是监管不力的社交媒体和游戏以外的反向通道（backchannel）。有一项研究调查了全欧洲超过10000名的9～15岁的孩子,问了几个开放性问题,看看最让他们烦恼的上网体验是什么。[100] 小一些的孩子最在意的是看到让人不适的信息,而大些的孩子则在意网络中与人接触带来的风险,尤其是因为使用过社交网站、分享过照片和个人信息,他们担心有人冒充别人。

这些恐惧往往是非常现实的,而且孩子确实会不经意地收到讨厌的信息。

> 我登上一个游戏网站,点了一个动作类游戏,然后就看到了《异形大战铁血战士》(Alien vs. Predator)的预告片。特别血腥,让我不舒服。(男孩,10岁,英国)
>
> 有一次我在找游戏,然后电脑上就出现了低俗的图片,里面的人都没穿衣服。(女孩,9岁,爱尔兰)
>
> 我不喜欢别人讲下流的话。(男孩,10岁,斯洛文尼亚)
>
> 有时候陌生人给我在网上发消息,色情网站我没点击就自己打开了。(男孩,10岁,奥地利)
>
> 有些视频里的大孩子虐待残疾的孩子,还被传到了"油管"(YouTube)上。(女孩,9岁,意大利)[101]

孩子玩网络游戏和使用社交媒体最多的那些国家中,这种忧虑也是最多的。在这份报告中,有12%的孩子(以及

8%的家长）表示，他们在过去一年中曾被网络信息弄得很烦。10岁的托马斯·布朗（Thomas Brown）为英国开放大学儿童研究中心开展了一个由儿童主导的研究项目，他的样本（7～11岁）中有7%表示，曾经在网上见到过不当信息。[102]而在另一个由儿童主导的项目中，9岁的瑞亚·奥罗阿（Rhia Aurora）问了自己学校的孩子有关不当电子游戏的事。她发现，尽管有一些孩子玩过这类游戏而且喜欢玩，但他们自己也知道这些游戏的害处，比如宣传"道德败坏""攻击/暴力"以及展现血腥画面。[103]历时研究也表明，不愉快的上网经历会有长期的情绪和心理影响。[104]不过尽管这些例子比较骇人，其他的国际评论文章在更细致地刻画了事态现状后认为，孩子的风险未必就越来越大。一个原因是，在网络上风险最大的孩子，也是现实世界中最易受伤的孩子。相比特定的应用软件和现代技术，现实世界中的因素（家庭动力学和孩子的冒险行为）能更好地预测孩子上网时的风险。[105]

随着屏幕游戏转向了增强现实游戏，父母对网络游戏的关切可能也会变化。增强现实（Augmented Reality，AR）技术让孩子可以真实地看到现实世界，但其中会叠加大量附加信息。这些附加信息有很多形式，比如游戏或文本中的一个角色，或者一个视频标签，但是都有了现实世界的质感。这跟孩子在网络和虚拟环境中的游戏很不一样，不再是通过一个静态的屏幕来"替代"现实世界。AR技术最早的应用是增强早教读物，比如用书里的一些细节处理来创造三维形象（例如会动的飞龙），[106]或者是制作互动型的插画（例如三维模型）。[107]这让孩子能更好地感知复杂物体是个什么样，而且也很好玩。"漫威"漫画的创始人斯坦·李也基于自己的漫画人物开发儿童AR技术，孩子可以用智能手机来看实体漫画书，然后AR应用就会在漫画书上展现角色的动画效果。[108]现实世界的游戏和玩具需要操作，但也可以被增强，让它们更刺激、更吸引人，这种增强靠手机、手持设备和特制的智能"眼镜"（spectacles）都可以实现。这些应用让孩子与增强过的物件、在增强过的环境中玩耍，并可以和朋友玩出社交效果——他们能一起开着AR汽车在厨房里畅游，或者在小镇特定的地方收集虚拟徽章，增加游戏点数。AR游戏的一个往往被忽视的正面作用是，它为有感觉损伤和学习障碍的孩子提供了希望。这些游戏为孩子提供了探索周遭世界的新方式，其中可能就包括了对物体与图片的识别和对颜色的识读，并可以为更多的孩子带去有趣又适合他们的游戏。因为孩子是在现实的世界中操纵虚拟的物体，或是在现实的世界中搜寻虚拟的物件，所以这些游戏就可以创造出多知觉刺激的玩耍体验。

2006夏天出现了现象级的《精灵宝可梦Go》（Pokémon GO），这可能是第一个对公众认知产生了巨大影响的AR游戏；这款游戏也展现儿童玩AR游戏的几个重要方面。《精灵宝可梦Go》初次登上新闻的时候，随之而来的就是一片混乱的媒体呼声，要求家长严格地引导孩子玩这款游戏，或者干脆别让他们玩了。这款游戏被认为是对孩子的安全和健康都有威胁的，新闻头条甚至都开始报道"《精灵宝可梦 Go》带来的犯罪大潮：一个月内有 300 名玩家惨遭将抢劫犯、小偷和恋童癖的毒手"。[109] 在游戏发行的那个夏天，媒体报道了大量的现实世界的意外事故。这些报道似乎汇集了父母对网上和户外游戏的担心，提到"受伤、绑架、犯罪、暴力和付出［经济］代价的风险都在上升"。[110] 而英国全国防止虐待儿童学会（National Society for the Prevention of Cruelty to Children）也迅速发布了一份家长指南，强调了隐藏位置信息和安全保护问题。[111]

但是，孩子也可能从这种 AR 游戏中受益颇多。之前讲到过，改善儿童健康状况的一个阻碍就是孩子的户外游戏太少了，而美国境内的一份《精灵宝可梦 Go》研究已就此分析了佩戴式传感器发出的信号以及 32000 份的用户数据。蒂姆·阿尔特霍夫（Tim Althoff）和同事发现，玩《精灵宝可梦 Go》可以显著地增加身体运动，而且是与年龄和先前的运动水平无关，运动水平很低或者久坐的人都可以接触这款游戏。[112] 其他的研究者也观察到了类似的明显效果，80% 玩家每天的户外运动量增加了 30 分钟以上，而每周的活跃运动量也达到 5 个小时以上。[113]《英国医学杂志》（British Medical Journal）的一份报告也表示：

对大多数主打运动的健身应用来说,它们的用户可能更多的是想要保持健康的人。《精灵宝可梦 Go》并不是以健身应用的定位进入市场的,但它的用户最后还是会走出很多步数。用手机应用把街道变成一个积极的、重塑的运动场,在其中发现互动的乐趣,这种模式的可能性难以估量,而增加用户的体育运动是一个诱人的副作用。[114]

这款游戏火起来不是因为用户知道了身体运动的好处,而是因为它好玩。这种形式的游戏丰富了人们社交的机会,增加了人们的锻炼和户外运动,当然也有之前提到的种种风险。因为这些风险,父母对户外运动的观念就会深刻影响着孩子 AR 游戏的使用,以及他们从中收获的益处。我们对"屏幕"内外的游戏的关注反映出了当代科技的发展;然而,这很可能是会变的,尤其是当人工智能产品会在儿童游戏中的比重越来越大。小孩子看起来特别喜欢"智能"(intelligent)玩具,他们用语音、触摸或手势就能和这些玩具玩耍,父母也可能会买这些玩具来替代孩子的"屏幕时间"。[115] 比如说,有网络连接的玩具"迪诺"(Dino,一种玩具恐龙)就可以通过 IBM 的超级计算机"沃森"(Watson)来分析回应儿童的提问和评价。[116] 这反映出智能应用的使用(例如 Alexia 和 Siri)在成人世界中越来越普遍。人们也开发出了能在现实世界中自我导航并移动的机器人玩具,以此促进不同残疾状况的儿童的发展，如今这种科技在"主流"玩具和半自动玩伴机器人（semi-autonomous play companions）中也日渐增多了。[117] 人工智能玩伴和人工智能玩具对儿童发展的影响，将成为未来重要的研究领域。

综合各种证据我们可以认为，玩耍对孩子来说是有趣的，对健康发展是至关重要的，他们需要大量的玩耍体验，其中就包括了现实世界的人际游戏。然而，儿童的玩耍体验也扎根于一系列复杂交错的影响之中。文化和经济环境可以塑造成年人的生活方式，塑造文化嬗变和新科技发展，所以也就可以塑造儿童的玩耍方式。但贯穿所有研究的一条主线是社会互动的重要性。平板电脑和触屏技术利弊参半，一切取决于使用方式，只要它们还是亲子互动的组成部分而不是替代品，它们就没必要成为当代家长的梦魇。玩耍及其对儿童发展的影响，其实是"孩子该如何学、如何教"这一大话题之中不可分割的一部分。我们将在下一章探讨这个话题。

第六章
CHAPTER 6

教育里最重要的是什么?

教育，我们在这里主要讲的是正规的学校教育而非家庭和社区里的非正规教育，通常被视作传授在任何特定社会中被认为重要的知识与技能的途径。对教育的讨论往往建立在一系列观点上：孩子们该如何学习，什么方法教会他们的效率最高，还有教育帮助孩子习得了那些让他们在社会上能够立足的知识和技能，尤其是在获得学历、找到工作、拥有经济保障方面，教育在这一过程中扮演了什么样的角色。

家长对孩子的教育期望，与广义上他们对孩子未来生活的期望是呈强相关的。当然，也并不是全世界的家长都能有机会选择孩子在何时何地接受教育；全球受教育机会的分布一直都反映出不均衡的态势。虽然教育资源分布不均衡、教育机遇有限，但对全球的大多数家长来说，孩子的教育都是他们担忧的重点。在一些地方，父母们担心的是孩子能不能得到哪怕一点点的教育，为此的投入会不会贵到他们支付不起（或者，就算上学能免费，孩子需要的书籍、校服和文具他们能不能买得起);而在另一些地方,人们关注的可能是孩子能上哪一类学校,以及学校对孩子的学习、社交和情绪发展,以及孩子未来的机遇和社会流动性的影响。本章我们要考察一下父母对孩子教育的看法,以及孩子自己是如何看待上学的。

孩子想从学校里获得什么?

孩子才是学校和教育体系的核心:这一点显而易见,不证自明,但是直到近些年,孩子的想法才被考虑到,甚至才有人开始重视。教育经常被看作父母的选择,而不是孩子的选择,而这二者之间又有着巨大的差异。至少在理论上,孩子是越来越有权利做出影响自己一生的决定了(详见第九章关于儿童权利的部分)。[1] 尽管过去几十年的政策已经建立起了这个理念,但是鲜有文章从儿童的角度来探究学校这个概念。采用了儿童的视角的研究表明,成人与儿童对同一环境的感知差异往往是悬殊的。[2] 虽然有些孩子可能会"用脚投票",但孩子在择校问题面前依旧是相对无力的;一项研究表明,有 27% 的小学生会偶尔在家长不知情的情况下旷课。[3] 但是了解儿童看中学校哪方面的品质,至少可以告诉家长,如何替自己的孩子择校。更为根本的一点是,如果我们对孩子自己心中的利好都不闻不问,又怎么能说我们的学校是为了孩子好呢?[4]

要是问孩子，校园生活如何，学校里什么最重要，一个最为稳定的回答就是——友谊。如果学校里的老师同学都很友善，他们在班级里也有安全感，那这样的孩子会是最幸福的。孩子非常重视安全感，反之，校园霸凌会让他们感到拘谨难过。[5] 校园霸凌现已成为最突出的，也是被报道也最多的一个问题；当被问及校园有哪些可以改进的地方时，霸凌也是孩子经常提到的一个词。[6] 英国的一项研究表明，有22%~29%的初中生在近一年内遭遇过某种形式的霸凌，导致他们担惊受怕，倍感焦虑。[7] 霸凌行为有很多种形式，其中包括肢体暴力（在表明受到霸凌的群体中，有38%的人表示有人曾想在身体上伤害他们），但最常见的还是言语暴力、骂脏话以及"调戏"（teasing）。[8] 欧洲的一项研究发现，男孩和女孩有同等程度的霸凌倾向，但是男孩更可能使用肢体上的方式。[9] 研究发现，不仅欧洲如此，校园霸凌是很多国家都存在的严重问题；[10] 比如在蒙古、菲律宾和印度尼西亚的研究发现，孩子不仅会被同龄人霸凌，同时也会被老师和其他教育从业者霸凌。[11] 小孩子可能不会专门提霸凌这个概念，但是他们对于自己和其他孩子得到对待时的公平性非常敏感，报告说别的孩子被老师忽略或被老师不公平地对待时，他们会感觉不舒服。[12]

父母和孩子一样都有对校园霸凌的关切；全球范围内，来自父母的关切也越来越高涨。[13] 一项研究调查了欧洲范围内上千名家长,对于很多被调查者来说,校园霸凌是一个引发他们焦虑的问题;而在西班牙、意大利和法国,霸凌则是最重要的一个关切点,这些地方有近一半的受访者认为霸凌是个关键性问题。[14]作为回应,很多学校都有明文规定来处理学生间的关系。在英国,什么是应有的良好表现,应作何奖励,以及教工和家长在霸凌问题上应该如何处理,这些都是写在学生行为准则里的。[15]换个角度说,学校也可以在全校范围内鼓励积极的社交互动。其中一种是在英国很流行的"圆圈时间教学法"(Circle Time),其目标是促进积极的社交互动,让孩子在几个环节中分组行动,以此培养良好的校园风气。[16]孩子要学会各个环节的基本规则,他们会讨论到自己的利益和积极体验,然后开始帮助身边的同龄人。[17]类似地还有戴安娜奖(Diana Award),这是依照威尔士王妃戴安娜的意愿而生发出一项慈善遗产:年轻人有能力让世界变得更好。该奖项开创了一系列培训项目,比如关注并力图改变英国校园霸凌的反霸凌大使项目(anti-bullying ambassador programme)。戴安娜奖的组织方已经培养了超过24500名年轻人来解决校园和当地社区的霸凌问题。[18]其他的一些全校参与的方法则更直接地关注暴力行为本身,比如在许多国家的小学里面流行的"行为修复计划"(Behaviour Recovery),要实际地解决一些常见问题,其中就包括扰乱课堂秩序以及课间暴力冲突的问题。[19]另外还有"伙伴制"(buddy system)这样的方法,可以帮助有困难的孩子发展良好的人际网络。[20] 以上的措施都可以表明,这些在很多国家中和语境下业已成为焦点的人际问题,校方其实一直都在解决。

要了解孩子们想从学校得到什么,另一种方式就是让他们自己设计一个学校。在一项研究中,科研人员与几组英国的小学生合作,帮助孩子们讨论、设计并绘制了他们理想的学校。他们最想要的东西,就是能够在学校以有趣的方式学习。

> 用好玩的游戏来学习,而不是一直坐在那里写个不停。用这种傻傻的又好玩的方法,你在那节课就能记住得更多 —— 你就能记住你学过的东西。(一个9岁的孩子)[21]

尽管他们希望学习能有趣起来,但孩子关于学习本质的观念反映出了他们当前的校园生活,比如,一个孩子设计出了"沙滩学校",因为在室外学习更好玩。然而,这个沙滩是作为"不得不学习"时的一种调剂。另一个孩子干脆不要学校了,画中孩子们独自坐在安静的沙滩上,膝上放着笔记本电脑。沙滩静谧安逸,孩子们通过电脑学习,小测验会出现在孩子的屏幕上,测试结果会即刻上传给政府。这些受访的孩子就读于英国一所强调国家课程标准化考试表现的小学,而这种对考试结果的强调,无疑也影响了孩子对当前学习目的的理解。另一个孩子的新式学校是一个"糖果工坊",所有的活动都围绕巧克力展开。一台中央电脑通过虚拟的巧克力来测验孩子分数学得怎么样。在糖果工坊里,学习说出正确的答案的孩子将获得一块巧克力作为奖励。这种通过重复正确答案来获得奖励的模式,在很多其他孩子的作品中也有展示(奖励当然是多种多样的)。然而,没有一个孩子认为,在他们设计的户外活动或操场活动中也需要有这种奖励。[22] 孩子想象的学校是个可爱的地方,但是他们明显地区分了学校中的"学习"(learning)活动与"好玩的"(fun)活动。

这也不足为奇,孩子对学习本质的看法,常常反映出他们自己的学习经历。孩子如果经历了非常传统的教育(比如说,处于被动地位,只要简单地学习或吸收信息),那他就会把这种教育理念带入他理想的好学校中去。而有其他经历的孩子,比如那些支持孩子独立开展研究的教育机构培养出来的孩子,可能就会创造出其他更具互动性的学习模型。与其将自身视为被动的知识接收者,这些孩子更愿将学习看作一个主动的过程。老师可能最初只是提供一个问题或者目标,但这些孩子就会想要通过观察、探索和实验"把事情琢磨清楚"。[23]

父母同样也极大地影响着孩子的认识论观念。大规模的亲子调查发现,父母的认识论(亦即对知识和学习本质的观点)影响着他们的教养方式,进而转换成孩子对于"何为知识"与"如何学习"的看法。比如,如果有家长鼓励孩子通过提问和讨论的方式来促进对问题的理解，那么相比不这么做的家长，他们的孩子的推理能力更有可能得到长足的发展。[24]相反，如果家长喜欢立规矩，强调控制和行为上的服从，那么他们的孩子就不太会把学习和知识看作一种探索。[25]个人的认识论也与大量的其他因素互相影响，比如说它会影响对性别、社会阶级以及残疾的看法；[26]举例来说，孩子问父母一些关于事物工作原理的问题的时候，小孩子对科学概念的理解，很大程度上受到了父母的答案的影响。然而，这种互动对男孩和女孩来说未必是"平等的"。不仅家长更期待男孩会对科学产生兴趣，[27]而且一项基于博物馆的调查表明，人们为男孩解释科学互动展品的意愿，是为女孩解答的意愿的3倍。[28]

对父母来说什么最重要？

当然，说到教育，尤其是说到孩子该去哪所学校、该接受何种授课方式时，要是觉得孩子自己"最知道"，那可太幼稚了。前文已经说过，孩子会受到教育方式和父母的巨大影响，所以很难让他们自己来评价什么是好学校、什么才是有效的教学（对任何年龄段的人来说也一样）。尽管听孩子的意见很重要，也应该照顾他们在学校时对安全感和支持的需求，但是这些必须与家长的意见相结合，因为家长才有权最终决定自己孩子的教育。

对家长来说，教育中最重要的东西源自他们自身对各种因素的考量，比如他们的文化背景、对孩子的社会期望、他们的认识论、他们对优质教育的设想，以及他们对力所能及的各种选项与信息的评价能力。这些因素的重要性在不同人群、不同地域之间各有千秋。然而总的来说，在何为最重要这个问题上，父母们出人意料地还真有很多共识。一项覆盖11个国家的研究发现，父母最关注两件事：一是学校能不能提供安全又愉快的环境给孩子，二是学生的学业成绩好不好。研究还发现，当父母认为学校环境质量特别重要时，孩子往往会在学校表现得更好。[29]

父母对孩子学业成功的渴望，源自这种成功所带来的长期效益。整个欧洲的父母几乎异口同声地表示，他们从教育中最想得到的，就是教育带来的社会流动性和经济流动性的前景，好让他们的孩子过上好日子。[30] 然而，自身学历极低的父母，以及孩子的社会轨迹尤未可知（比如正在经历贫穷和困境）的父母，他们也许是最怀疑教育可能带来社会流动性的一批人。有两样东西往往是相关的：父母对教育给孩子生活"带来"的裨益有多少期待，他们就会有多积极地参与到孩子的教育之中。

在决定孩子该在英国国内读什么学校的时候，对家长来说，学校的三种特质一直是至关重要的："学校的教学质量，生源的社会经济组成，以及家校之间的距离。"[31] 这就意味着，比方说，大部分的英国家长都会选择教学质量更好、贫困家庭学生更少的那些学校。所以，他们能接收到的学校信息，对他们的选择有着强烈的导向作用。在英格兰，这些信息可能来自公开发布的学校评测结果，也可能来自学校的宣传。然而有几份研究发现，择校范围不变的情况下，贫困的家庭有可能选择教学质量较差的学校，而离家近是影响这一决定的一个关键的考量因素。[32] 这就导致英格兰的公立学校中，有近三分之一的学校都是以生源的社会经济地位划分的。[33]

有一种被称为全纳教育（inclusive education）[34]的教育运动想要挑战这种现状。这项运动响应了联合国的"全民教育"（Education for all）目标，对全球范围内的教育实践和教育机会都产生了深远的影响。它源于对儿童权利的信念和共识："不论孩子在身体、智力、情绪、社交、语言或其他方面的条件如何，所有孩子都有一同接受教育的权利，而这种接纳才能创造良好的教育观念和社会观念。"[35] 许多国家都签署了这项共识，并创造了众多政策措施，以期实现教育机会公平，确保没有孩子被落下。很多欧洲国家同时也是《残疾人权利公约》（*Convention on the Rights of Persons with Disabilities*，CRPD）[36]的缔约国，公约第24条明确指出："缔约国应当确保在各级教育实行包容性的教育制度和终生学习。"[37] 世界范围内的全纳教育，被视为对全体儿童开展教育的一种响应，接纳任何社会背景、阶级和身心状况的孩子。[38] 比如，印度尼西亚作为世界上民族最多样的国家,[39]其政府有明确的目标要给予所有孩子至少九年的基础教育,[40]而且正在发展全纳式学校来实现这一目标。[41]

包容性学校这个概念,凸显了家长的一个态度问题:自己的孩子在学校该和什么人交往。这个问题与家长的教育选择相交织,同时也涉及族裔、贫困、宗教、家长自己的观念以及社会约束等问题,于是事情就变得很复杂。教育中"父母想要的",不仅关系到孩子的如何受教育,还与和谁一起受教育有关。这种复杂交互作用的产物在全世界都很普遍。20世纪80年代,北爱尔兰地区发起了一项融合式教学(integrated education)运动,允许信奉天主教和新教的小学生一起上课,然而数十年过去了,93%的孩子依旧会去"自己"宗教的学校上学。[42]在英格兰,四分之一的小学和40%的中学被认为是"种族隔离制"的。[43]对于这种现状,记者兼教师洛拉·奥克罗兹(Lola Okolosie)总结道:"就算有的可选,有些选项也是[父母们]没准备好选的:融合式学校,减少种族隔离"[44]。在美国,即使有立法来支持完全开放式的学校,学校的种族分化也一直是老大难问题。研究表明,父母择校时的一个重要考量就是学校的族裔构成,而且这个因素已经超出族裔问题本身,成为预判学校特点(比如孩子的考试成绩)的一个指标。[45]这意味着,哪怕学校的学生有不错的学业成绩,但如果族裔成分"不对"了,一些家长还是不会选择它——

所以家长，尤其是白人家长，倾向于选择非裔比例较低的学校。既然"父母会权衡当地的教育资源，尽可能地选择质量最高、最适合孩子的学校"，[46]他们就要考虑很多因素，比如校舍质量，但也要看这些能不能满足他们想要孩子和什么人一起上学的预期。

父母们谈到全纳教育，最常提出的一个话题就是，孩子在班里能学得多好，特别是当班里有些孩子有特殊教育需求和残疾（special educational needs and disabilities，SEND）的时候。这就涉及一个问题，如果先把一些孩子放到专门的特殊学校里去的话，是不是更好一些？首先，如果孩子有学习困难或者感觉损伤，那他们的父母就会面临这个问题。但这些孩子之间又存在着大量的个体差异，有的孩子只是识字能力有问题，但有的孩子无论年龄多大，无论经历了多少事情，他们的智力水平、人际发展和沟通能力一直都停留在初级阶段，几乎所有活动都需要他人帮助。根据国家的认定和政策，这样的孩子大约占了孩子总数的15%左右。[47]其次，即使孩子不符合前一组的定义，父母依旧要考虑特殊需求和残疾的问题。在很多国家，有特殊教育需求和残疾的孩子是一个被非难的群体，父母不希望自己的孩子和他们待在一起，也不想让孩子和他们上一样的幼儿园和学校。[48]全世界的教师和教育家都报告说，有些家长不想自己的孩子在受教育的时候，身边有任何"怪"孩子，任何形式的"怪"都不行。新西兰一

家早教中心的主管告诉研究者:

> 一些家长对这事[残疾]非常有偏见,不想让自己的孩子见到这些。他们可能非常残忍……他们会把孩子拽出来,因为有些孩子有残疾,他们不想自己的孩子看到这些。[49]

在英国,老师反映一些家长会表示,"要么他走,要么我带女儿走"[50]。父母们总是觉得,如果学校或班级里有残疾孩子或有特殊教育需求的孩子,那自己孩子的教育进度也会受拖累。

然而研究表明,如果同龄人有特殊教育需求或残疾,和他们在一起的正常孩子会更积极地对待这一群体,也更愿意和他们一起玩。[51](但这项发现备受争议,而且并不普适,在第八章会继续讨论。)对一些家长来说,这是个好结果;对另一些来说,这种结果不该出现。现在就有了这样一个局面:尽管人们大力推行全纳式学校,比如在经济合作与发展组织的35个成员国中就是如此,但是对于家长来说,这种"来者不拒的学校"(schools for all)的成绩和后续社会影响,依旧是个饱受争议的关键议题。[52]总体来说,大样本量的研究并没有发现被放在(专门的)特殊学校的有特殊教育需求或残疾儿童在学业上有什么优势,[53]而1300份研究的证据表明,全纳式学校的积极效果微乎其微。[54] 一些研究关注了有特殊教育需求的孩子群体，尤其是对课程内容有要求的群体，考察了他们的教育结果，发现实际情况与前文所述不太一样，而且更加复杂；比如有唐氏综合征的孩子在普通学校和特殊学校都能进步，但是语言和交流技能在普通学校里发展得更好。[55] 大量研究发现，当班级里有特殊教育需求的孩子的比例在10%左右时，[56] 这些特殊的孩子都能取得积极的或者中性的发展结果。[57] 所以，在为孩子选择学校的问题上，研究结果是比较支持（当然不会指责）全纳式学校的。这些研究反映的是孩子间、学校间以及各校教学质量间的个体差异，更仔细地揭示了现实情境，而不是简单地比较学校的编班配置和教育成果。[58]

优质的教学是什么样？

父母觉得孩子该怎么学习，很大程度上指导着他们支持孩子学习的方法，以及他们希望校方和老师如何工作。但很多观念本质上就是自相矛盾的，比如说，在《教育心理学》（*The Psychology of Education*）一书中，马丁·朗（Martyn Long）及其同事就发现，父母在"教学中什么最重要"这个问题上有三种相左观念。他们发现，父母都各有说辞：

1."课堂规模不重要，最重要的是教学质量"或"缩

小班级规模明显可以提高学校成绩";

2."孩子们的老师是教育中最关键的因素"或"老师其实不重要——最关键的是孩子自己的知识和动机";

3."严格的规矩和惩罚在调教问题行为时至关重要"或"积极的行为来自于他人的示范,惩罚没用,只会让孩子自己变得残忍"。[59]

由于儿童的教育经历本质上就很复杂,所以也很难完美地解决上述问题。那么基于这种复杂性,马丁·朗转而回顾了全球范围内与以上述每一种观点相关的文献证据。他的结论是,在对照实验中,缩小班级规模确实可以提高孩子的学习成果,不过也没有提高太多;更重要的是教学手段的改变,其影响也更加明显。同时他也发现,长远来看,惩罚并不是个高效的策略,也不会帮助儿童学会正确的行为方式。最终他认为,教师是影响小孩子学业成绩的最关键的积极因素,但相较于儿童的家庭背景,教师的影响还是有"太多"的变数。[60]

前文说过,父母的认识论观点极大地影响着他们的判断:孩子该接受何种教育,哪些班级活动在教育上是有价值的。同样地,教师对"孩子该如何习得知识"的观念,也极大地影响着他们的教学方式——这就影响了老师和父母会如何界定"优质的教学"[61]。所以重点不仅在于课堂中的手段,更在于指导这些手段的观念,尤其是关于儿童如何学习的观念。

心理学家皮亚杰和维果茨基的成果提供了两套理论来解释儿童是如何学习的。这两套理论自20世纪发表以来,就一直被讨论着、修改着,时至今日都依旧保持着不凡的影响力。[62] 还有一个第三种视角,即直接传播(direct transmission),这也被视作一种传统的教学观。[63] 这三种理论间值得注意的差异是,他们在社会互动与认知发展的关系上会采取不同的立场。

第一个是皮亚杰的理论,他开创了普适的儿童认知发展理论。皮亚杰的理论以其广度和解释水平的高度著称。这项理论提供了一个模型来解释,婴儿本能的条件反射如何能转化为成年人的认知能力。而这种转化的关键驱力就是,儿童在主动与环境互动时所产生的内部的(心智上的)调整。这是一种建构主义理论。儿童通过自己直接与环境互动来构建对世界的理解。这种理解表现为一种被称为图式(Schemas或schemata)的心理结构。这些图式一开始是婴儿时期肢体动作的一系列调整(比如抓取物品),随后就被内化为一种心理表征。皮亚杰的理论将儿童的发展看作几个在性质上不同的发展阶段:感知运动阶段(0~2岁)、前运算阶段(2~7岁)、具体运算阶段(7~11岁)和形式运算阶段(11岁以上),共四个部分。

处于感知运动阶段的小孩子(0~2岁),通过发展动作图式来"思考",意向性行为也开始发展。该阶段的特点之一是对"物体恒常性"认识的发展：孩子开始理解，看不到的东西依旧会存在。接下来在前运算阶段（大概2～7岁），儿童开始使用语言来表现真实的事物和事件。该阶段的一个特征是，儿童会使用自我中心视角，很难从别人的视角来观察世界。在第三个具体运算阶段（大概7～11岁），儿童开始有能力将逻辑推理用于现实事件（而不是虚构事件）中。该阶段的特征之一是，儿童掌握了守恒性（后文会解释）。每一个阶段相比上个阶段都越来越复杂，并最终在形式运算阶段达到顶峰，孩子现在可以将逻辑思维应用于虚构事件中了。这最终的一步往往在孩子十几岁的时候开始，但不是所有成年人都能完成这一步。

皮亚杰详尽地解释了儿童的内部图式如何随着他们对世界经验的增加而不断地发展改变。[64]当孩子当前的理解水平受到挑战时，他们的内部图式会顺应接纳眼前的新情况，以此更好地适应环境。因此，如果老师和家长想促进孩子的思维发展，他们就要创造情景让孩子主动地去解决问题。这些活动对孩子来说应当是容易接触的，但也需要挑战他们当前的逻辑模式。第五章讨论过玩耍活动的本质，所以也难怪建构派会如此地重视玩耍。玩耍，是一种自发的且有目的、有意义的环境互动。从皮亚杰派的角度来看，它可以让孩子在主动的探索与实验中引领自身的发展。正是通过这些活动，孩子才能够学习。皮亚杰的理论是从实验任务的结果中得出的，而这些实验正是由不同阶段的孩子完成的。[65] 这些实验揭示了儿童思维与成人的不同之处，而这些差异则构成了他的四阶段模型：比如皮亚杰发现，前运算阶段的孩子没有发展出守恒性这个概念。这个概念是指，孩子意识到，无论展现方式如何变化，同一事物的量总是不会变的。在一项数量守恒性实验中，实验者向孩子们展示了两行筹码，每行 8 个筹码，一行是全是黑色的，一行全是白色的。孩子们被问到，每行的筹码是不是一样多。随后，其中一行筹码被拉大间距，重新摆放，然后实验者问了同样的问题。皮亚杰发现，4～5 岁的孩子基本都会说，之前两行筹码的数量一致。但是在其中一行被拉长以后，孩子们就觉得，拉长的那行筹码变多了。相反，在具体运算阶段的孩子就会知道，两行筹码的数量还是一样的（即数量的守恒性）。比亚杰认为，理解数字并不是简单地学习数字的叫法。孩子需要实际地探索数量问题，以此在概念层面发展对数量的理解，而不只是被告诉什么叫数字。[66]

这就意味着，老师可以创造有利的环境来促进孩子的发展，让他们进行有组织的游戏活动。对很小的孩子来说，这些活动叫能包括形状分类、搭积木、走平衡木、玩玩具、玩沙子还有玩水盘，等等。这些的核心就是要孩子对"世界"能有实际的第一手体验。儿童对守恒性的理解，可以通过解决与数量和体积相关的问题来发展，因为这些活动往往会涉及分类、测量以及比较。皮亚杰的影响在西方世界的育婴氛围中最为明显。

皮亚杰的阶段理论是个非常实用的框架，可以帮助老师来反思孩子的思维发展得如何了，以及他们当下的发展阶段适合哪些教学活动。然而，皮亚杰的经典实验设计被不断改造，他的理论也在不断遭受质疑，而这些新实验被也赋予了社交层面的意义。比如前面说的数量守恒性实验就被改造了一番，加入了一个"淘气的泰迪熊"元素，它会调皮地把筹码的间距拉开，[67]这样就极大地提高了孩子们回答的正确性，4～6岁的孩子中有72%都正确地回答说，数量还是不变的。对其他实验的"改编再创造"也得出了类似的结果，更多的孩子能说出正确答案了，而在皮亚杰的经典设计中，这些问题都是超出他们能力范围的。[68]有人认为，这是因为这些改变的任务对孩子来说"更像人话"了。[69]这些研究表明，情景中的社交意义能帮助儿童在较早的年龄段就开始使用推理能力。

列夫·维果茨基的发展理论看重的则是社会环境及其对儿童认知能力发展的促进作用。这种社会环境可能包括问题的呈现方式（比如前文中，守恒性任务中的"淘气的泰迪熊"），或者同龄人与父母的帮助。与独自思考相比，这种外在的帮助可以让孩子在更高的发展水平进行活动，而这种较高的水平随后也会内化，于是孩子以后即使没有这样的帮助也可以达到这一水平。在这个理论中，儿童的高级技能最初是出现在"他们之外"的。孩子在这种帮扶环境中能做到的，未来当他孤身一人时，也可以做到，而在这种帮扶环境中，我们也可以看见孩子的发展潜能，比如说，从"淘气的泰迪熊"任务里就可以看到他们更好的任务表现。这就跟皮亚杰的观点非常不一样，在皮亚杰的理论中，孩子几乎就是"孤独的科学家"。[70] 维果茨基的理论被看作一种社会建构主义理论，儿童能力的发展被分为两种形式：一是在与人的互动中学习，二是作为个体的学习。发展从社会层面进入个体层面。[71] 社会构建主义的观点强调的是儿童认知发展的社会和文化渊源。

皮亚杰与维果茨基的理论的一个重要区别在于，语言在儿童发展过程中扮演着何种角色。本质上来说，皮亚杰认为，语言是对已有的认知发展的一种反映，与图式是发展同步的。维果茨基的看法相反，他认为语言引领着认知发展，儿童"外部的"社会言语环境逐渐内化，塑造了他们内部的思维。[72] 已有证据支持维果茨基派的观点，其中包括了课堂活动的结果，而这些活动都是受社会构建主义启发的。这些教学手法基于的观点是，孩子要学会用语言来和别人合作，学会一起做决定。在学校，很少有人会指导孩子具体该怎么做这件事，但只要做成了，其结果都是积极的。[73] 比如，在英国一项基于课堂的干预研究中，研究者面对一群9～10岁的孩子，教给他们人际交往的规则和技巧，好让他们在自然课上分工协作，一起提出问题，商讨解决方案。[74]这些孩子分组开展科学调查，随后他们的得出调查结论会与对照组（接受正常授课的孩子）的结论进行对比。结果显示，"交谈导向"（talk-focused）的孩子，在回答国家课程标准化考试的自然学科题目时，表现得要比对照组好得多。然而，他们在非言语推理类测试中也表现得明显更好。这表明，他们通过协作的方式，使深层的推理能力（而不是学科相关的知识）得到了长足的发展。而在其他领域，研究者也发现了类似的提升，比如在学数学的时候，孩子的主观知识和推理能力总体上都得到了显著的提高。[75]这些证据都支持了维果茨基派的观点，认为语言和社会活动都有引领认知发展的潜力。儿童的人际互动对他们的个人思考能力有着深远的影响。

第三种学习观属于直接传播模型。这种学习观念在世界范围内都非常普遍。在这种传统的观念中，儿童被视为"被动的"，通过教师的直接指导来学习。这种观念认为，"教学是对知识毫无瑕疵的直接传播，而学习则是对这一传播的吸收"。[76]英国小学里的师生互动印证了这一观念，有研究表明，其中90%的师生互动都是封闭式的交互——老师问问题，学生答问题，然后老师指出学生的答案对不对。[77]

吴淑真（Shu-Chen Wu）和尼尔马拉·拉奥（Nirmala Rao）比较了德国和香港幼儿园教师的观念，[78]她们问了这些老师一系列问题，而老师需要回答强烈同意、同意、不同意也不反对、反对或极其反对。她们发现在学习与玩耍的关系上，两组老师有一些非常不同的看法；比如，在对以下陈述的态度上就很不一样。

- 孩子们玩的时候，老师在场会让他们学得更好。
- 玩的时候，通过老师的指导孩子们会学得更好。
- 老师应该积极地参与到孩子的游戏中。

相比德国的老师，中国老师对每一条观点都更加偏向于同意；而德国老师则不赞成给出的大多数的观点。中国的老师没有看到孩子对"自由"玩耍的需求，或没有提及这种需求。他们认为，自己作为老师应该去指导孩子的游戏，使游戏具有其应有的教育意义。[79] 在第五章中，我们讨论了中国家长对游戏的态度，以及文化观念的影响力；而在教育体制内，我们也可能观察到同样的影响在发挥作用，甚至让玩耍成了"学习的对立面"[80]。相反，德国幼儿园教师的观念可以说是反映了皮亚杰派的观念，影响着他们在教室里的行为方式。正因他们相信，孩子需要通过探索和游戏来学习，所以他们促进学习的方式是提供"自由"的玩耍时间，给孩子提供游戏的器材，好让他们觉得有趣。他们认为，这些活动有利于儿童独立思考能力的发展。

其他的一些国际性研究发现，教师对这些教学手段的态度也是千差万别的。比如说，冰岛和澳大利亚的老师更支持建构主义的观念，而马来西亚和意大利老师的观点则更融合，往往对建构主义和直接传播法都很认可。[81] 教师针对有关认识论问题的看法，也能反映出他们在课堂中的实践；[82] 一般来说，采取传统教学方法的老师在全纳式或多元化的班级中，其教学手段一般不太灵活，效率也不会很高。[83] 然而，要指出哪种理论"最好用"，这本身也是有问题的，因为不同文化、不同语境之间的变数实在太大，而对教学效果的评价标准也各式各样。全球范围内的研究认为，如果各国想要提升教育质量，一个关键性的因素是，要在教师培训阶段吸引并支持有天赋的教师。但是，关于教学方法的本质依旧众说纷纭，而且这也是与文化因素息息相关的；[84] 比如说，韩国的小学生在学业水平上远超其他国家的孩子，但其背景是孩子"在巨大的、残酷的压力下努力着。天赋不重要——因为他们的文化相信，努力和勤奋高于一切，人人都没有失败的借口。孩子全年都在学习，要在学校学，也要跟辅导老师学"[85]。

童年是用来学习的时光，而如何学、学什么、为什么学则是孩子生活中的关键层面。所以也难怪，教育会成为父母和教育政策制定者的一个雷区，尤其是教育中还有那么多选择、那么多相左的观念。在"如何择校"和"教育的关键"两个观念上，父母被几个因素引导着，其中就有他们的社会经济条件、他们的野心以及他们对学习发生方式的见解。父母会相应地做出不同的选择：孩子该去哪上学？孩子的受教育方式会不会让他们满意？但是其中缺失了一个声音，那就是孩子自己的意见。令人难以置信的是，在教育研究中，孩子自己的态度竟没有得到充分的重视。他们喜欢去什么样的学校？他们看重学校的哪些品质？即使偶有讨论，他们的意见也很少被付诸实践。现在明明白白的一点是，父母和孩子都希望学校能提供安全和幸福感，但是父母还想要学校提供学业成功、社会流动性以及远在未来的成就。他们希望学校既能帮孩子立刻社会化，又让孩子为将来做好准备。对于孩子、父母和教师而言，这其中有个微妙的平衡。

第七章
CHAPTER 7

父母和专业人士该如何培养孩子的韧性和自主性?

本章关注的是孩子身上的自主性（autonomy）和韧性（resilience），看看这些概念到底意味着什么，又是如何发展起来的。近些年来，尤其是在西方世界，韧性已经成为家长、校方和政策制定者关注的核心之一，而且几乎能为解决如今许多青年人都面临的心理健康问题提供一条路径。近期的数据已经表明，儿童面临的心理健康问题正以令人警惕的速率发展着（或者以这种速率被确诊着）。慈善团体"年轻头脑"（YoungMinds）[1]报告称，在英国5～16岁的儿童群体中，有十分之一的孩子都患有心理健康障碍，而10岁以下的孩子中有8000人正饱受抑郁情绪的煎熬。越来越多的研究认为，孩子童年时期能不能解决日常生活中的挑战，可以作为一个预测未来压力相关疾病（比如抑郁症和药物成瘾）的指标。[2]让孩子脆弱的因素有很多，例如父母糟糕的教养、贫穷、霸凌，甚至包括他们自己的人格以及对问题的应对方式；但即使在同样的环境下，每个孩子的应对方式都不一样，有些孩子甚至可以在极其不利的生存条件下,依旧克服困难险阻。但很遗憾的是,我们依然没有关于韧性的标准定义。虽然有人尝试对其进行定量,但大多数研究看起来还是定性的——有一组研究者就认为,"美的标准存在于观者眼中,韧性的标准也是如此"。[3] 当然,韧性一般被定义为"在压力下的积极发展或成长[的能力]"[4]。换言之,韧性关注的是孩子在逆境中积极面对、积极解决的方式。

发展坚韧的品行,比如能够忍耐并适应充满压力的生活方式,无疑是重要的生活技能,而且与孩子的自信、自主性、情商发展以及社交能力也不无关联。然而,孩子应对压力环境的方式千差万别,而且多年以来无数的家长也都在问,为什么有的孩子就更能在挑战面前爬起来,看起来也没那么容易变得焦虑呢?甚至是同一个家庭培养出来的孩子,在面对和解决压力事件的时候,他们的表现可能也有天壤之别。虽然我们大概可以有个共识,就是支持孩子的心理和情绪发展确实很重要,但是父母养孩子的时候具体该怎么做呢?教育从业者又该如何做呢?人们在这两点上可能就无法达成一致了。

父母该如何培养孩子的自主性?

英国儿科医师兼精神科医师唐纳德·温尼科特(Donald Winnicott)在广泛深入的研究中,调查了初为人母的女性及其母婴依恋关系，他强调了重要的一点：要建立起能够适应孩子需求的应答关系。温尼科特最出名的，大概是他创造了"足够好的母亲"（"good enough" mother）[5]这个术语。虽然他发现了早期亲子关系对儿童未来发展的重要性和作用，但"足够好"这个概念往往被人误读。

这个说法通常被解释为，母亲不可能完美无暇（这当然不可能了），她们没办法时刻满足孩子的所有需求——所以"足够好"就可以了。但事实上，温尼科特不留余力地要说明的是，母亲要有适应力，以此来适应孩子的需求（而且温尼科特也表示，照顾孩子不一定非要是母亲，其实任何人都可以）。他关注的两个因素是，一是孩子早期对照料者具有依赖，二是孩子对自身独立性和情绪管控的需求会日渐强烈，好让自己能够应对未来的人生。在早期的依赖阶段过去之后，具备适应性的母亲可以逐步教会孩子独立。母亲循序渐进地增加她暂时离开婴儿的时间，孩子就会学着适应这种距离，发展出一种健康的独立性。有人认为，只要时机成熟，就让孩子在自己的房间里自己睡觉，这样他们就能学会独立了；但维尼科特建议要一步一步地让孩子学会安抚自己。他认为，这样一个过程可以辅以抱（holding）、哄（handling）和给物件（object presenting）这三个手段；比如说，母亲可以用不同的方式来抱孩子和哄孩子，摇一摇，摸一摸，逗一逗，让孩子感到舒服、安全又好玩。她们也可以给孩子些东西，比如自己的乳房、可爱的玩具或者小毯子：这些东西既能安抚他们，又能给他们刺激，让他们玩起来。温尼科特认为，足够好的母亲能够周全地完成这个任务，让自己与孩子逐渐疏离，而不是让孩子突然就被吓着，好像被抛弃了，一下子就和照料者分开了。相比突然的状态切换，这种放手是以细分的、可接受的步骤来实现的。在温尼科特看来，孩子的最初几年对于教会他们自律来说至关重要，而这要通过周全的、适应性的教养方式来实现，也可以为孩子将来的独立做好准备。

温尼科特的研究中隐含的最有力的一条信息可能是，父母通过不同的教养方式会给孩子传递出截然不同的信息。亲子互动可不只是说说话而已（而且太小的孩子也还不能听懂语言呢），它还涉及交流互动的语气、手势和肢体接触，以及家长不想传递的信息偏偏被传递出去的概率有多大。敏感的父母会感觉到，抱一抱、哄一哄、摸一摸对孩子的发展至关重要（或者只是将这些作为母爱父爱的一种延伸），他们可能立刻对孩子的哭闹做出反应。因此他们也可能投入更多的时间来抱抱孩子，查看他们的状况，把他们带在身边。尽管在这件事情上，爱与感情很重要，但是其中还会传递出别的信息。过度保护孩子的家长可能一不小心就发出了这样一个信息：孩子需要从父母给予关爱和呵护，安抚他们的情绪，帮助他们管理情绪和心境，而孩子自己是做不来这件事的。那么对于这些孩子来说，这种信息有什么长期的影响呢？毕竟，他们以后总得学着自己管理自己的情绪。而另一方面，有的家长会把他们自己作为父母的"自我感"和孩子日渐增长的独立性看得同等重要：虽然他们也会时常抱抱孩子，但是会用一些独处时间来平衡。通过这种方式，父母告诉自己的孩子，他们可以靠自己来调节情绪，不用一直需要爸爸妈妈。

现在越来越多的研究开始把这种自我调节和自我情绪管理的能力，同孩子在童年晚期、青春期乃至成年后的积极发展结果联系起来。最初斯坦福大学的沃尔特·米舍尔（Walter Mischel）及其同事在20世纪60年代和70年代开展了一项研究，通过大量的实验他们发现，会让孩子们的未来发展产生巨大差异的，往往是他们小时候发展出的行为品质和特性。

米舍尔[6]和同事们的成果特别指出，孩子的自我管理能力，源于他们使用"冷处理技巧"的能力（比如保持平静、转移注意力），而不是使用"热处理技巧"的能力（这些往往是冲动的、情绪化的、爆发性的方式，比如在困难面前情绪失控或者大发脾气）。在使用"热处理技巧"的时候，孩子首要关注的是得到自己想要的东西，是立刻得到满足，然后就会开始行动，失去耐心；如果冲动之后依旧没有得到满足，他们可能还会发脾气。相反，使用"冷处理技巧"的孩子展现出的，是对自身行为的管控能力，所以很少会有情绪的爆发；他们常常会用转移注意力的方式让自己看起来很平静——

至少，相对平静吧。米舍尔和同事们感兴趣的是，孩子是如何抵制诱惑并保持平静的？所以他们设计了一系列实验来考察，这就是棉花糖实验（marshmallow test）。他们向4岁大的幼儿园孩子展示了一块棉花糖，然后给孩子们两个选择：他们可以随时摇响铃铛，叫实验者回来，然后他们就可以把棉花糖吃掉了；或者，他们可以等实验者15分钟左右，实验者回来后他们可以吃到两块棉花糖。很多孩子根本等不了，他们把实验者叫回来，直接就把棉花糖吃了；但另一些孩子可以延迟自己的满足感（延迟满足是抗拒诱惑、推迟奖励的能力），因而被奖励了两块棉花糖。在接下来的实验中，米舍尔和同事们还发现，如果使用特定的转移注意力的技巧，一些孩子可以把满足感推迟得更久——比如闭上眼睛，或者唱唱歌——而这些就是米舍尔所说的"冷技巧"。这些能多等一会儿的孩子，在青春期和成年后又接受测试，结果表明他们有更好的学业成绩和社交能力，在自我价值和自信评定中的得分也更高一些。另外在他们父母的评价中，他们也被认为是更能处理压力的，能够运用理性，同时喜欢提前做计划。数据还表明，在成年阶段，这些孩子也不太会有药物成瘾问题或者其他成瘾性行为，不太可能离婚，也不太可能超重。

心理学家安妮塔·塞提（Anita Sethi）[7]发现，如果18个月大的婴儿与他们的主要照料者分开了——人们通常认为，这种经历对很多小孩子来说，是一种潜在的焦虑和痛苦感的诱因——而这时他们的注意力被转移了，或者自己使用了转移注意力的技巧，他们就不会展现出那么多的焦虑行为。蒙特利尔大学2010年开展的一项研究发现，如果婴儿（大概12~15个月大）的母亲鼓励孩子的自主行为，比如鼓励孩子不用抱抱就能睡着，那么在一系列测定注意力控制的实验中（方式和棉花糖实验中的大同小异），这些孩子的得分往往更高。塞提指出，接纳孩子选择权、自主性和独立性的父母，其实是在为孩子建立自我管理的模式。无独有偶，斯坦福大学的心理学家卡罗尔·德韦克（Carol Dweck）[8]也花了很多年研究选择、信念与自我控制的作用。她的研究认为，特定的"思维模式"（mindsets），或者说婴儿形成的对自己及身边人的理解，可以作为预测一个人童年成长甚至将来成年后发展轨迹的有力指标。孩子若能学着更加独立自主，相信自己可以独立学习技能并独立调控自己情绪，会在未来发展出更好的问题解决能力和人际能力，而这些都是关键的生活技能。

为什么有的孩子就能保持平静，控制情绪，而别的孩子就很难做到呢？这时，我们就要回到神经科学和大脑可塑性的问题上了。在米舍尔及其同事看来，虽然自我管理的各个层面反映出的都是基本的基因组合问题，但是当前的研究表明，在童年到青春期甚至成年期的各个不同阶段，这些行为也是可以被矫正、被发展、被习得的。现在看起来，自我管理和情绪调控是一种家长可以用不同方式来促进和培养的技能和行为。适应和关注孩子的需求，可能是很关键的第一步，但同样重要的还有对时机的把握，在恰当时间减少对孩子的控制，让他们有更多的机会来发展自主性和独立性。《从混乱的世界里救救孩子》(*Saving Our Children from Our Chaotic World*)[9]的作者玛姬·登特（Maggie Dent）认为，所有的父母都能够也都应该强化孩子自主性和韧性。她写到，很多父母觉得微不足道的小事（比如大量琐事面前手忙脚乱），其实都是大问题，因为这些事情至关重要，它们会削弱或强化孩子对压力的韧性。登特也谈了现代社会发展中，"忙碌的孩子（hurried child）"和"被过度安排的孩子（over-scheduled child）"的问题。她认为，在过去十年中教养已然成了一种竞赛，而这对孩子造成的隐藏压力，会导致很多其他的问题，在情绪上、社交上、心智上和认知上都对孩子造成影响。登特在和温尼科特一样强调父母对孩子的敏感性的同时，也谈及了自由玩耍、冒险活动和童年独立性的重要性。对那些能够在大自然中自由玩耍、父母/照料者有节制地进行干预和监护的孩子，他们在思维中可能发展出更强的"探索"或追寻行为，这对他们成年以后的生活是大有裨益的。登特呼吁父母要尊重孩子对经历失望、挑战、失败和压力的需求，而不要一味地保护孩子，让他们不受残酷现实世界的伤害；孩子需要发展出健全的人际和人格能力，这样他们才能够融入社会。

为什么有些孩子看起来更有韧性？

从孩子逐渐不再依赖父母开始，到同胞之间的竞争，再到开始上幼儿园，结交新的朋友，见识不同的人际环境，童年自始至终都潜藏着令人焦虑的大事件。每个孩子都有自己的体验，也会有各式各样的方法来解读和应对这些事件。为什么有的孩子看起来能更好地承受压力？为什么他们好像做了更充分的准备？关于这个话题的讨论已经有一些了。"韧性"这个术语，是最近才进入人们视野的，而像"应对方式"（coping）和"毅力"（grit）[10]这样的词，则一直被用来形容孩子在压力环境下的行为方式。心理学家、社会学家和精神病医师都会使用专门的手段，来测验韧性对孩子经历的某些影响，而关于韧性的始源和发展，他们也已提出了（也将继续提出）一系列问题：孩子会因为家庭和环境的因素而面临韧性的危机吗？还是说坚韧是一种与生俱来的生活态度和方式呢？

早期关于韧性的大量研究都是历时研究，要花费许多年来开展，往往从童年就开始，横跨青春期，直至成年之后。这类实验的首要目标就是要看一看，儿童早年的生活环境和经历，会在何种程度上与未来的行为方式相关联。很多研究愿意聚焦在那些所谓"有风险"的孩子身上；最主要的就是，在面临困境（比如战争或自然灾害）的家庭中成长的孩子，[11]

或者是面临经济困难、父母分居或人际不和谐的家庭中的孩子。[12]

埃米·沃纳（Emmy Werner）和鲁斯·史密斯（Ruth Smith）的历时研究跟踪了698名夏威夷考艾岛（Kauai）上的婴儿，其中很多都是亚裔；这篇文章发表于1982年，而他们的实验则开始于1955年。这是同类研究中最出名的一篇。[13]研究中涉及的所有婴儿都被认定为成长在高危环境中，比如家庭深陷贫困，父母中有一人被确诊患有心理障碍，或者身边人的药物滥用和酗酒问题严重。研究者首先评估了每位母亲的生育史，然后从受孕开始直到分娩，研究者每三个月就会评估一次孕妇的身体和情绪状况。在各种手段的帮助下（其中包括观察法、发展性评价以及访谈等），这项研究继续评估了分娩前后短期内的压力效应（effect of stress），并进而评估了在从婴儿期到青春期的跨度内，子女照料环境的质量对孩子身体、智力和社交发展的影响。这项研究发现，尽管参与实验的婴儿中，有三分之二在青春期产生了社交上和行为上的问题——包括攻击性行为和反社会行为——但剩下三分之一的孩子，在18岁的时候都成了充满自信的青年人，在32岁的时候成了"温柔又高效"的成年人，他们"工作愉快，会玩懂爱，心怀期待"[14]。因此这项研究认为，哪怕有生活中的困苦和高压的家庭氛围，很多孩子还是有能力克服困难，发展出坚韧品格的。沃纳和史密斯的研究发现了"风险性"因素和潜在的"保护性"因素,并认为,风险性因素(比如身体羸弱和贫穷)可以被保护性因素(比如家人间互相的关心和支持,以及孩子自己的性情、人格和人生观)中和调节。

心理学家安妮塔·德朗基斯(Anita Delongis)和苏珊·霍尔茨曼(Susan Holtzman)认为,在塑造孩子应对并解决日常压力的方式上,人格(personality)扮演着至关重要的角色。[15]孩子往往被描述成要么悲观,要么乐观;有的孩子看见的是"杯子装满一半",有的看见"杯子空了一半"。洛伊丝·巴克利·墨菲(Lois Barclay Murphy)是一位专注研究儿童个性发展的心理学家,她所关注的是儿童会如何解决(或解决不了)压力性社交环境。20世纪70年代开始,有心理学家系统地研究儿童的应对性技能和适应不同挑战的能力,而洛伊丝就是其中之一。通过对儿童的广泛观察,洛伊丝和她的同事艾丽丝·莫里亚蒂(Alice Moriarty)提出,很大程度上,孩子的应对能力来自他们过往的经历,特别是之前解决(或者没解决)压力事件时的成功与失败经历(比如说,他们上幼儿园或者托儿所的时候,要学会每天与父母或照料者分离),但同时也与他们人格中的特征有关,尤其是在面对新环境时,有些孩子具有无忧无惧的开放性(openness)。[16]她们认为,"无论孩子手头有什么法宝",检验儿童处事方式的唯一途径中,首先就是"更好地理解压力效应对孩子的作用"[17]。与之类似,许多当代的心理学家也开始关注个性的五个基本维度,也即人格的五大特征:外向性(extraversion)、宜人性(agreeableness)、严谨性(conscientiousness)、神经质(neuroticism),以及理解韧性时一定要考虑的对体验的开放性。[18]研究表明,外向性和严谨性特征,往往是和问题导向的解决能力相关的——孩子更多展现的是解决复杂处境和日常压力的能力。相反,神经质这样的特征,往往是和脱离性的解决方式相关的——孩子会展现出对日常压力的逃避,或者对压力表现出强烈的情绪反应。[19]

然而,研究行为特征和儿童的人格总是困难重重的(研究成人的也一样)。不仅从文化和环境中提取并理解这些特征就很困难,而且许多研究了人格与坚韧品行关系的研究认为,韧性是由多种人格特征共同影响的。此外,在不同的群体和文化语境下,对人格特征的认定、研究和解读也是不同的。[20]我们很难直截了当地说,哪些是风险因素,哪些是保护性因素——这些总是要看语境的,不同的人在不同的语境中也会扮演不同的角色。对一些孩子来说,成年人是有帮扶作用的,可以强化他们的韧性,但同时也会削弱其他的一些品质;而同龄人关系和同胞关系,虽然会在孩子的社交、情绪和文化环境中扮演重要的角色,其性质却是模棱两可的。一个支持理解自己的朋友,有助于缓解家庭中遇到的困难;可如果朋友冷漠甚至欺负人,则会适得其反。所以不能只把韧性看作一个框框,让风险性因素和保护性因素都在里面角逐竞争:

我们不能说，如果孩子面对的保护性因素多于风险性因素，那他们就自动变成了有韧性的孩子。就像维克多利亚·库珀（Victoria Cooper）和安迪·里克森（Andy Rixon）说的，韧性不是静态的，有很多积极因素和消极因素可以增强或削弱它：我们可以称之为"不利"因素和"防护"因素。[21] 举例来说，优秀的身体素质和富足的物质生活可能深刻地、积极地影响着孩子，但他们的韧性依旧会被糟糕的家庭人际关系所削弱；同理，家庭关系可能对孩子产生有利的影响，但贫困的生活环境依旧可能损害孩子的身体健康。使用这种框架性的韧性概念还有很多其他的问题。虽然这个框架能帮助理解孩子对困境的反应，但是不谈更广阔的社会环境，只说要鼓励和提升孩子的韧性，这是毫无意义的。哪怕最坚韧的孩子，也会因贫穷、战争和自然灾害而手足无措；哪怕最乐观、最充满希望的孩子，也会被父母针锋相对的离婚官司影响。韧性不是灵丹妙药，研究者依旧试图从结果出发，破解其成因。

虽然很多人依旧认为，孩子多少还是天生就能适应并解决压力事件的，但近来对人格与韧性关系的研究，其重心已经发生转移，纳入了对儿童韧性发展的生理、神经及其基因基础的分析。现有研究已经发现了，特定的脑区是如何响应特定的压力体验的。神经科学家正试图解释，是什么样的深层神经生物学机制在影响儿童的韧性发展，为什么在遭遇高强度的应激反应时，儿童的生理表现会如此脆弱。[22]

儿童对压力的生理反应包括心率的变化、呼吸的变化、压力荷尔蒙释放的变化,以及控制应对措施的分子通道的变化。这些机制的面纱正在逐渐被揭开。斯坦福大学的一项研究[23]考察了糖皮质激素(glucocorticoid)的作用,并发现此种激素会在急性应激事件中提供生理反馈;研究也考察了神经肽Y(neuropeptide Y, NPY)和5-脱氢表雄酮(5-dehydroepiandrosterone, 5-DHEA)的作用:研究者认为,它们可以限制交感神经系统活跃程度,并保护大脑不受皮质醇浓度上升的伤害,从而缓解机体的应激反应。[24]美国杜克大学的达斯廷·阿尔伯特(Dustin Albert)和同事们最近在孩子中发现了一种特殊的基因变体。这一变体似乎对儿童所处的环境极为敏感,并且极易受到压力的破坏。这种变体的标记基因是糖皮质醇受体基因NR3C1的一部分,而这段基因影响着皮质醇与受体结合的活动,从而直接影响着应激反应与适应能力的形成。这项研究表明,孩子对环境的敏感程度,或多或少是和特定基因组的差异相关的。阿尔伯特和同事们关注了"高风险"的孩子——也就是确认携带NR3C1基因的孩子——并发现,他们有75%的概率更容易发展出行为障碍,包括药物滥用、攻击性行为,在没有帮助和干预的情况下,其青年阶段容易发展出反社会人格。这种研究虽然有助于发现潜在的风险儿童,从而在必要的时候施以援手,但阿尔伯特自己也说,这些发现还都非常粗浅,而且时至今日,研究中的儿童和青年的样本量也还太少。所以在下结论之前，还有更多的大样本研究要做。

尽管不断涌现的研究都表明，儿童的应激反应类型具有神经学基础，但神经科学家正想极力证明的，是过往经历和环境影响的重要性。英属哥伦比亚大学的发展心理学家布鲁斯·埃利斯（Bruce Ellis）和育儿发展儿科医师托马斯·博伊斯（Thomas Boyce）一直都在研究，基因组是如何影响儿童行为的，尤其是如何影响他们在压力环境下的应对方式的。埃利斯和博伊斯认为，在很大程度上，基因已经预设了孩子在童年时期对压力的敏感度。他们的研究发现了一些与人脑化学物质受体相关的基因，若这些基因与家庭压力因素相结合，则很容易导致未来的社交问题和情绪问题。埃利斯和博伊斯于2005年发表了一篇极具影响力的文章，题为"人对环境的生物性敏感度"。他们在文章中用两个瑞典语的比喻来形容儿童的脆弱性："蒲公英般的孩子"（*amaskrosbarn*）与"兰花般的孩子"（*orkidebarn*）。[25] 为了更好地解释清楚这两个比喻，我们有必要简单了解一些植物学，研究一些这两种植物。蒲公英（*Turaxacum officinale*）是一种顽强的植物，可以在任何一种环境中繁衍生息，从一直湿冷阴暗的角落到干燥曝晒的地方，它都能生存下来。它不在意土壤的酸碱性，叶子和根茎可以无视面临的伤害；在任何地方它都可以存活，然后发芽、生长、开花，结出大量的果实。相比之下，兰花实在是种精致的花——它们更敏感，更挑剔。它的种子只有落到了适当的地方，有了适当的条件，才能够发芽。受一点伤害，整棵植物都会死去。然而如果所有条件都能满足，兰花最后可能会开出繁复、美丽、持久且芳香的花来。埃利斯和博伊斯把这个意象放到孩子的身上，把他们分成了两类："蒲公英般的孩子"往往很有承受力，在一些情况下，哪怕家庭氛围和周身环境很不利，他们依旧可以茁壮成长；"兰花般的孩子"往往对环境非常敏感，更容易在压力面前表现出焦虑的应对方式。这里关键的一点是，单凭内部的特征是不能决定一个孩子的韧性的，要看到环境与孩子个性的互动。

其他学者也看到了环境因素与韧性的关系。精神病学专家玛丽琳·埃塞克斯（Marilyne Essex）、马乔里·克莱因（Marjorie Klein）、楚恩硕（Eunsuk Cho）和内德·卡林（Ned Kalin）考察了压力环境是如何导致"应激反应失调"的，[26]失调者的反应不是太大就是太小。孩子韧性水平的差异，可以用他们对压力的敏感化（sensitize）过程来解释。如果孩子的父母对他们漠不关心，那他们就更有可能发展出面对压力时的过激生理反应。这一领域的研究认为，婴儿早期经历的恐惧和焦虑会加剧孩子的敏感性，进而强化了他们在日后的危机情境下的应激反应。[27]尽管在危险和威胁面前，这种过度的生理反应会具有一定的保护性，但研究者已确定这种过度反应会增加未来遭受抑郁情绪和焦虑情绪困扰的概率。这项研究推断，早期接触到压力环境可能会影响儿童的中枢神经系统，从而对未来的发育造成负面影响。

包括斯坦福大学教育学院的叶莲娜·奥布拉多维奇（Jelena Obradovic）及其同事的研究在内的许多研究都认为，表现出过激的生理反应或行为反应的孩子，其实对积极环境和消极环境都更为敏感。在针对一组幼儿园孩子的研究中，奥布拉多维奇和同事们发现，对于家庭环境恶劣（比如婚姻冲突、母亲抑郁、家教严苛以及财务压力等等）的孩子来说，较高的生理反应程度会加剧他们面临压力的风险。相反，在家庭氛围相对缓和的条件下，较高的生理反应程度会促进孩子的适应性行为，例如在校表现得更好，以及更多的亲社会行为。神经科学认为，人脑会被经验重塑，神经通路是可以改变的，而且是在动态调整的；因此，改变大脑结构、发展应对策略和变得更有韧性都是有可能的。要学会适应和解决压力，就要动态地调整控制应激反应的脑回路的可塑性（关于大脑可塑性的讨论可见第二章）。西奈山医学院的精神病学专家法提赫·厄兹巴伊（Fatih Ozbay）和同事们研究了人类社会纽带的神经生物学原理。虽然维系心理健康的大量神经化学递质的功用尚未可知，但基础性的研究认为，催产素可以促进人际纽带的形成，而且可能还会减少人自身的心理应激源。临床心理学教授乔治·博南诺（George Bonanno）[28]就这个话题写过很多文章，他认为，就像孩子有先天的生理免疫系统，可以承受病痛并且痊愈一样：通过自然选择，儿童也发展出了一套先天的心理免疫系统，让他们能够适应困难重重的人生百态。

孩子能不能，又该不该学着更有韧性呢？

如果我们都有一套基本的机制来承受压力，适应充满挑战的环境，那为什么孩子们的反应依旧如此不同呢？儿童心理应激反应中的个体差异十分复杂，而且当前的研究表明，这些行为可能是由大量的神经过程和早期经验共同塑造的。心理学家苏妮亚·卢萨（Suniya Luthar）观察到，近来的研究更多地将韧性看作一个过程，而不是一种特质或者一类行为，这些研究还认为，个体的适应结果，其实源自早年间在家庭和社区中发生互动和学习的过程。[29]

大多数研究韧性的学者都不会说，韧性是解决一切问题的灵丹妙药：韧性是一个非常复杂的概念，而且有几句提醒是必须要了解的。有些情景确实会让人束手无策，孩子根本没法解决，而这些时候坚韧其实也没什么用处。而韧性的概念，在不同时间、不同语境中也会发生变化。一个小宝宝可以很坚韧，一定要让自己的要求得到满足；但要是一个青春期的孩子这样做，恐怕就不是坚韧的问题了。除此之外，孩子可能在一个环境中很坚韧，但是换了一个环境就不行了——他们可能在学校成绩不错，但与此同时身陷抑郁或厌食症的困扰，又或者他们在家里很开心，但是去了别的地方就很痛苦。还有可能，看起来像是坚韧的和积极应对的行为，其实根本就不是。社会工作者布利基德·丹尼尔（Brigid Daniel）和同事们就注意到，"有的年轻人看起来很坚韧，其实是把自己的症状内化并隐藏了起来"，他们可能短期内看起来是解决了问题，但其实他们承受的痛苦远比这个多。[30]

值得注意的是，未必所有形式的风险和逆境都会伤害到孩子。人生中必然会遇到一些困难和压力，而学会解决这些问题，本身就是一种成长。有一种说法是，那些小时候总没受过苦的孩子，长大之后是要吃亏的。因为他们根本没有发展出应对问题的机制，遇到无从下手的问题时，可能就会有不恰当的反应。[31] 除此之外还有些心理学家认为，压力也不是一直有害的；压力可以有，甚至是有益的。有些童年经历（比如初次进入幼儿园或者有了新的兄弟姐妹），只有了必要的指导，就会成为正向的学习经历。另有一些研究印证了博南诺的"心理免疫系统"学说：让孩子接触一些自己能够解决的轻度压力事件，就可以给他们"打卜疫苗"，从而应对日后的压力环境。巴斯克大学（University of the Basque Country）的心理学家伊格纳西亚·阿鲁亚巴雷纳（Ignacia Arruabarrena）将压力事件分为了三类。第一类是有益压力（beneficial stress），比如之前提到的，开始去上幼儿园；第二类是可承受压力（tolerable stress），即痛苦但短暂的压力，比如家人离世和父母离异。第二类虽然对孩子威胁性极高，但只要有大人的关心和帮助，孩子都可以适应并解决好这种压力，不会有什么长期的影响，也不会干扰到其他的发展。第三类是有害压力（toxic stress）：这种压力来自于"孩子长期反复经历着不可控且/或从未经历过的逆境，同时还得不到成年人的帮助"[32]。关于儿童韧性的研究提醒我们，虽然在逆境中成长会导致灾难性的发展结果，但不是每个孩子接触到巨大压力时，其发展结果都会受到损害。哪怕身处逆境，饱经压力，有的孩子依旧可以发展出优异的生存能力；逆境对孩子的影响，并不总如我们想象的那样消极。比如说在战争年月，儿童经历的创伤总是比预计的要少得多。人类生态学家詹姆斯·加格里诺（James Garbarino）也表示："一方面，我们会有常识性的假设，孩子接触到危险之后，他们的身心发展必然受阻；战争对任何人都没有好处，对孩子是更没好处。但另一方面，我们又有事实表明，孩子可以从危险中幸免，甚至可以克服此中挑战，进而强化自身的发展"。[33]罗伯特·科利斯（Robert Coles）是最早研究韧性的学者之一，他认为社会危机甚至可以刺激儿童道德感的发展——危机会增强儿童对苦难的同理心，激发他们的无私情怀，并强化他们要为暴力受害者尽一份力的意愿。[34]

如果要跳出人格特征对儿童压力应对的预测，转而研究儿童学习并适应环境的过程，那英国精神病学专家迈克尔·鲁特爵士的先驱之作[35]就是极为重要的一部文献。鲁特开展了大量研究，考察了从早年到童年再到成年的过程中，孩子究竟是如何应对生活中的压力事件的。[36]他认为，坚韧是可以学会的：我们要鼓励孩子积极地评价自己，认识到自己具有处理压力的能力，鼓励他们自己调节自己的行为（比如学会镇静下来，抚平心态）。[37]压力就是日常生活的一部分；虽然聚焦"风险"的研究发现，充满压力的生活环境会影响孩子未来的发展，但对人际关系本质的考察，尤其是对亲子关系本质的研究，已经对这些现象做出了完善的解读。

孩子在很小的时候要学会和父母分离，这是他们每天都要经历的压力事件，而且很多实验都会模拟这个过程，从而探究儿童对压力情景的应对方式和适应力。沿袭鲍尔比的亲子关系研究（第一章介绍过），加拿大的发展心理学家玛丽·安斯沃斯（Mary Ainsworth）进一步提出了"陌生情境"（strange situation），以此观察儿童——仅限两岁以下的儿童——在引发焦虑的情境中，将如何面对和应对。

"陌生情境"由一系列事件组成（每个事件持续大概 3 分钟），事件全部都发生在陌生的环境中。在每个事件中，孩子都会经历一个压力事件，比如孩子和父母会遇到一个陌生人，然后孩子被家长扔下，完全陌生人独处，最后家长又回来和孩子重聚。在每个事件中，研究者都可以观察到父母或照料者与孩子的互动,以及孩子和陌生人的互动。基于她的观察,安斯沃斯和同事们一起发现了多种亲子依恋关系,即安全型(secure)、回避型(insecure)和反抗型(absent)[38]。她认为,这些类型对儿童早期的情绪发展至关重要。采取"陌生情境"的研究表明,当父母在场的时候,生成了安全型依恋的孩子会自由地探索环境。这些孩子会把父母当成一个"安全基地",逐渐向外围探索。当父母在场的时候,他们会主动和陌生人接触,而父母离开时他们会变得很焦躁,但父母回来之后又会变得非常开心。反之,产生了回避型依恋的孩子会忽视父母的存在,父母离开和返回的时候,这些孩子几乎都不会展现出情绪波动。不论谁在自己身边,这些孩子都不会探索很远。安斯沃斯认为,这些回避型的孩子看起来对身边人漠不关心,其实是在掩盖内心的痛苦和焦虑。此外她还认为,表现出反抗型依恋的孩子,可能在父母离开前就已经感到痛苦了,而且父母一回来他们就异常粘人,但是怎么哄都哄不好。据观察来看,她认为亲子之间的安全型依恋或反抗型依恋,反映出的是早期亲子关系的质量,尤其是父母对孩子需求的敏感度。尽管其亲子关系研究和"陌生情境"方法的诸多方面都饱受批评,[39]但这份研究成果至今依旧十分重要。如今,研究者已不再将注意力放在父母的敏感度上了,不会再将其视为预判儿童压力适应性的指标。现在人们认为,孩子的性格和父母/照料者的敏感度都很重要。

英国精神病学专家杰里·霍姆斯（Jerry Holmes）研究了童年建立安全型依恋与后续行为发展的关系[40]，他认为如果孩子能一直享受父母的关怀以及随之而来的安定感，他们就有能力在未来发展出值得信任的人际关系。可要是这种关怀断档了，孩子失去了安全型的依恋，因而也没法体会良好依恋状态下的亲子安定感——这就意味着他们没有"安全基地"可去了，也许就会被这种没解决的依恋问题一直拖累着。这样的孩子几乎是孤立无援的，没人会帮助他解决任何威胁，他在人际关系上的问题也得不到任何缓解。美国心理分析学教授皮特·福纳吉（Peter Fonagy）[41]甚至提出，儿童的早期依恋经历其实可能会影响他们自己为人父母的样子，塑造他们与自己孩子的依恋关系，而这也为第二章中的代际研究提供了一些佐证。

在一项考察教养方式的研究中，哈米德雷扎·扎克利亚（Hamidreza Zakeria）、巴赫拉姆·乔卡拉（Bahram Jowkara）和玛利亚姆·拉兹姆卓伊博（Maryam Razmjoeeb）[42]发现了教养方式与儿童坚韧品格的联系。研究中他们区别了三种教养类型：*接受-参与型*（acceptance involvement）、*心理自主-给予型*（psychological autonomy-granting）以及*严格行为监控型*（behavioral strictness supervision）。接受-参与型突出的是父母对孩子的回应程度。这种父母会和孩子约法三章，但他们往往对孩子的需求非常敏感，充满热情。心理自主-给予型体现的是父母对孩子自己的观点的接纳,他们会以民主商议的方式给孩子立规矩;而严格行为监控型的父母则会管控、监督孩子的态度和言行。温暖、体贴、鼓励式的教养方式与坚韧品格的发展息息相关。很多心理学家甚至将其单独视为一种可以让孩子克服压力与逆境的保护性因素。

已有一项历时研究考察过了严格行为监控型教养风格对儿童日后发展的潜在影响(第四章有介绍),[43]研究追踪了一组20世纪40年代出生的孩子,从童年一直持续到他们的成年时期(20世纪90年代)。该研究检测了参与者在英国医学研究理事会的国家卫生与发展调查机构的幸福感调查结果。[44]研究者发现,从十几岁到成年阶段,那些童年隐私被父母侵犯过的孩子,其快乐程度和总体的幸福感得分往往都比较低。相反,那些父母温柔体贴、对自己的需求积极响应的孩子,长大成人之后一般会更加幸福。[45]

然而重要的可不只是亲子关系。鲁特注意到,儿童会从身边接触到的很多人身上学习大量的适应性技能;从兄弟姐妹到同龄人,再到其他家庭的成员,他们都会成为学习的对象。当父母缺失的时候(比如鲁特在罗马尼亚的那些孤儿),小孩子就会和其他人形成情绪纽带,而这些新建立的关系对他们当时的发展十分重要。第四章中也介绍朱迪斯·里奇·哈里斯的发现,这项研究突出了家庭和社区因素对儿童行为方式塑造的影响。[46]

虽然现有研究结果表明，韧性的诸多方面都具有神经学的基础，让孩子在压力和焦虑面前，要么坚韧，要么脆弱，但除此之外，这些神经生理过程还有哪些意义呢？需要讨论的还太多太多。现有研究可以揭示的是，韧性——无论是作为一种行为，还是一种过程——会随着大量的影响因素出现而发生改变。哪怕早年间历经坎坷，儿童依旧可以适应并学会处理生活中的压力事件。研究表明，早期家庭环境对于习得坚韧品质来说至关重要。儿童会对充满温柔和爱意的环境做出积极的响应，但这种环境不能单靠父母来维持，还有很多关系要考虑：比如兄弟姐妹之间、同龄人之间以及祖孙之间的社交互动。总而言之，韧性这个概念，传递出一条积极的信息：韧性关注的是孩子能做什么，不是不能做什么，它传递出一种希望——苦难中的创伤是可以被治愈的，无论他们的成长环境多么凄苦，总有一些孩子可以应对这些逆境，长大后成为一个快乐、自主、适应力极强的人。

第八章
CHAPTER 8

孩子应该看起来什么样子?

有人告诉我们，这个世界正处于一场肥胖危机之中；5岁以下的孩子中，已有超过410亿人超重或肥胖。[1]美国预计有20%～25%的儿童和青少年超重，而在英国，2016年约三分之一的2～15岁儿童超重或肥胖。[2]意大利、新西兰、日本以及印度都已发现，国家确实有必要干预儿童肥胖症逐年上升的趋势了。[3]就连瑞典这样一个被认为是全世界最健康的国家，也发现了儿童超重和肥胖现象攀升的势头。[4]孩子确实小小年纪就开始发胖了，美国2～5岁儿童的肥胖率已经从1976～1980年的5%，上升至了2008年的10.4%。[5]

这些数据预示着严峻的健康问题：据美国肥胖协会（American Obesity Association）消息，儿科医生在儿童身上发现了越来越多的肥胖相关疾病，比如II型糖尿病、哮喘以及高血压等——这些病曾经只有成年人才会得。幼年时期的肥胖，可能会让这些孩子成年后更可能患上心脏病和抑郁症，甚至导致他们过早死亡。儿童肥胖症和超重问题也会增加孩子面临焦虑、抑郁、自卑、嘲笑以及被霸凌的风险。已有医学证据明确指出，大块头的孩子比身体质量指数较低的孩子面临的健康风险更高。[6]肥胖也会带来高额的经济负担，经估算，英国用于治疗肥胖和糖尿病的支出，比警察、消防和司法支出的总和还要多。[7]

毫无疑问地，儿童肥胖症已经成为公众的一个主要健康关切，而且还有人说，儿童肥胖症是一枚"定时炸弹"，是一种"流行病"，现在孩子的预期寿命比他们的父母还要短，简直是几十年医学发展的退步。[8]但这是个尚有争议的问题，在这一章的讨论中我们就会看到，有社会学家开始质疑专业人士对孩子身体的焦虑，并且注意到，"肥胖危机"其实是在有意地控制和管理特定的儿童群体。虽然他们也承认，肥胖和超重会给孩子带来健康上的风险，但社会学家们也将这个医学问题当作一个社会问题来考察，看看一个健康话题（肥胖）如何被转化为了品德话题（放纵、缺乏自制力），以及对父母有何启示。他们也进一步追问，对肥胖的关注，对特定的苗条身材及其吸引力的提倡，会不会有意料之外的后果？会不会让孩子在小小年纪就开始焦虑自己的外表，焦虑自己的饮食？

孩子为啥这么胖了？

医生和营养学家一直都在说，近些年来成年人和儿童都在发胖,而且某种程度上来说,原因看起来很简单——孩子(以及大人)长肉是因为他们摄入的卡路里比实际消耗的要多。但实际上,真正的原因是多元的,人们提出了各式各样的观点来解释这种体重上升,比如基因遗传性、日常活动愈发趋向静止、快餐唾手可得、餐饮中糖分过高、市场和广告对孩子的恶性影响、菜量变大、孩子不用走着去上学,以及社交媒体会让孩子想待在卧室里,而不是出去玩。

很多证据都可以表明,这些因素会以多种方式影响着儿童的体重,但没有哪个因素是可以孤立看待的。遗传因素至关重要,胖一些的大人更可能会生出重一些的婴儿,不过各种基因的关系及其与个人行为方式和生活习惯的交互作用依旧是交织在一起的。[9] 同时还有环境因素的影响,有研究认为,孩子肥胖的概率与子宫中的营养水平相关。一些历时研究关注了1944～1945年荷兰大饥荒(因纳粹占领和粮食禁运而发生)期间受孕的孩子。研究发现,这些营养不良的母亲的孩子(他们在母亲的子宫中也营养不良)在成年后很有可能肥胖。研究者认为其部分原因在于,在营养不足的情况下,子宫中发育的胚胎会优先囤积脂肪,而后即使食物充足了,这些人依旧保留了优先囤积脂肪的特征,所以就发胖了。现代社会中也有类似的例子,尤其是在俄罗斯、巴西、南非和中国——子宫中的营养不足,遇上了降生后的社会飞速发展,所以超重和肥胖儿童的数量远超预期。[10]

但遗传和环境因素并非唯一的解释,生活方式和家庭行为也需要考察。美国的研究发现,父母的超重和肥胖是预测孩子超重与肥胖风险最重要的指标:父母超重的孩子中有48%将来也会超重,而父母体重正常的孩子中只有13%会超重。但这究竟是基因造成的,还是与父母的生活方式、饮食观念以及进食习惯相关呢?我们依旧没有定论。近来的一些研究尝试去看看多种因素间的互动作用。一份斯坦福大学的一项探索性研究中,研究者跟踪了150名儿童从出生到5岁之间的行为,以及家长在期间的参与,并通过这些数据来预测这些孩子在9.5岁时会不会超重。[11]研究者不仅考察了儿童和父母的体重,同时也关注了他们的饮食观念、进食习惯、儿童的运动情况、孩子的性格和气质,以及父母对孩子体重的看法。尽管父母的体重是预测孩子体重的一个重要指标,但研究发现,父母对孩子的响应会因孩子气质的不同而发生变化;很多父母,包括那些自己体重正常的父母,只要他们觉得食物可以结束孩子的哭闹,或者至少可以减少哭闹的次数,他们就会用食物来安抚自己的孩子。睡眠看起来同样是个重要因素。超重的孩子比正常体重的孩子每晚要少睡30分钟左右。虽然这其中的关系还不是很清楚,但是有人认为,是因为超重的孩子白天运动更少,所以晚上才不用睡那么多。

更广义的环境因素,尤其是餐饮业,对孩子的饮食习惯和体重也有着至关重要的影响。有观点认为,现在菜量越来越大了，其中盐分和糖分也越来越高，父母都被商家、广告和厂家骗了，根本不知道自己的孩子在吃什么东西。比方说，早餐麦片常常被当作一种健康的早餐食品，可以补充维生素和能量，里面还有粗粮，很多孩子在家、在托儿所、在学校早餐食堂都会吃。然而很多麦片其实不仅高糖高脂肪，而且没什么营养。2016年英国政府发起了一项计划，旨在解决儿童肥胖问题。[12] 主要的靶子之一，就是餐饮制造业及其产品中"隐藏"的糖分——尤其是碳酸饮料。英政府将对所有在2019年前不降低碳酸饮料产品含糖度的企业征税，从而迫使许多餐饮生产商降低产品的含糖度，尤其是广受儿童欢迎的产品的含糖度，以期在2020年将儿童的糖分摄入量降低至少20%。此举效仿了墨西哥、丹麦、匈牙利、法国等国的先例，尽管就降低肥胖率而言，这些国家的经验其实有好有坏，丹麦于20世纪30年代对含糖饮料征税，并于2014年撤销了这一法案，因为有批评指出这一方式毫无效果。在墨西哥，即便征税让碳酸饮料消费量有了明显下降，但依旧有声音表示，人们完全可以从别的地方摄入卡路里，而且就算没法摄取，这点下降也是不够抵御肥胖的。[13]

电视节目，尤其是给孩子推销高盐、高糖、高脂肪食品的节目，也已被看作肥胖率上涨的一个原因。2007年，英国媒体监管机构通讯管理局（Ofcom）禁止在针对儿童或主要吸引儿童的电视节目前后及节目中播出食品广告。据称，这一方案可以让9岁以下儿童接触此类广告的概率降低51%。

虽然这个目标没有实现，但此举确实明显地减少了儿童节目中的食品类广告（不过这项禁令不适用于同时定位在成年人和儿童观众的节目，比如说虽然很多孩子也在观看周六晚间的家庭节目，但广告商依旧可以在其中推销不健康的食品）。[14]但就算这样，儿童的肥胖问题依旧没有缓解。有一些研究关注了其他国家中广告与儿童肥胖的关系。他们发现，在禁止向儿童投放广告的国家/地区，比如瑞典、挪威、希腊和加拿大魁北克地区，即使有禁令，儿童肥胖现象依旧在上升。[15]时至今日，绝大多数研究都关注着电视广告的作用，但在如今的社会，很难说电视依旧是儿童接触广告的首要途径。社交媒体、互联网、博客与视频博客（vlog）、同龄人间的传播以及病毒式营销，这些通通都被孩子接收到了，哪怕最小的孩子也会受其影响。相较之下，电视广告容易控制一些，而这些新型媒体才更难管控（详见第五章）。

孩子的食物，从来都不是只要营养和健康这么简单。它在社会和文化上亦有重要的意义，与人们对良好养育的观念捆绑在了一起。从积极的层面来讲，食物体现了家人间的亲密与爱意——一顿营养十足的家常饭，这就是父母养育之情的缩影，尤其也是为人之母的缩影；妈妈穿着围裙给家人做饭，这是个经久不息的形象。食物关系着社会化过程，这顿饭不仅要在家里做，要营养得当，而且要家人坐在家里一起吃，不能有手机、电脑或电视的干扰——吃饭时间应该用来交流、倾听和学习用餐规矩。而让人难过的一个层面是，食物也是社会地位的象征：食物被分为了高级的食物和低级的食物，成人的食物和儿童的食物，好的 / 健康的食物和坏的 / 不健康的食物。食物也跟外表形象紧密相连着——这是近些年来家长开始关心的另一个问题，因为表达对自己的外表不满并想通过控制食物摄入的方式来管理外表的孩子，其年龄越来越小——这个话题我们会稍后讨论。

在这样的背景下，孩子对食物的摄入成了父母与政府开始厮杀的又一处战场：一个更具争议性的解释是，儿童肥胖现象不断上升，应该归罪于糟糕的养育方式，尤其是母亲一方的糟糕表现。《时代周刊》的头条就写到，"产生肥胖一代都要怪无知的父母"[16]。这份报道进而表示，这些父母是有意无视他们的孩子到底有多胖，并援引英国首席医疗官（Chief Medical Officer）萨莉·戴维斯女爵（Dame Sally Davies）的评价，认为父母们已经不知道超重是个什么样子了："我记得在诊所里，父母们觉得，孩子要是显出了肋骨就是不健康……对于我们这代人来说，显出肋骨再正常不过了——我们这个国家怎么就忘记了什么才是健康的呢？"

为儿童肥胖症焦虑有必要吗？

儿童肥胖症是一个成因多样且相互交织的社会问题，对每个孩子来说，肥胖都有各自的缘由。营养学家、医学专家和政府部门的一个共识是，儿童肥胖症是个严峻的问题，需要直接干预。但尽管很多人开始关注孩子的体重，但也存在着反对的声音，尤其是一些社会学家，批评这项反儿童肥胖运动中的遣词造句和煽情造势。他们认为，现在所见的危机以及应对措施，根本就不是其本来面目，而且会掩蔽许多其他的社会焦虑和问题。讨论中的用词无疑是过分夸张了，比如肥胖"定时炸弹"这个说法，或者像美国军医总长所说的，肥胖"比大规模杀伤性武器还要危险"。说肥胖是流行病，这个观点也是有问题的，因为肥胖不具有传染性，所以从定义上来说，它就不能叫流行病。[17]然而，在这些术语背后，这类说法本身引起了实实在在的焦虑，也会有人质疑，孩子是不是真的会把自己活活吃死。毫无疑问，病态的肥胖会导致很多严重的健康问题，但也有人认为，孩子的健康和幸福也因此被简单地用体重和体型来衡量，而全局被忽略了。还有人认为，"超重"和"肥胖"两个词被混为一谈，让问题比实际情况看起来更加严峻。

提供健康又营养的食物，一向被视为好家长的道德准则，但如今，儿童肥胖症正成为定义"坏"家长的标签。导致儿童肥胖症的行为被认定为一种虐童行为，因而在一定情形下需要政府的干预以及对家长的惩戒。一位美国评论家曾说："如果你把孩子喂胖了，这在美国就是最讨喜的一种虐童方式。"[18] 与此呼应的是英国儿童成长基金主席的一番话:"在99%的情况下，肥胖都是可以避免的。让孩子变胖就是一种虐待，因为这可能让孩子先于父母死去。把超重的孩子带离家庭，让他们处于医护人员24小时的看护之下。"[19]

社会学家弗兰克·富里迪早已有驳斥：他认为人们对肥胖问题的关心，不过是对日常生活过度医疗化的一种体现，一些正常的、个人化的焦虑，不管是在饮食、运动还是工作方面，统统被转变为一种医疗问题，进而只能通过政策和教育来"解决"。[20] 不接受这些政策和教育的人会被贴上"无知"的标签，拒不妥协的人更会被视为异类。有人更进一步指出，提出"儿童肥胖症"的本意，根本不是关注孩子的健康，而是要定义并强化社会分化，特别是以阶级或种族为基础的社会分化。而且，即使选"错"食品的影响会以健康表征的形式体现出来，这其实也是一种对穷人和边缘化人群的羞辱。开普敦大学的詹提那·德·弗里斯（Jantina De Vries）也将对肥胖的关切视作一种社会控制，它将筛选区分出没有"正常"或"正确"身材（即社会期许的纤细苗条又健美）的孩子，因为他们在外表上没能迎合中产阶级自律自制的价值观念。在德·弗里斯看来，肥胖既是医疗问题，也是社会问题；诚然一些孩子会因肥胖而患病，但肥胖也确实异化了一部分孩子群体——通常是穷孩子——让他们被污蔑为怪异、贪吃、懒惰、软弱无能又缺乏自控的一群人。[21]

很多涉足肥胖话题的社会学家都提出了种族和阶级问题，并指出儿童肥胖症最高发的群体，往往就是最边缘化的群体。从全球肥胖数据中可得知，肥胖率反映出的是社会结构和种族不平等。相比富人，穷人明显更容易变胖，而少数族裔也比占人口主导的白人更容易发胖。在荷兰，摩洛哥裔和土耳其裔儿童比本土的荷兰裔白人儿童更容易变胖。在美国，拉美裔和非裔儿童更有可能变胖。在英国，则是印度裔和巴基斯坦裔儿童更容易患上糖尿病和肥胖症。有人试着从基因、代谢和其他生理差异来解释这一现象，但德·弗里斯等学者认为，人口肥胖问题的罪魁祸首不仅在于生理问题，同样在于社会和政治问题。德·弗里斯表示，透过肥胖问题，政治精英们已经看到了"不道德行为者与政治经济边缘人的紧密联系吗，穷人和移民都极为可能采取自暴自弃的行为，因而也急需制度规范来拯救他们自身的处境。由此来看，抵御儿童肥胖症的政治诉求，无异于就是抵御穷人和弱势群体的诉求"。[22]

从这个角度来说，儿童肥胖症与其说是公共卫生问题，不如说是一种自身根基不稳的文化、社会和政治概念，只是同时又覆上了一层道德和意识形态观念，最终才披上了公共卫生和科学的外衣。[23] 可以说，中产阶级和政府部门总是很关心穷人的饮食——也关心他们怎么就不听劝——虽然之前一直关心的是孩子体重过低而不是过高。挪威社会学家韦比约克·廷斯达（Vebjørg Tingstad）将儿童肥胖症视作更为广义的社会问题，是"有毒的童年"（Toxic Childhood，见本书第九章）[24]的一部分；而约翰·埃文斯（John Evans）及其同事则认为，为儿童减轻体重是当代"儿童救助"（Child Rescue）运动的一个组成部分，旨在规范各劳动阶级的行为方式，区分"值得救助的"穷人和"不值得救助的"穷人，因此也忽视了关键的社会不平等与结构性的健康不平等问题。[25] 这些不平等意味着，相比享有更高社会经济地位的孩子，穷人的孩子将长期并一直处于极差的健康状态。在英国，意外事故、呼吸系统疾病和传染性疾病导致的儿童死亡事件呈现出鲜明的阶级梯度：比如在2000年，相比来自最高阶级的孩子，来自最底层阶级的孩子在15岁前死亡的概率是前者的两倍。美国也是一样，那里贫富差距最大，人们也常能听说孩子们糟糕至极的健康状况。[26] 社会学家大卫·巴金翰（David Buckingham）指出，探讨肥胖问题转移了"对健康不平等的结构性成因的关注，并将一切怪罪于受害人：大家现在觉得，这些二等公民应该为自己的苦难负责，可他们又那么懒惰无知，让人无计可施"。[27]

对孩子而言，责怪他们长得太胖，主要还是在责备他们的家长，尤其是他们的母亲：指责她们要么是懒得上班又懒得做饭，要么是太专注于事业，根本没时间喂孩子。维诺纳州立大学（Winona State University）英语与性别研究教授艾普利·米歇尔·赫恩登（April Michelle Herndon）认为，胖孩子已经成为杖责母亲的又一根大棒,并称儿童肥胖"流行病"已经导致了一种谴责母亲的新方式,让母亲在原本就备受指点的日常照顾之外,又多了一堆职责和任务。[28] 在美国(欧洲的情况可能会好一些),儿童肥胖症的增长被认为和母亲出门上班直接相关,她们把身为人母的首要职责之一——给自己孩子的物质给养——交由他人代为。虽没有专项的研究证明职业女性越少,儿童肥胖症就越少,但赫恩登指出,这种观点已成为一种共识,从未被质疑过,而且也符合社会的传统观念,即女性就该待在家里。

来自爱丁堡大学和爱丁堡龙比亚大学(Edinburgh Napier University)的珍妮·哈登(Jeni Harden)和阿黛尔·迪克森(Adele Dickson)开展了深入详尽的研究,考察了低收入母亲的饮食习惯,以及她们喂养孩子的方式。[29] 她们发现,这些母亲都非常清楚什么才是健康的,自己应该喂孩子吃哪些东西。她们都提到,自家现吃现做的餐饭很是重要,但是她们没法一直为孩子提供这种餐食,自己也为此感到愧疚。她们中的很多人要靠救济金过活,为了喂饱全家,不得不走好几家商店,就为找到最划算、最便宜的食物。由于她们没有汽车,还要推着婴儿车,带着孩子,她们的奔波也因此极其麻烦。如果孩子很挑食,就会很难一直给他们喂新的食物——要是他们不吃这个,那这顿饭就白瞎了,而且她也没什么钱能再换一份。这些母亲往往也没有设施来做饭,更不能像一家人一样一起吃饭；很多人表示自己也想家人一起吃饭，但是在他们居住的狭小的公益廉租房里，根本容不下一张餐桌，饭往往就只能在电视机前吃。在糟糕的居住环境中，在有限的条件下，这些母亲都已竭尽自己所能，但即使这样，如果她们的孩子超重了，她们依旧会感到羞愧自责。

孩子们又为何担心自己身体呢？

长得胖或者开始长胖，不仅与潜在的健康问题有关，也与社会和文化中对迷人身材的观念息息相关——孩子们耳濡目染了这些观念并将其内化，一切都发生得出奇地早。这些肥胖孩子，甚至连医生都说他们"不正常"。他们的身体成了自己的耻辱之源，别人会本能地厌恶他们，他们自己也会厌恶自己。[30] 这种要扼制儿童肥胖的动力，最终导致了高强度的乃至破坏性的调控。孩子在学校或者托儿所里要称体重，有时候还是公开地称；很多时候，那些所谓超重的孩子会感到羞耻，而且被迫开始节食，直到他们的体重下降。[31] 所以说，儿童肥胖危机的另一面，就是"对肥胖的恐惧"，对身材体重的过分强调；对一些孩子来说，这有时就是一种必须要变瘦，必须要符合"理想"身材的难以抵抗的压力。

很多年以来，身体形象的困扰都被认为主要是女孩的问题，而且十几岁的时候才会浮现出来。但近来的研究发现，3

岁的孩子就已经有了好身材和坏身材的概念，而且开始学会"瘦是好的，胖是不好的"。针对3～5岁儿童的心理学测验表明，相比"瘦"孩子的照片，他们给"胖乎乎"的孩子的照片打分一直都会更低一些；如果问他们，哪个孩子更像是坏孩子，他们也更倾向于选择胖些的孩子，而不是那些瘦的。他们认为，超重的孩子比不超重的孩子更容易生气。[32] 美国的一些研究发现，孩子们会把赞许性的词汇和身材匀称者的图片联系在一起，而把"打架""欺骗""被欺负""懒惰""撒谎""吝啬""肮脏""愚蠢"等词和肥胖者的图片联系在一起。1998年的一份研究表明，不论年龄大小，无论是男孩还是女孩都会认为，较之于身材匀称的人，胖人会不那么开心、不那么友好也不那么受欢迎，更可能被嘲弄、被欺负。[33] 英国的一些研究发现，这种负面的态度会转化为负面的行为，其他孩子会认定胖孩子有不好的品质，说自己不想和她们一起玩。[34]

在主流的儿童文化中，胖孩子的形象往往是负面的（哪怕虚饰以幽默和乐天的性格），而当今这种儿童文化传达出了一条不太避讳的信息：苗条与美貌不仅迷人，而且也是一种美德的符号——而肥胖代表的是丑陋以及负面的品格和道德。《查理与巧克力工厂》中的奥古斯塔斯·格鲁普（Augustus Gloop）,"哈利·波特"系列里的达利（Dudley）、《蝇王》中的佩吉（Piggy）以及作为胖孩子原型的比利·邦特（Billy

Bunter）都被描绘成愚蠢、贪婪又胆小的样子，沉迷于吃食。甚至在给儿童的动画电影中，胖胖的角色也会扮演坏人；比如在迪士尼的《小美人鱼》中，章鱼乌苏拉（Ursula）就也是个肮脏肥胖的形象。

所以也就难怪，孩子们会躲避肥胖的家伙，也厌恶自身的肥胖，以至于和肥胖率上升一同而来的，就是孩子们对于自己身材的不安全感，以及对越瘦越好的渴望。英国一份调查了300名儿童的研究发现，8岁大的小姑娘已经很清楚地意识到了苗条的问题，而男孩也受到了好身材观念的影响，认为V形身材才是他们最理想的样子。[35]孩子内化了"瘦就是好的"以及"美的就是好的"的刻板印象，并尝试将它们在自己身上实现，哪怕这对他们的身心健康有害。英国和美国的研究都发现，孩子在很小的时候就会对自己的身材和形象忧心忡忡：8～11岁的男孩和女孩中，有45%想过要变瘦，有37%尝试过减肥，还有6.9%曾经处于厌食症状态。甚至更小一点的孩子也不能免于这样的压力。美国一项2000年的研究发现，52%的6～8岁的小姑娘和48%的同年龄的男孩子都希望自己比现在更瘦一点，并且想要减肥。[36]

父母的饮食观以及他们自己的饮食习惯也显著地影响着孩子。女孩的母亲如果自己在节食，或者经常说要减肥之类的话，这些女孩就可能会汲取"肥胖在身体上和品德上都是不好的"的信息，而这可能就会鼓动她们去追求不现实的身材。除此之外还有人认为，家长还可能犯错的一点是，过分强调健康的饮食可能会适得其反。迫使孩子吃某一种食物，过于强调"把菜吃干净"，都会让孩子以后对吃饭产生焦虑，甚至导致厌食症或暴食症之类的饮食紊乱。[37]这是个复杂且有争议的话题，无论是《时尚》杂志里异常瘦削的潮流模特，还是比例失真的芭比娃娃，亦或父母的行为方式，只说某一个因素就是厌食症的成因，其实都是在简化问题。但可以明确的一点是，研究者一直都注意到，3～12岁儿童对体重的关切和自卑感，与他们的实际体重无关，而与他们对自身的感知有关，与他们是否觉得父母和同龄人认为自己胖有关。[38]

不管父母对自己孩子的体重有什么看法，也无论他们是暂时注意到孩子的体重问题，还是常年关注它，孩子的样貌以及同龄人之间的评价都对童年经历有着至关重要的影响。对于其中的一些孩子来说，在这种社会压力下迎合理想的外貌，处理他人评价带来的焦虑感，这些都是尤为困难的。残疾儿童该如何融入这个日渐聚焦身体的世界？他们该如何看待自己？这些已然是迫在眉睫的问题。残疾儿童因身体异样而经历的屈辱，在历史上久远而悲痛。至少在1952年，英国医师阿尔弗雷德·特雷德戈尔德（Alfred Tredgold）在其编写的第八版《智力缺陷》(*Mental Deficiency/Amentia*)教材中依旧说，"愚蠢或低能"的孩子"长相上无可救药，让人恶心，而行为上又让人厌恶"，而1970年版的《大英百科全书》也将唐氏综合征的词条与"怪物"（Monster）词条相互参引。[39]当时的这些孩子，往往出生后就被送往收容机构，人们让他们的家人把他们忘了，重新开始生活，而这些孩子对他们来说也是永远的耻辱。即便越来越多的残疾儿童开始融入正常孩子的学校，但他们背负的标签依旧在关注他们的缺陷，把他们面临的问题归结为他们哪里"不正常"。如今人们为残疾儿童提供了更多的照顾，但他们中的很多人依旧是被同情的对象，其他的孩子（以及成年人）也会强化他们的这种认识：自己不仅不一样，而且还是弱者。

相较健康的孩子，残疾或患病的孩子们的身体形象往往不那么积极，他们对自己外貌的认知也更差；这些观念又被其他人的反应所强化。[40]社会学家安哈拉德·贝克特（Angharad Beckett）研究了非残疾儿童是如何看待残疾儿童的，她发现很多孩子会负面评价他人的残疾，觉得残疾人在一些事情上"不是特别的行"。还有些孩子觉得，残疾人是身体"缺损"的人，他们是有病的，能力受限，"不行"。[41]孩子们很少能在残疾人身上看到积极的未来，认为残疾的标志之一就是不能工作，不能结婚，不能生子。很多孩子会把残疾和丑陋画上等号。贝克特研究中的一个小女孩说，残疾的人就是"长得不好看"。其他研究者们也发现了类似的态度。比如教育学家艾伦·霍金森（Alan Hodkinson）就发现，非残疾孩子对残疾孩子的态度非常负面，认为他们"相比非残疾的同龄人,更笨,而且丑陋、无趣、胆小、倒霉"。[42] 不仅如此,霍金森还发现,虽然孩子的态度和观点也会改变,但对残疾的同龄人态度最为残酷,最愿意用"丑陋"等贬义词来说他们的那些孩子,恰恰是与残疾孩子接触互动最多的那些孩子。[43]

当然,并不是只有孩子才有这些偏见。他们的观点反映出的,正是全社会对美丽与正常的态度。同时我们也该指出,在这两项研究中,都有一些孩子意识到了残疾人面临的歧视问题,认为应该更加关心和爱护残疾人。除此之外,这项研究的结果也与第六章全纳教育的观点背道而驰:全纳教育的好处之一就是,孩子们会和不同的孩子接触,包括身体异样的孩子,而这可以教会他们宽容与理解。既然得出了如此不同的结论,我们也就很难盖棺定论。我们只能说,无论现行何种政策,无论社会态度如何改变,人们在残疾儿童问题上总是好恶相克。不过更积极一点的是,其他的一些研究发现,对残疾这件事,残疾儿童自己还是比非残疾的同龄人乐观很多的。他们很清楚残疾对自己意味着什么,以及会对自己的生活会有什么影响。[44] 虽然他们知道自己的"缺陷"会带来身体上的不便,但没有一个孩子会将残疾看作一种不幸,渴望现实能改变,或者自己被"治愈"。对很多孩子来说,他们的残疾并不是自己身份中的关键一环。他们说得更多的是让生活继续下去,是尽自己所能地解决困难。这些孩子往往很务实,不会把自己的残疾看作与他人区别的一个主要原因。实际上，是他们的父母觉得他们跟其他孩子不一样，也是父母对偏见和歧视更加敏感。

残疾孩子和其他孩子一样，都极大地受到父母观念的影响。即使这些观念没有明说，孩子也明显能发现父母们善意下的焦虑。父母要扮演一个非常困难的角色——要促进孩子的健康发展，要鼓励孩子开发潜能，还要跟他们强调样貌、身形、体重都不是最重要的衡量标准；可他们又不得不承认，自己的孩子会被这个仅仅追求几种理想而完美身材的世界嫌弃，他们还要承认，超重确实会带来健康上的问题。如果3岁的孩子就已经内化了这些关于差异的负面看法，那也就难怪残疾的孩子会被看作弱者了。如何在承认这些现实的基础上，改善其影响，培养孩子的自信心？这几乎是个不可能实现的任务。

虽然一些营养学家和医学专家始终认为，孩子一直在长胖，这构成了一个严重的社会健康危机，但社会学家从全局出发，已经开始质疑肥胖"流行病"一词的准确性。他们不太关注这个健康话题的医学层面，而是留意肥胖问题如何掩盖了其他的社会问题，比如种族歧视、社会排斥以及不平等现象，等等。有些人认为，宣扬孩子的肥胖危机其实就是对母亲的另一种形式的责备。毋庸置疑，为了全面地理解儿童肥胖问题，不能仅仅将其作为健康问题看待，相关的讨论必然也要涵盖道德层面的考量：肥胖不仅和健康问题画上了等号,还和伤风败俗、缺乏自制力以及无知挂上了钩。虽然反肥胖运动旨在解决儿童体重飙升的问题,但有社会学家表示,这场运动让孩子在小小年纪就过于警惕自己的身材。[45]孩子更担心自己的容貌了,饮食紊乱在他们当中越来越常见了,至少更多地被确诊了,"苗条和美丽就是美德的同义词"这样的观点也更加堂而皇之了。这不仅加剧了没超重的孩子的焦虑情绪,同时也困扰着残疾的孩子,因为美丽是被如此狭隘地定义着。父母的压力——尤其是母亲的压力——也陡然上升,因为他们既要控制孩子有一个健康的体重,又要确保他们有一个健康的饮食态度:不要太纠结身材,别吃太多就好,别吃"错误"的食物就好,但也别为此忧心忡忡,闷闷不乐,别为了迎合社会上狭隘的身材观而吃得远远不足身体所需。

第九章
CHAPTER 9

过去真的比现在好吗?

童年（childhood）*，会唤醒一个人强烈的回忆与情感。它常常被比作一个坩埚，熬炼出每个人的（有好有坏的）性格。这是一段可以被追忆却永远不能被再现的时光。人们共同享有的童年文化是一座无穷的宝库：在西方世界里，记忆中听过的音乐、看过的节目、玩过的游戏以及读过的书，这些都会将同时代的人们联结在一起，塑造了一代人，也塑造了他们的家国认同感。父母一代和祖父母一代当然也是如此，都会通过那一代人的文化和自己的同龄人联结在一起。每代人都觉得自己当年才是赶上了好时候，这世界一直都在走下坡路，这也就不足为奇——同样不足为奇的是，当老家伙们开始回忆往昔的时候，小孩子们就会开始翻白眼。然而，这种怀旧之情却遭到社会学家和历史学家迎头一棒，他们告诉我

---

* 英文"childhood"既可作"童年"这一特定阶段，义可表达"儿童身份"之意。作者行文中多有一语双关的意味，译文尽量还原这种双关，在不能兼顾时，则采取与上下文最为连贯的表达。

们，黄金年代只是一种迷思：无论我们自己如何记得，无论我们多么热切地相信，但过去的儿童确实面着严峻的死亡、疾病和歧视风险，他们常常被虐待，生活不幸，声音也被压制着。而今天的儿童恰恰相反，至少在西方是这样的。他们的生存已经或多或少有了保障，医疗保障、教育渠道、物质生活和社会机遇也一应俱全（对大多数人来说当然是这样，不过，社会上总会有一些边缘群体和被排斥的群体，这些对他们来说还遥不可期）。本章我们要探索以下两种观点之间的辩论——一是当今的童年正急剧恶化，二是如今的童年前所未有地美好。我们将主要聚焦英国，以考察这两种见解。我们这样做，并不是要贬低当代英国父母的担忧，也不想说当今的童年已然深陷危机，坠落谷底。我们只是要搞清楚，为什么会有这些观点，这些观点对我们评价当代儿童处境会有多大帮助。

现在真的有童年危机吗？

问问世界上的绝大多数家长，他们想给孩子什么，他们希望孩子如何成长，大部分人都会回答：他们想要孩子健康、幸福、成功。但这些究竟意味什么？孩子和父母对幸福与成功的看法是不是一致的？以上都是极具争议的问题。在过去的 20 年中，大量心理学家、政策制定者、社会学家和经济学家都试图量化童年的幸福感（现在往往被"身心健康"[well-being]的说法替代了），以此比较不同国家的孩子。研究者在随后发表的报告中，并不看好英国和美国的父母，进而引起了社会和媒体上的焦虑：英美的孩子是世界上幸福感最差、压力最大、感情最缺失、学业成绩最差、最冷漠、最胖、最性早熟的一群孩子，孩子的童年已经被侵蚀了，过去的自由与快乐早已消逝。[2] 尽管两国的经济富裕且充满活力，但英美国家常年在儿童福祉与幸福感的榜单上垫底。像苏·帕尔默（Sue Palmer）这样的评论家就指出，现在的孩子都是"圈养的"（battery reared）而不是"散养的"（free-range）。孩子正面临着前所未有的风险，因为国家机构以及他们自己的父母都辜负了他们。同时他们又是失控的一代，郁郁不乐，对自己和他人都是一种风险。[3] 2009年出版了一本《美好童年：在竞争年代寻找价值》（*A Good Childhood: Searching for values in a competitive age*），这本书的写作基础是儿童协会（Children's Society）委托12名独立专家进行的关于英国童年现状的调查"美好童年调研"（Good Childhood Inquiry）的结论部分。这份报告发现，有五分之一的孩子有心理健康问题，十二分之一的孩子会有定期的自残行为，"非攻击性行为问题"（比如撒谎、偷窃、不服管教等）的发生率直线上升，而且由于父母的担心，孩子已经不出门玩了。这样的调查结果让英国儿童事务专员（UK Children's Commissioner）阿尔·安斯利-格林（Al Aynsley-Green）感慨道："我想我们社会的核心正面临着一场危机。我们让孩子和年轻人失望了太久太久了。"[4] 同时还有另一种担忧，那就是孩子会和成年人渐行渐远。巴纳多（Barnardo）于 2008 年开展的调查发现，49% 的成年人觉得孩子对自己是个威胁，还有 43% 的人认为，成年人应该被保护起来，免于儿童的伤害；有 45% 的受访者同意"儿童有野性"的说法，有 35% 的受访者认同"大街已经被孩子侵占了"。[5]

尽管有社会学家斥之为情绪的宣泄，[6] 但 2007 年的一份报告却更有力地夯实了这一观点。报告拿出了事实和数据作为证据，指出英美两国的童年确实问题颇多。联合国儿童基金会的《儿童贫困问题透视：富裕国家儿童幸福感概览》（*Child Poverty in Perspective: An overview of child well-being in rich countries*）关注了儿童生活的六个不同层面：物质幸福感、健康与安全、[7] 教育幸福感、家庭关系与同龄人关系、行为与相应风险、主观幸福感。通过大量指标和数据，这份研究比较了从欧洲到北美的儿童生活体验。[8] 其结论是，尽管英国和美国位列最富裕的发达国家（该研究涵盖了欧洲大部分国家、美国以及加拿大），孩子的幸福感总体上是最低的。几乎在每一个比较项里，英美两国的孩子都垫底，尤其是在家庭关系与同龄人关系（英国在 21 国中排第 21 名，美国排第 20 名）、行为与相应风险（两国分别排在第 21 和 20 名）以及主观幸福感（英国排第 20 名，但仅仅是因为美国的数据不够充足）三项。在物质幸福感方面，英国儿童得分也不高，仅在第18名，而美国则排在第17名；在教育幸福感方面，英国排在第17名，而美国是第12名；在健康与安全方面，英国是第12名，美国则是第21名。联合国儿童基金会2013年关于儿童幸福感的跟进研究中，对英国的评价更为积极一些，排名也有了提升，从21个国家中的垫底变成了29个国家中的第16名。然而，美国却掉到了第26位。发达国家中，最差的是罗马尼亚，紧随其后的是拉脱维亚和立陶宛。虽然英国有了一些起色，但依旧被斯洛文尼亚、捷克共和国以及葡萄牙甩在后面，而且其中不泛值得关注的问题。比如说，英国的婴儿死亡率足足有瑞典、芬兰等国的两倍之多。[9]

形成对比的是，斯堪的纳维亚国家几乎在每一项都得分极高，似乎北欧的童年会是一段更快乐、更轻松的时光。人们提出了各种原因来解释斯堪的纳维亚的高分现象：国家补助下的优质儿童保育政策，较晚的小学入学年龄，更强调小学生的人际发展和快乐感而不是学业成绩，几乎不排名次，父母灵活的工作安排以及较低的犯罪率。然而其中讨论最为热烈的一个原因是，这些国家的社会更加平等，财富分配更加均匀，社会中极富者与极贫者的差距也不像英美两国那么悬殊。[10]斯堪的纳维亚国家的儿童贫困率确实很低，社会财富分配也更均匀，但这些是依靠远高于英美的税收来实现的。绝大多数斯堪的纳维亚人会因这份社会契约而感到幸福，虽然经济代价有些高，但他们的社会也因此舒适安稳，没有人极度贫穷，孩子大多很幸福。然而这种社会模型是高度政治化的，因此凸显出了家与国之间到底是什么关系的问题；在英国和其他国家，政治家们（虽然不全是，但往往是偏右派的政治家们）认为，父母必须对孩子的福祉和幸福负责，而保障孩子成长的最好方式就是维持较低的税率，让父母有工作，让家庭稳定。[11]斯堪的纳维亚模式之所以被摒弃，就是因为它鼓励人们严重依赖国家的力量。这些关于政府角色的意见和分歧，往往在父母教养的话题之中被隐去了，但这些观念都明白地反映出了宏观与微观的联动，反映出了当代父母养育所处的政治经济框架。

童年的黄金时代已经结束了？

现在，童年危机的观点大行其道，而一个相关的看法是，如今孩子的童年都有问题，在过去的某一刻曾出现过一个童年黄金年代，只是现在再也回不去了：在那个年代，孩子们自由地玩耍，从家里跑出去一连好几天，和好朋友在户外进行健康有益的活动。那时的社区很强大，陌生人不那么危险，垃圾食品没那么盛行，电视很有限，社交媒体也还没被发明出来。这并不完全是臆想，在过去，我们的社会确实没有如此以消费为导向，可买的东西不多，也没什么选择的余地。而二战以后,十几岁的孩子(teenager)才被视为未开发的市场,所以他们的世界也没那么商业化(而"快20岁的孩子"[tweenager]这个概念,是在20世纪末很晚才开始出现的)。[12]那时候的玩具公司也会生产玩具和娃娃让孩子玩,让孩子想拥有,但是商家认为儿童具有强劲的购买力,而不认为孩子对家庭支出的影响仅限于对父母的"软磨硬泡",则是非常新的现象了。在手机发明之前,在互联网和家用电脑普及前,儿童对媒体的接触非常有限,而且受到严格的控制。在20世纪50年代初期,英国只有一家面向儿童的广播电视公司,即英国广播公司(BBC)——尽管有人批评其宣扬的童年观和价值观很狭隘,有时甚至保守反动,但其广播节目依旧是以公共服务精神为指导的,在娱乐的同时也致力于教育和科普。那时的BBC不播商业广告,而且到1955年的时候,政府还出台了针对英国独立电视台(ITV)的条例,明文规定哪些能向儿童营销而哪些不能。[13]

关于儿童作为消费者参与市场活动会有何影响,大量例证都备受争议,但平心而论,过去40年中儿童的生活确实越来越商业化了,很多父母也开始关心市场对孩子的选择与偏好的作用,以及对孩子童年的更宏观的影响。帕默尔因为童年的商业化,就给现代的童年打上了"有毒"(toxic)的标签,因为她认为,现代儿童在购买力上是具有极大自由的,而且孩子开始把快乐和物质上的占有挂钩。[14]

当然，过去的孩子在玩耍的内容和地点选择上看起来确实有更大的自由，而且自由发挥的时间也更多——第五章已经讲过了。当时几乎没什么课后俱乐部和课外活动，也没什么孩子会去幼儿园，因为当时的社会期许是母亲们都待在家里。等孩子长大了，他们也没什么娱乐方式，既然没有，也只好自己发挥了；读书、出去玩还是去朋友家里玩，这些选择基本不会受到父母的干预和安排。现在的成年人们若是回首自己在 20 世纪 50 年代、60 年代、70 年代乃至 80 年代的童年，他们会记得自己在外面玩或者去朋友家玩，自己去商店买东西，自己骑车或者坐公交出行，7 岁左右就再也没有大人的陪同了。而现在在世界的其他一些地方，四五岁的小学生跟朋友或者兄弟姐妹一起走两三英里路去上学依旧很常见，完全没有大人的监护。

在 20 世纪 30 年代左右，英国 10 岁左右的孩子会有 20 英里（约 32 千米）左右的活动范围（包括坐公交、乘火车、骑单车以及步行），但到 20 世纪 70 年代这个范围就缩小到了 1 英里（约 1.6 千米），而今天很多孩子连自家后院都不能出——据估算，现代儿童仅有不到 4% 的时间用于户外活动，他们不得不坐车上下学，或者在室内玩耍[15]去朋友家玩和上学通勤已经成了由家长统筹的活动，虽然其本意是确保孩子的安全，更好地监护他们，但这也让他们失去了学会独立的机会，失去了化解风险和选择朋友的机会。在之前提到的《美好童年》报告就发现，当今父母在童年时被允许独立外出的年龄，与他们允许自己孩子独立外出的年龄形成了鲜明的对比：当今父母中35%的人在10岁之前就可以独自外出了，但只有17%的人允许自己的孩子也在那个年龄独自外出。[16]第五章也提到过，孩子们的玩耍已经转入了室内，而当今父母们在童年时参与的户外活动大多也已消失不见了。在1971年，英国7～8岁的孩子中80%都会自己去上学，而20世纪90年代，这个比例已经降至9%，其部分原因在于交通的发展和车辆的提速。[17]如今这个比例可能更低，而且走路上学的孩子更倾向于有家长的陪同。结伴走还是自己走，这可不是个说做就做的事，而且在一些情况下可能还会违法：美国马里兰州的一对夫妻让自己的两个6~10岁的孩子遭遇保护性监禁，就因为有人看到这两个孩子独自从公园走回家；[18]澳大利亚的一位母亲也被逮捕了，因为她让自己6岁的儿子独自横穿布里斯班附近的麦尔斯小镇。美国此类公诉案件的数量后来有所下降，法律得到解释，"允许"儿童在父母许可的情况下独自回家，然而澳大利亚的警察局长再三强调，任何12岁以下的儿童都不可以独自上学。[19]

以前之所以可以这样自由，部分原因是社会学家富里迪在《偏执的育儿》一书中提出的"成人团结性"（adult solidarity）现象。[20]他认为，过去的成年人之间有更多的信任，会照顾彼此的子女，也会告诉孩子，遇到问题时可以向成年人求助。当时没有这么多汽车,人们对孩子的身体安危不需要太上心,也不太担心不怀好意的陌生人——孩子可能被告诉,不要接受陌生人给的糖,但要是害怕心生歹意的外人随时会置孩子于危难之中,这种想法也未免太杞人忧天了。不过,当时的人们也知道针对儿童的绑架和谋杀案(比如美国20世纪60年代初的米拉·欣德利[Myra Hindley]与伊恩·布雷迪[Ian Brady]连环杀人案,以及美国1932年的林德伯格[Lindbergh]绑架案)[21],而且这些毛骨悚然的谋杀案确实也导致了很多家长的震惊和恐慌。[22]但即使这样,家长还是允许孩子随便闲逛,相信必要时其他大人都会伸出援手。

随着这种成人团结性的瓦解,父母们越来越封闭,更加害怕暗中潜伏的恋童癖。他们把孩子带在身边,减少对他人的信赖,亲自保护和照顾子女。明目张胆的绑架案刺激了父母的恐惧心,也揭示了全社会对父母的求全责备:他们哪怕冒一点点险都不行,无论是多不值一提的风险,哪怕事态真的超出了控制。总的来说,富里迪等社会学家认为,社会的团结与信任已然崩坏,取而代之的是怀疑与恐惧;孩子自由自在、无忧无虑,可以放松身心、可以信赖成人的黄金时代一去不返了,现在已经变成了另一个世界,孩子于人于己都是威胁,他们对每个成年人都要保持警惕。

还是说，童年才刚刚走出黑暗时代呢？

人们对过往童年的种种态度不可避免地会有冲突。有些人回首时会觉得，那是一段快乐、纯真又自由的时光，但也会有截然相反的论调：过去的童年生活痛苦、残忍而短暂，在过去的40年中我们不断进步，后天的抚育越来越完善，社会对孩子越来越友好了。大量证据都表明，过去童年的特点不是纯真和自由，而是充满了不确定性、辛苦劳作以及爱的缺失。我们不需要追溯太远就能发现，过去婴儿和儿童的死亡率颇高，很多孩子家中饥寒交迫，要在外面从事危险繁重的劳动，要被力不从心的家庭送往殖民地开始新的生活（新的劳役），要在父母死后，或被父母抛弃后，照顾自己的兄弟姐妹，要随时成为虐待和体罚的牺牲品。在家里，孩子要像老话说的那样"只见其人，不闻其声"（seen and not heard）[*]。父母可不会"省了棍子，坏了孩子"（spare the rod, spoil the child），他们想要孩子追求服从、听话，而不是给孩子帮助和哺育。据说乔治五世就说过："我的父亲怕他的母亲；我又怕我的父亲，所以我也要确保我自己的孩子也怕我。"这种心态恐怕也不限于贵族之间。孩子与父母是相互需要的，但这往往是要忍痛接受的刚需，而非出于彼此关爱的互利。在家里

---

* 这个说法的意思是孩子不可以随便说话插嘴，表达自己的愿望和想法。

家外,孩子们其实都得不到保护。

过去的童年远没有那么诗意。这一观点的最强音出自于美国心理学家劳埃德·德莫斯(Lloyd deMause)。他于1974年出版了文集《童年的历史》(*The History of Childhood*),书中描述了从巴比伦时期直至今日的童年体验。他用一句广为引述的话开启了该书的序言:"童年的历史犹如一场噩梦,我们近来才从其中惊醒。我们越是往前回溯历史,就能发现孩子的养育情况越糟糕,孩子越容易被杀害、被遗弃、被殴打、被恐吓、被性虐。"[23] 他认为最关键的是,直到近代,童年依旧是一部血泪史;儿童被歹毒冷漠的双亲虐待的现象贯穿了整部人类历史,父母对孩子不会有关心,也不会有同情。直到20世纪中叶,父母才开始从儿童的角度出发,成为孩子成长中的帮扶者,而不是他们生命中的暴君。现代的教养方式及其产生的童年体验,都是战胜过往苦难后的凯歌,应该被支持、被庆贺。

德莫斯并不太被专业的历史学家接受。他们认为这套理论不过是心理学的呓语(psycho babble),并没有考虑到历史的政治、经济和文化背景。历史学家从大量的日记、书信、文学作品乃至墓碑中都发现了证据:过去的父母会表达出对孩子强烈的爱意、关怀和善意,也会因他们的离世而感到悲痛万分。[24] 父母的这些情绪,也许在孩子在世的时候,并没有直接以行动表达出来;但即使这样人们也很难相信,在20世纪70年代前，儿童的命运会像德莫斯说的那样凄惨不堪。而且德莫斯把20世纪70年代看作一个启蒙时期，父母等成年人在当时终于走出蒙昧，开始关注孩子的需求和愿望，而不是自己的需求和愿望，但这种观点最终也被新发现的事实动摇：在那个年代的英国，针对儿童和青年人的性侵频发，政府机关不仅未能遏制这一势头，甚至还将其置若罔闻。[25]

然而，德莫斯的部分论断还是很有深意的：父母并没有一直善待子女，虐童的历史比我们肯承认的还要久远；对很多孩子来说，那时的童年就是场噩梦（现在的也是）。虽然现代人对儿童安全的焦虑和担忧提了好几档，尤其是担心来自陌生人的威胁，但始终没变的一点是，孩子在家中面临的来自家人的危险，比来自外面陌生人的危险大多了。据美国虐待与疏忽儿童数据系统（US National Child Abuse and Neglect Data System）的统计，2014年共有1580名儿童死于父母或主要照料人的虐待或照顾不周（或者说，每10万名儿童中便有2.3人死于此类问题）。[26] 孩子越小就越脆弱，1岁以下的孩子占了其中死亡总数的44.2%，而3岁以下儿童则占了70.1%。类似的数据也出现在了英国：在2007年5月至2008年6月间，由于父母或照料者的暴力、虐待或疏忽，共有210名儿童死亡，或者说，每周就有3名儿童死亡。[27] 亨利·肯普（Henry Kempe）最早于1963年公开讨论了"受虐小儿综合征"（battered baby syndrome）问题。作为儿科医生，他注意到，很多前来到他位于芝加哥的诊所的孩子，都受到了严重的、非偶发性的伤害（比如骨折）。[28]虽然虐童是个近年来的新词汇，但很明显，家庭中的虐童行为已经存在了数个世纪之久，而且政府的干预行为并没有什么效果。[29]自1945年起，英国已针对父母和照料者导致的儿童死亡事件，发起了超过70次质询。虽然医检报告往往不会被呈现，在细节展现上也含糊其辞，但我们可以明确看出，父母的虐童倾向并不是个新现象，儿童长久以来都面临着照料者的威胁。最早的那份儿童死亡质询报告跟最新的那份一样可怖，每一份报告的结论都是恳请人们"一定要吸取教训"，这样的死亡事件绝不能再次发生。可这些教训几乎没人学到，儿童死亡事件也不可避免地继续发生着。[30]

问题停留在伤害的界定上，以及政府应该何种程度上介入，以立法形式禁止所有认定的伤害行为。最好的例子就关于打屁股的争议。有人会说，以前很多孩子都被打过屁股，也没被打坏，而且这对孩子、对社会都有好处。打屁股等体罚有助于维护社会秩序，促进实现一个更安全的社会，孩子们会找到自己该在的位置，从而获得更大的自由。在其他人看来，打屁股就是一种暴力，是一种明目张胆的虐待，是恃强凌弱，应该立刻被废止。瑞典于1979年立法禁止了打屁股的行为，继续打的家长不仅会受到法律制裁，在道德上也会遭人诟病。然而英美的一些家长仍认为，打屁股是一种可以接受的惩戒方式，也是一种得体行为的有效训练方式（详见第四章关于社会化的讨论）。在他们看来，这是预防儿童做出害人害己之事的唯一途径，将其禁止是政府对家庭生活毫无缘由的介入。甚至有些不打孩子屁股的家长也认为，对其他家长来说，打屁股可能是个好办法，不希望它被彻底禁止。[31]2008年一份针对苏格兰家长的研究发现，尽管只有一小部分家长会打孩子的屁股（两岁孩子的母亲中只有16%会打），但有30%的家长都同意"打屁股可能不是个好办法，但有时也是唯一奏效的办法"[32]。同时还有一些问题值得思考，有时家长会把孩子粗暴地拎到"淘气角"，把他们关在那里，任由他们在那委屈哭闹，打屁股真的比这还恶劣吗？与禁止孩子出门玩耍，没收他们心爱的玩具和手机相比，迅速打一顿屁股是不是更人道些呢？在美国，人们维护打屁股的态度甚至更加根深蒂固了。2005年的一份研究表明，有94%的家长都承认自己曾经打过孩子的屁股。[33]有观点认为，打屁股既是右翼基督教教派文化的一部分，也是非裔美国人文化中的一部分，将其禁止是政府对家庭生活和父母管教方式选择的不可容忍的侵犯。

跨文化地看，世界各地的孩子基本都会被打屁股，甚至还会经历更糟的惩罚。在其1989年的研究中，人类学家戴维·莱文森（David Levinson）考察了90个小型农业社会中的暴力现象，他发现只有16个社会中几乎没有或者完全没有体罚行为。[34] 而当人类学家直接关注孩子为什么挨打的时候，他们得到了各种各样的答案。比如，冰岛大学的乔尼娜·埃纳斯多特（Jónina Einarsdóttir）就询问了几内亚比绍的帕佩尔人（Papel）母亲，为什么要打孩子的屁股。她们告诉她，体罚对孩子的学习是必要的，没挨过打的孩子长大以后会变懒而且爱发牢骚。有位母亲描述了自己不喜欢体罚孩子的后果，以及自己拒绝打孩子之后产生的问题："孩子是抚养的产物。要想取得成功，孩子就得做好准备，不能变得懒惰，不能学会骗人，你懂吧？因为我不忍心打孩子，所以我的孩子们从来都不帮我。我的孩子从来都没帮过我。因为我不打他们，所以所有的活都得我自己干。"[35] 其他地方的母亲也都同意这一点。根据卢蕙馨（Margery Wolf）关于20世纪50年代中国台湾农村的专著，当地的家长告诉她："孩子应该打。打不坏的。"确实，这就是她们育儿哲学的根基之一。有位母亲说："你以为你批评他们的时候，他们会听得进去吗？有什么用？你能做的就是揪过来，狠狠打一顿。这样别的孩子也能学乖。"[36] 多年之后，查尔斯·斯塔福德（Charles Stafford）根据他在20世纪80年代的田野调查，也支持了这一观点并且发现，在他工作的那个台湾小镇上，孩子们有时无缘无故也会挨打，就是为了告诉他们生活不易，应该学会忍耐不抱怨。[37]

危机？哪来的危机？

既然当代的童年被描绘得如此阴暗，也就难怪有成年人宁愿相信，曾几何时的童年截然不同。当然，童年的黄金年代之说自有其迷人之处：谁不想让今天的孩子，也享尽臆想中父母和祖父母曾经的快乐与自由呢？但哪代人都不能再现自己当时的童年。巨大的社会变迁让我们很难评价过去。过去的孩子们可以在社区里自由活动，这是件好事吗？这是父母玩忽职守的表现吗？把钥匙给孩子，相信他们能自己回家、自己做饭，这样就是一位信任孩子、尊重孩子、鼓励孩子学会坚韧独立的家长吗？——也许这是一位照料不周的家长呢？还是说，这位家长只是在努力挣钱养家，因为西方的孩子再也不用为家里的财务操劳了？这个例子是不是说，时代变了，上一代人接受的方式到了这代人就不行了？第二章也讲过，哪怕童年极为快乐的人，也未必会照搬自己父母的方式来养育自己的孩子。

其他人也会承认，过去的童年即使快乐，但也没那么诗意。一个无关痛痒的问题是，过去的童年有时未免太无聊、太贫瘠了；漫长的周日午后无事可做，没有电视可看，要么就去拜访长辈，时刻要举止得体。更为严重的是，当时的儿童死亡率比现在高多了，像猩红热之类的疾病，一周之内就能把家里的几个孩子全部杀死，而像脊髓灰质炎这样的疾病，让孩子就算幸存下来也落得终身残疾。同时儿童面临的威胁也发生了一些改变,比如,现在孩子们要在街上玩,或者要骑车去附近的公园可难多了,因为车子越来越多了,之前孩子们玩耍的街路弄巷也都被汽车占领了。而且,虽然很多人将其与良好的教养和快乐的童年联系起来,但也不好说,孩子们自己是不是还看重这种户外的生活;近期的一项研究表明,农村的孩子没有城里的孩子快乐,他们更需要人保护而不是自由。在2016年6月的《时代周刊》中,格拉斯哥大学的艾莉森·帕克斯(Alison Parkes)评论道:"研究表明,乡村童年的诗意只是个迷思……孩子们并不觉乡下会更安全、更友好。"[38] 而城里的孩子也没那么想回归自然,他们有些人觉得城里刺激有活力,而大自然危险、肮脏还不卫生,好像"浑身都长满了细菌"[39]。

社会里对孩子的定位和评价也发生了改变,尽管其中一些饱受争议(比如推进取缔打屁股行为),但西方社会无疑对儿童越来越友好了,越来越关注孩子的诉求。几个世纪以来,西方儿童一直处于社会结构的底层,他们的需求和愿望远不如成年人的受重视。直到近来,家庭关系才更加平等,对孩子的定位也发生了改变。曾经父亲才是一家之主,他的意见和需求不可动摇;但在20世纪中这种权威日渐衰落,于是到了20世纪50年代,儿童的需求开始凌驾于成人之上。一个例子就是,英国家庭常见的食物分配问题。整个18世纪和19

世纪都有一套严格且公认的社会等级——父亲先吃，而且吃最好的，然后才是孩子，最后是母亲。然而到了20世纪50年代，一切都改变了，一位伦敦东区的母亲就说过："我小的时候，最好的都要给爸爸。现在是最好的都要给孩子。要是剩了块猪排，那就得给孩子吃着。"[40] 也许有人会质疑这是不是件好事（以及父母应不应该都做出牺牲，还是只牺牲母亲就好了），会不会矫枉过正了，但除去极少数个例，今天的儿童确实和家人们越来越平等了。现代的家长几乎不会靠恐吓和威压来管教孩子。他们更喜欢把家庭关系建立在平等之上，而不是构造阶级。

在更广义的社会层面上，儿童在西方世界中的地位发生了天翻地覆的改变，而这也是个证据可以表明，童年确实是不断向好的。那种把孩子主要看作父母的经济财产的观点，早已淡出了现代人的记忆。到了20世纪，西方的劳动改革和教育改革意味着儿童不必再去劳作，他们从父母的经济财产转为了情感的依托，人们开始珍视他们为家庭带来的爱意与亲情。[41] 就像历史学家维维安娜·泽利泽（Viviana Zelizer）说的："从严格的经济学意义上来讲，如今的孩子对父母来说毫无价值。而且他们还很费钱……这种支出所期待的回报是爱意、笑脸以及情感上的满足，而不是金钱或者劳役什么的。"[42] 这对孩子可能是另一种负担，但能够从孩子的经济价值转而强调彼此的爱意和亲情，这诚然是一种进步。世界范围内，这种变化来得还很慢，部分是因为更广泛的经济变化，但还有部分原因在于人们看待成人与儿童关系的观念差异，以及对他们对家庭中各自角色和责任的认识差异；在很多地方，儿童依然是家庭的重要经济贡献者和人际构建者。但即便如此，在西方之外的儿童观念也在发生着变化。像联合国之类的机构正着力推进儿童的基础教育，从而让劳作不再成为他们童年的重要部分。

最最重要的是，20世纪70年代出现了对儿童的政治地位和公民地位的反思，出现了对儿童特有的需求、能力和脆弱性的再考察：这些观念最终凝聚成了《联合国儿童权利公约》（*United Nations Convention on the Rights of the Child*，UNCRC）。《联合国儿童权利公约》由54条具有法律效力的条款组成，涵盖了儿童接受医疗的权利、受教育的权利、获得国籍的权利、接受法律代表的权利，以及如第五章说过的玩耍的权利。公约同时也着重强调了，儿童拥有为自身利益而参与决策制定，并确保自己的声音被人听到的参与权。有人认为这一点还是不妥，因为这象征着成人与儿童关系间的一个重大转折，而且挑战了"儿童无知、被动、需要成年人（主要是其父母）代为维护其最高权益的群体"这一认知。截至2018年，因为考虑到对国家主权的潜在侵犯，以及可预见的对家庭和父母权利的践踏，美国是仅剩的两个（另一个是南苏丹）不承认《联合国儿童权利公约》合法性的国家之一。右翼基督教派视家庭为等级关系，不承认父母与子女之间的平等，其影响意味着短期之内《联合国儿童权利公约》不可能被美国承认。

英国已经在法律上承认了《联合国儿童权利公约》，但其中也不乏争议，尤其是在儿童的参与性权利方面。1989年的《儿童法案》(Children Act)是英国政府响应《联合国儿童权利公约》的第一份法律文件，强调了倾听儿童意见的重要性，而且也是英国法律体系中有史以来第一次规定，庭上要结合相关儿童的年龄和理解力，考虑到他们的诉求和感受。儿童被允许在法庭上和福利系统质询中说出自己的意见，比如父母离异后更想和谁生活；在涉及儿童保护问题时，儿童可以说明自己想留在家里，还是去照管中心。

面对儿童应当发声、应当参与涉及自身议题的决策的观点，人们的回应是喜忧参半的。一些儿童权利的拥护团体非常关注立法机关为儿童争取的自治权水平。另一些人则厌恶这种参与性的权利，将其视为潜在的对父母责任和成人权利的瓦解。这种权利第一次以法律形式确立的时候，就有些评论家称其为"小屁孩宪章"(Brat's Charter)，并告诫家长们小心孩子跟自己解除亲子关系——因为他们的零花钱不够用，或者因为要追求自己为所欲为的权利。[43]这种事情虽然从来没发生过，但在儿童的参与权、自治权及其在家庭与社会中的角色的问题上，依旧是一场文化论战。很多人依旧在讨论，是不是真的能指望孩子们清楚自己的最高利益是什么；是不是能指望他们清楚，家长或者其他成年人该不该介入，该何时介入——无论这是为了孩子好，还是为了家庭好。

这场讨论不局限于西方，而且已经有很多批评认为，这种儿童权利只适用于西方的精英阶层。《联合国儿童权利公约》的立足点是，每个孩子都是个体，他们有自由的权利、被庇护的权利以及言论自由。然而在很多地方，儿童并不被看作独立自主的个体，而是被当成家长的附庸，有时甚至是他们的财产。在许多国家中，儿童被置于一张关系网中，里面有责任，有义务，有时甚至还有对他们为家庭牺牲的期许。人类学家雷切尔·伯尔（Rachel Burr）表示，在越南和其他一些亚洲社会中，"儿童在大部分情况下会被看作家庭集体的一部分，而不是社会中一个独立自主的个体"[44]。而另一位人类学家罗杰·古德曼（Roger Goodman），在他研究日本对《联合国儿童权利公约》的理解和引进的著作中认为，当《联合国儿童权利公约》被引入日本的时候，"人们要发展一整套术语来解释它，同时还要解释可以被赋予种种权利的'个人'（individual）是一种什么概念。直到今天，个人主义在日本依旧会引起很消极的联想，常常与西方所说的'自私'概念联系起来。"[45] 社会学家阿芙瓦·特乌姆-丹索·伊莫（Afua Twum-Danso Imoh）在她的家乡加纳开展了关于《联合国儿童权利公约》意见的调查，她发现很多父母直言自己不会接受该公约，也不苟同公约所描绘的亲子关系。他们认定儿童的权利会导致家庭的分裂，会让孩子变得自私，会让他们藐视自己的父母，忘却自己的责任和相互的义务。这些父母告诉她，"我们加纳不想要西方的孩子"[46]。

在大部分文化和地域语境下，今天的童年无疑和过去大相径庭了：每一代父母都有独到的抚养方式，孩子们的童年经历也在不断地改变和进化。这些讨论中缺失的正是儿童自己对童年的看法，这也是儿童研究学者们正在探索的一个新领域。领域虽新，但其中的一个核心发现就是，孩子并不视童年为危机、痛苦和劫难。比如，教育学家凯特·亚当斯（Kate Adams）开展了几项关于儿童自己的童年观的研究。她访谈了65名来自中东部贫困小镇的7～11岁的孩子，并发现除了一个人，所有的孩子都把童年看作一件积极的事。[47]当她让孩子们用一个简单的形容词描述童年时，孩子们用的都是"好玩""酷""刺激""美好""简单""好""有趣""快乐""超棒""完美"和"轻松"这样的词，一的消极词是"烦人"。虽然这只是个小调查（尽管是为数不多的儿童童年观研究），结果也未必适用于所有孩子，但它确实表明，危机可能是在父母和成年人的眼中，而不是孩子的眼中。当然，孩子没什么能跟自己的童年做比较的——他们经历的正是自己眼中的真实，并没有父母回首往事时的怀旧滤镜。

通过更深入地关注个体儿童以及他们家庭的生活，我们更加相信，这场危机并不总是如我们所见的那样。社会学家艾莉森·皮尤（Allison Pugh）在其 2009 年的研究中考察了生活在美国危险社区中的低收入非裔和拉丁裔父母，为从其他角度理解这场危机提供了范例。[48] 她研究的这些儿童和家庭，每天都在社区中面临多种安全威胁，从飞驰的机动车、毒品交易和持枪犯罪、横行的帮派和皮条客、到废物倾倒以及遍地遗弃针头的问题，应有尽有。他们贫穷，在社会上遭人排斥。有些孩子长得很胖，几乎不会出门玩，不过他们也有大彩电、电脑游戏以及其他很现代的设备。他们的父母被人批评指责，因为是他们导致了孩子的肥胖，让孩子学业不佳，身体抱恙。这些儿童被视为深陷危机，他们的父母也被妖魔化，既无能又玩忽职守。然而皮尤依旧认为，这些家长的选择并不是无知和大意造成的，他们依旧竭尽所能地为孩子提供了最美好的童年。考虑到这些孩子的生活环境和面临的危险，像 Game Boy 掌机和 PlayStation 主机这样的物件不仅可以让他们玩得很快心，更重要的是，能让他们安全地待在家里——这是一种充满爱意和关心的举动，是父母在这种环境中力所能及的最好的抚育方式。这是饱含爱与保护的抚养方式，不是童年危机的症结。

尽管童年里有坎坷，有恐惧，但是将童年视作一段自由自在、纯粹快乐的时光的观点，依旧可以欺骗很多人。其中的一个原因在于，这些童年特质不仅是成人最希望孩子能拥有的，同时也表达出了成年人自己的愿望和诉求，打上了自己身份的烙印。笃信童年的纯真与快乐，实际上是在与童年的欢愉重新建立联系：这种快乐在疲于奔命且日渐商业化的现代社会中越来越难以寻见。通过赞扬和保护童年的快乐，成年人可以多少重拾起自己童年时的愉快，暂时回归童年这座失落的伊甸园中。当然，这种说法也许虚无缥缈，我们可能无法为自己的孩子创造出快乐的童年，但这种信念依旧长存于我们心间，生活中的童年有多现实，成人心中的童年就有多美好。富里迪和其他学者就表示，危机不在童年，而在成年，是大人们感到了威胁和失控，不再相信自己有能力成为父母。富里迪将现代的亲子关系形容为一种偏执的育儿（paranoid parenting），认为育儿"专家"数量的激增瓦解了父母的自信，导致人们对童年产生了一种偏执心理。他们害怕被人评价，害怕把事情搞砸，这说明当代的教养方式已经浸透了这种焦虑情绪。父母们一直被告知，抚育子女是他们的责任也是他们的负担，他们应当确保孩子健康快乐、学业有成，确保他们有个正常的体重；要是他们做不到，或者做得很吃力，专家们就会围追堵截地告诉他们，他们做得不对，还要指责他们的失败。

父母们的一个主要关切，就是对孩子安全的可预见性威胁，同时还有如何消除掉孩子生活中的每一次威胁，尽管这不可能而且也不可取。社会学家玛丽·简·凯西里（Mary Jane Kehily）说道："从父母对待孩子安全问题的方式上，就能看出父母们的明显偏执。人们对这个问题的态度,已经从普通的关心演化为了全民的强迫症。"[49]大人越来越担惊受怕,为子女感到焦虑,并将这种担忧投射到了子女的身上,而这对每个人的生活和自由都是不利的。为了重申第五章的观点,这里引用一下前英国儿童游戏委员会(UK Children's Play Council,现游戏英国[Play England])主席蒂姆·吉尔(Tim Gill)的话:"在过去的30年里,之前孩子想都不想就可以玩的活动,被重新贴上了'令人担心'和'危险'的标签,而允许他们这么玩的家长也被斥为不负责任。童年,正被成年人对风险越来越多的抵制瓦解,正被成人对孩子生活种种的担忧瓦解。随之而来的连锁反应是极为严重的。"[50]尽管儿童面临的很多问题和风险,都来自社会的不平等以及糟糕的官方政策,但这种媒体煽动的育儿偏执,同样会使当今儿童的境遇看起来比过去更糟。

是不是过去更好?是不是当年的孩子当时更快乐?这些问题根本无法回答。任何一种立场都会有自己的证据,而重点在于,你要从哪个视角来看待儿童的生活。在物质层面,孩子无疑过得好多了(尽管很多依旧相对贫困),病痛的折磨少了,童年的生存概率也大大提高。孩子得到了法律保护,在社会和家庭中有了全新的角色,人们也对儿童的身心健康有了更大的兴趣和关注。但对儿童生活经历的担忧也越来越严重了,父母保护子女的压力也更加沉重了。童年总是个让人情绪化的话题,但是看过了这么多的例证,其实不难发现一条中庸之道。过去40年中,童年已经发生了天翻地覆的变化,但是再往前40年、80年,它依旧是在变化的。我们会为此嗟叹,但孩子们不会。唯一能确定的就是,今天的孩子依旧会成长起来,会用自己感觉最好的方式来抚育自己的子女,而他们的方式也必然让今天的父母忧心不已。

结语　工作愉快，会玩懂爱，心怀期待

说到养孩子，专家与父母之间长久地存在一场权力争夺战，看看谁才真正懂孩子，谁才知道什么是对孩子最好的。所以也难怪，父母们一方面会不约而同地拒绝一些观点（也拒绝承认，为人父母太重要也太艰难，他们不能独自承受），但另一方面又极力想得到些建议和指导，"把事情做好"。同样地，那些毕生致力于照顾孩子或者研究儿童生活经历的人，有时也会很沮丧地发现，自己的贡献往往被家长忽略或者舍弃了，被人称为"常识"。

这本书并不是本实用指南，不会教父母如何培养出健康快乐、举止得体、自信阳光的孩子。而且最近的研究表明，有些父母手册往往是在帮倒忙，家长们（尤其是母亲们）自助图书和育婴手册读得越多，他们的状态就越差，身心压力也越大。[1]但这本书并不想给读者徒增压力。相反，我们想给父母们一些定心丸——如果连专家都达不成共识，什么都还没有定论，那父母自己的困惑和忧虑也就都可以理解了。要搞清楚这么多竞争的、有时甚至冲突的观点并不容易，尤其是对当今的父母来说，抚养本身就已深陷焦虑甚至偏执的泥淖之中。这有一部分原因在于，现在犯错的代价太高了。在这个后弗洛伊德时代，一个被公认的真理就是：未来的成功与失败的种子，在童年时就已播下了。而且我们生活在一个信息时代——我们需要（以及不需要）知道的一切，点几下鼠标就唾手可得。既然已经有了那么多的研究和信息，我们便会本能地认为，那些和孩子打交道的人（无论是家长还是专业人士）应该已经知道"怎么养孩子最好"这个基本问题的答案了——这本书的副标题是"那些证据告诉我们的事"，通读本书之后我们可以说，我们想知道的，"证据"都能告诉我们。

然而，就像整本书所要表达的，现实生活并不总是非黑即白的。像成功与失败，甚至幸福与不幸这样的概念，都是非常模棱两可的。并不是世界上所有的父母都觉得这些很重要：觉得孩子就该快乐这种想法，在其他文化中也许就会遭到驳斥，就连在我们自己的童年时代，做个好孩子（这意味着要行为得体和温顺，可能要敬畏上帝，而且要无比听从于父母）比快乐重要多了。成功与自信的问题更大了——谁来定义成功？成功意味着什么？是金钱？是成为运动健将？还是拥有和睦的家庭？同样地还有自信的概念——我们强调听话、孝顺和对家庭成员负责的品质，而不是强调个人主义，因此自信远排在之后。今天，韧性已经成了很多学校的时髦词，但它依旧是个无法实现的目标，只能让教师和家长再折腾一圈。一方面，家长和教师（在理想情况下）必须要保护并教育孩子，既让他们免于伤害，又要让他们（一定程度上）接触到风险，从而让他们学会坚韧的品格，在学会成功的同时也要学会面对失败。教师和其他专业人士必须要辅助家长，同时也要接管父母的一些职责，比如确保孩子饮食健康，跟同龄人友好相处，还要教会他们公民之道，但与此同时，也不能过度侵犯孩子的家庭生活——这又是一个几乎不可能实现的平衡。

在所有这些过程和关系中，孩子并不只是一个被动的对象，有必要看到孩子自己的作用——用社会学的术语来说就是，他们的"能动性"（agency）。儿童曾经被当作一块白板，等父母留下印迹；后来他们被看作主动发展却能力不足的个体；直到近来，研究才开始认真地对待儿童的视角和体验。这项工作的大部分内容与大学里儿童研究领域的开辟重合，认为为人父母不是一个单向的过程，孩子也会影响到父母——以及父母的教养方式——二者之间的影响等量齐观。这也就是为什么我们这本书会强调孩子的声音。它们不仅提供了另一种视角，同时也能体现出，儿童也是一个积极的参与者，父母的教养是一个双向的互动过程，而不是单方面的强加。对成年人来说，这些观点接受起来很困难，也很有挑战，但它们从本质上来说是积极的，而且可以缓解父母身上的一些压力。儿童可以而且确实也在适应环境，他们会挑战并回避父母告诉他们的事。虽然每天这样都有这种反抗令人恼火，但这也反映出孩子很清楚自己的能动性，也能够变得既坚韧又自主。

现代的家庭教养常被看作父母、孩子、专业人士和科研人员等不同群体争斗的场所，他们在争论怎么做才是最好的，做错了会有什么样的后果。然而这场关于养孩子的技巧、观念、方式等方面的博弈却忽略了教养与抚育中相对看不见的一个方面——孩子与父母和其他成年人之间相互带来的快乐、爱意和满足感——这是教养研究、学术著作和育婴手册中都很少提及的领域，却是父母（和儿童）生活中的核心部分。所以快乐的家庭和社区生活常常被当作不可能的奢望，或被当作一种对过往的情绪宣泄，但是很多人依旧会从家庭中、从养孩子的过程中、从和孩子合作的过程中收获幸福。为人父母（无论谁来做）是份苦差事，它让人失望，无聊，有时候完全是重复性的，而自己的付出换来的，可能只是孩子的忘恩负义和固执反抗。但为人父母也会在某个瞬间带来极致的幸福和领悟。为人父母有时看起来就像一场不可能的杂技，但大多数家长最后都表现得非常出色，偶有失误，养出的孩子却也都像切性那章说的一样，"工作愉快，会玩懂爱，心怀期待"。

注释

引言

1. 通过引用大量与异常儿童（different children，包括侏儒症、自闭症、精神分裂症及性别认同障碍）的家长的访谈实例，所罗门讨论了这些家长将面临的挑战，同时也反思了自己作为同性恋家长的个人经验。Solomon, A. (2012) *Far From the Tree. Parents, children and the search for identity*. London: Chatto and Windus, p. 8。

2. Cunningham, H. (1991) *Children of the Poor: Representations of childhood since the seventeenth century*. Oxford: Blackwell.

3. Plomin, R., DeFries, J. C., McClearn, G. E. and Rutter, M. (1997) *Behavioral Genetics*, 3rd edn. New York: W. H. Freeman.

4. 关于不同养育文化的杰当代记载可参见 Lee, E., Bristow, J., Faircloth, C. and Macvarish, J. (eds) (2014) *Parenting Culture Studies*. Basingstoke: Palgrave Macmillan. 中的各篇文章。

5. 卡洛琳·加特莱尔（Caroline Gatrell）写道，她的书"是关于父母身份［parenthood］的社会学，但焦点在于母亲的身份，因为作家和政府谈论父母教养方式的时候（尤其涉及很小的孩子的时候），他们隐含的意思就是在讨论母亲的教养方式"。Gatrell, C. (2005). *Hard Labour: The sociology of parenting*. Maidenhead: Open University Press, p. 3

6. Churchill, H. (2011) *Parental Rights and Responsibilities*. Bristol University: Policy Press.

7　Alanen, L. and Mayall, B. (2001) *Conceptualizing Child–Adult Relationships*. London: Routledge.

第一章　该如何照看孩子？

1　Meyer-Rochow, V. B. (2009) 'Food taboos: their origins and purposes'. *Journal of Ethnobiology and Ethnomedicine*, 5: 18. Available at <https://ethnobiomed.biomedcentral.com/articles/10.1186/1746-4269-5-18>.

2　Newsweek (2015) 'How stress can affect you and your unborn baby', 22 March 2015. Available at <http://europe.newsweek.com/how-calm-your?anxiety-during-pregnancy-315242? rm=eu> (accessed 31July 2017).

3　Lee, E. (2014) 'Policing pregnancy: The pregnant woman who drinks', in E. Lee, J. Bristow, C. Faircloth and J. Macvarish (eds) *Parenting Culture Studies*. Basingstoke: Palgrave Macmillan.

4　Jones, K. L, Smith, D. W. (1973) 'Recognition of the fetal alcohol syndrome in early infancy'. *The Lancet*, 302: 7836, 999–1001.

5　关于如何"发现"胎儿酒精综合征及其诊断方法的批判性分析，参见 Armstrong, E. M. (1998) 'Diagnosing moral disorder: The discovery and evolution of Fetal Alcohol Syndrome'. *Social Science and Medicine*, 47: 12, 2025–42。

6　参见 Armstrong, 1998; Lee, 2014。

7　Sayal, K., Draper, E., Fraser, R., Barrow, M., Davey Smith, G. and Gray, R. (2013) 'Light drinking in pregnancy and mid-childhood mental health and learning outcomes'. *Archives of Diseases in Childhood*, 98: 2, 2 107–11.

8　Mamluk, L. et al. (2017) 'Low alcohol consumption and pregnancy and childhood outcomes: time to change guidelines indicating apparently "safe" levels of alcohol during pregnancy? A systematic review and meta-analyses'. BMJOpen. Available at <http://bmjopen.bmj.com/content/7/7/e015410>(accessed 25 September 2017).

9　Niclasen, J., Andersen, A-M. N., Teasdale, T. W. and Strandberg-Larsen, K. (2014) 'Prenatal exposure to alcohol, and gender differences on child mental health at age seven years'. *Journal of Epidemiology and Community Health*, 68: 3,

224–32.

10 孕期饮酒的影响是出了名地难以研究。饮酒的污名化意味着，很多女性并不愿意告知健康专家和研究者她们孕期有饮酒行为。一个办法是分娩一两年之后再让她们回忆自己当年喝了多少酒，但是她们可能又记不清楚了。挪威公共卫生研究院（Norwegian Institute of Public Health）2017 年的一份报告认为，英国女性最有可能饮酒，孕期饮酒比例约为 28.5%，而挪威女性只有 4.1%。然而"饮酒"一词包含着不同量级的行为，这些研究者认为怀孕期间一个月内摄入 1 酒精单位即构成饮酒——但这是在英国的指导方针允许范围之内的。我们还可以再刻薄一点地问，这是不是因为英国女人比挪威女人更愿意说实话呢？还是说，考虑到挪威的酒价，是不是只因为那边的女人买不起呢？详情参见 Mårdby, A-C., Lupattelli, A. and Hensing, G. (2017) 'Consumption of alcohol during pregnancy – A multinational European study'. *Women and Birth: Journal of the Australian College of Midwives*, 30: 4, 207–13。

11 Sayal, K., Heron, J., Golding, J. and Emond, A. (2007) 'Prenatal alcohol exposure and gender differences in childhood mental health problems: A longitudinal population-based study'. *Pediatrics*, 119: 2, 426–34.

12 Meehan, C. L. and Crittenham, A. N. (eds) (2016) *Childhood: Origins, evolution and implications*. Albuquerque: University of New Mexico Press.

13 Fildes, V., Marks, L. and Marland, H. (2013) *Women and Children First: International maternal and infant welfare*, 1870–1945. London: Routledge.

14 Aitkins, K. (2006) *A Pharmacy of Her Own: Victorian women and the figure of the opiate*. PhD Dissertation, Tufts University, Medford, MA.

15 Behrmann, B. (2003) 'A reclamation of childbirth'. *Journal of Perinatal Education, 12:3, vi-x.*

16 Behrmann, 2003, p. 4.

17 McKenzie-Mohr, S. and Lafrance, M. (2014) *Women Voicing Resistance: Discursive and narrative explorations*. London: Routledge.

18 2017 年 8 月，英国皇家助产士学院院长凯西·沃里克（Cathy Warwick）发表声明称，学院的"自然分娩运动"已经告终，因为这一运动使很多未能实现无协助顺产的女性感到挫败。而且，在英国只有 40% 的女性可以不借助剖宫产、引产、器械辅助或硬膜外麻醉技术就顺利分娩,所以说采取干预才是自然的。'Midwives back down on natural childbirth', *The Times,* 12 August 2017, p. 1。

19 比如可参见 Bowlby, J. (1982) *Attachment*. New York: Basic Books; Mercer, J. (2011) 'Attachment theory and its vicissitudes: toward an updated theory'. *Theory and Psychology*, 21: 1, 25–45; Rutter, M. (1995) 'Clinical implications of attachment concepts: retrospect and prospect'. *Journal of Child Psychiatry and Psychology*, 36: 4, 549–71; Waters, E. and Cummings, E. M. (2000) 'A secure case from which to explore close relationships'. *Child Development*, 71:1, 164–72.

20 Birns, B. (1999) 'Attachment theory revisited: Challenging conceptual and methodological sacred cows'. *Feminism and Psychology*, 9: 1, 10–21.

21 NHS England (2014) 2014–15 National Health Visiting Core Service Specification. Available at < https://www.england.nhs.uk/wp-content/uploads/2014/03/hv-serv-spec.pdf > (accessed 31 January 2018), p.9.

22 Milford, R. and Oates, J. (2009). 'Universal screening and early intervention for maternal mental health and attachment difficulties'. *Community Practitioner*, 82: 8, 30–33.

23 鲍尔比承认,"母亲"可能不仅指那个给予生命的人,可能是任何一个与孩子产生依恋关系的母性角色。

24 Tizard, B., and Rees, J. (1975) 'The effect of early institutional rearing on the behavior problems and affectional relationships of four-year-old children'. *Journal of Child Psychology and Psychiatry*, 16: 1, 61–73.

25 LeVine, R. and LeVine, S. (2016) *Do Parents Matter? Why Japanese babies sleep soundly, Mexican siblings don't fight, and American families should just relax.* New York: Public Affairs, Perseus Books.

26 Hollway, W. (2015) *Knowing Mother: Researching maternal identity change*. Basingstoke: Palgrave Macmillan.

27 Birns, 1999.

28 Birns, 1999.

29 Lamb, M. E. (2010) *The Role of the Father in Child Development*. Chichester:

John Wiley.

30 Hewlett, B. (1991) *Intimate Fathers: The nature and context of Aka pygmy paternal infant care*. Ann Arbor: University of Michigan Press.

31 Working Families/Brighter Horizons (2017) *The Modern Families Index*. London: Working Families/Brighter Horizons. Available at <https://www.workingfamilies.org.uk/wp-content/uploads/2017/01/Modern-Families?Index_Full-Report.pdf> (accessed 31 July 2017).

32 LeVine and LeVine, 2016.

33 希斯·蒙哥马利的祖母于 1937 年生下儿子（希斯的父亲）后有人这样告诉她。

34 Brown, A. (2016). *Breastfeeding Uncovered: Who really decides how we feed our babies?* London: Pinter and Martin Ltd.

35 Brown, 2016.

36 Levenstein, H. (1983) ' "Best for Babies" or "Preventable Infanticide"? The controversy over artificial feeding of infants in America, 1880–1920'. *Journal of American History*, 70: 1, 75–94.

37 Hardyment, C. (2007) *Dream Babies: Childcare advice from John Locke to Gina Ford*. London: Francis Lincoln.

38 引自 Hardyment, 2007, p. 247。

39 这些关切使得 1977 年雀巢公司的配方奶粉在非洲和亚洲的一些侵略性市场行为遭到联合抵制。

40 Editorial (2016) 'Breastfeeding: Achieving the new normal'. *The Lancet*, 387: 10017, 404.

41 Wolf, J. H. (2003) 'Low breastfeeding rates and public health in the United States'. *American Journal of Public Health*, 93: 12, 2000–10; Leung A. K., Sauve, R. S. (2005) 'Breast is best for babies'. *Journal of the National Medical Association*, 97: 7, 1010–19.

42 Hendrick, H. (2016) *Narcissistic Parenting in an Insecure World*. Bristol University: Policy Press.

43 Hendrick, 2016.

44 比如英国剑桥的彩虹日托（Rainbow Day Nursery）就鼓励，如果孩子的

第二章　成为父母对一个人有何影响？

1. 大量研究进而考察了孕期和产后女性的情绪反应、情绪变化和抑郁率。可参见 Borthwick, R., Macleod, A., Stanley, N. (2004). Antenatal Depression: developing an effective and co-ordinated service response. Available at <www.positivelypregnant.org> (accessed August 2017); Crawley R, A, Dennison, K., Carter, C. (2003) 'Cognition in pregnancy and the first year post-partum', *Psychology and Psychotherapy: Theory, research and practice*. 76: 1, 69–84; Buckwalter, J. G., Stanczyk, F. Z., McCleary, C. A., et al. (1999) 'Pregnancy, the post-partum, and steroid hormones: effects on cognition and mood'. *Psychoneuroendocrinology* 24: 1, 69–84.

2. 许多女性报告在孕期和产后初期有记忆模糊和好忘事的症状，也有相当一部分女性称自己在孕期和产后情绪大变。这些症状都是研究的焦点，具体讨论可见于 Crawley, R. A., Dennison, K. and Carter, C. (2003) 'Cognition in pregnancy and the first year post-partum'. *Psychology and Psychotherapy: Theory, research and practice*, 76: 1, 69–84; Crawley, R., Grant, S. and Hinshaw, K. (2008) 'Cognitive changes in pregnancy: Mild decline or societal stereotype?' *Applied Cognitive Psychology*, 22: 8, 1142–62 ; Oatridge, A., Holdcroft,A., Saeed, N., et al. (2002) 'Change in brain size during and after pregnancy: Study in healthy women and women with pre-eclampsia', *American Journal of Neuroradiology*, 23: 1, 19–26; Pilyoung, K., Leckman, J. F., Mayes, L.C., et al. (2010) 'The plasticity of human maternal brain: longitudinal changes in brain anatomy during the early postpartum period'. *Behavioral Neuroscience* 124: 5, 695–700.

3. Oatridge, Holdcroft, Saeed, et al., 2002.

4. 近期研究表明，妊娠涉及荷尔蒙激增和生理上的调整。然而，妊娠对人类大脑的影响仍未可知。一份前瞻性（聚焦妊娠的"前"与"后"）的研究设置了初次怀孕的母亲、孩子的父亲以及控制组三组对象，并发现妊娠致使脑结构发生了实质性的改变，主要是负责社会认知的脑区的灰质体积发生缩减。妊娠期间灰质体积的变化可用于预测产后的母子依恋程度，也就是说，这是一种为母亲身份转换而服务的适应性过程。另一组跟踪实验显示，灰质体积缩小的情况会在产后继续存在至少两年。Hoekzema, E.,Barber-Miller, E., Pozzobon, C., Picado, M., Lucco, F., García-García, D., Soliva, J. C., Tobeña, A., Desco, M., Crone, E. A., Ballesteros, A., Carmona, S. and Vilarroya, O. (2017) 'Pregnancy leads to long-lasting changes in human brain structure'. *Nature Neuroscience*, 20: 2, 287–96.

5   Hoekzema et al., 2017.

6   Bartels, A. and Zeki, S. (2004) 'The neural correlates of maternal and romantic love'. *Neuroimage*, 21: 3, 1155–66.

7   LaFrance, A. (2015) 'What happens to a woman's brain when she becomes a mother?' 参见 <http://www.theatlantic.com/health/archive/2015/01/what-happens-to-a-womans-brain-when-she-becomes-a-mother/384179/> (accessed 2 July 2017).

8   Feldman, R., Monakhov, M., Pratt, M. and Ebstein, R. P. (2016) 'Oxytocin pathway genes; Evolutionary ancient system impacting on human affiliation, sociality, and psychopathology'. *Biological Psychiatry*, 79: 3, 174–84.

9   Kim, P. (2016) 'Human maternal brain plasticity: Adaptation to parenting'. *New Directions for Child and Adolescent Development*, 153, 47–58.

10 Abraham, E., Hendler, T., Shapira-Lichter, I., Kanat-Maymon, Y., Zagoory-Sharon, O., Feldman, R.(2014) 'Father's brain is sensitive to childcare experiences'. *Proceedings of the National Academy of Sciences of the United States of America*, 111: 27, 9792–7.

11 Swain, J. (2008) 'Baby stimuli and the parent brain: Functional neuroimaging of the neural substrates of parent-infant attachment'. *Psychiatry*, 5: 8, 28–36.

12 Abraham, Hendler, Shapira-Lichter, Kanat-Maymon, Zagoory-Sharon and Feldman, 2014.

13 许多研究者都讨论过，神经生物学可以在多大程度上解释儿童前五年脑部发育的重要性以及与智力发展的关系。可参见 Bruer, J. T., (1999) *The Myth of the First Three Years, A new understanding of early brain development and lifelong learning*. New York: Free Press; Kagan, J. (1998) 'The allure of infant

determinism', in J. Kagan (ed.) *Three Seductive Ideas*. Harvard, MA: Harvard University Press, pp. 83–151; Macvarish, J., Lee, E. and Lowe, P. (2014) 'The "first three years" movement and the infant brain: A review of critiques'. *Sociology Compass*, 8:6, 792–804.

14 LeVine, R., Dixon, S., LeVine, S., Richman, A., Leiderman, P. H., Keefer, C. and Brazelton, Y. B. (2005) *Childcare and Culture: Lessons from Africa*. Cambridge:Cambridge University Press.

15 Scheper-Hughes, N. (1992) *Death Without Weeping: The violence of everyday life in Brazil*. Berkeley: University of California Press.

16 LeVine et al., 2005.

17 Furedi, F. (2001) *Paranoid Parenting*. London: Allen Lane.

18 Hollway, W. (2015) *Knowing Mother: Researching maternal identity change*. Basingstoke: Palgrave Macmillan.

19 Belsky, J., Conger, R. and Capaldi, D. M. (2009) 'The intergenerational transmission of parenting: introduction to the special section'. *Developmental Psychology*, 45:5, 1201–04.

20 Roskam, I. (2013) 'The transmission of parenting behaviour within the family: An empirical study across three generations'. *Psychologica Belgica*, 53: 3, 49–64.

21 Solomon, A. (2013). *Far From the Tree. Parents, children and the search for identity*. London: Chatto and Windus.

22 James, O. (2001) *They F*** You Up: How to survive family life*. London: Random House.

23 James, O. (2010) *How Not To F*** Them Up*. London: Random House.

24 迈克尔·鲁特在BBC广播4台谈过他的职业生涯。http://www.bbc.co.uk/programmes/b04581j9.

25 Pinker, S. (2002) *The Blank Slate. The modern denial of human nature*. London: Penguin Books, p. 399.

26 Murphy, L and Moriarty, A. (1976) *Vulnerability, Coping and Growth*. New Haven, CT: Yale University Press.

27 Freud, S. (2002) *The Psychopathology of Everyday Life*, translated by Anthea Bell. London: Penguin Books (first published in German in 1901 and in Gesammelte

Werke in 1941).

28　Gerhardt, S. (2004) *Why Love Matters: How affection shapes a baby's brain*, Abingdon: Routledge.

29　神经科学家和研究者用脑可塑性一词指人脑发生改变的能力。脑可塑性科学是研究这些生理变化的学科。比如说，人脑中的灰质会微缩或增厚，而神经连接则可以建立、削弱甚至切断。脑部的改变意味着认知过程（包括记忆、语言和思维等）和行为的改变。

30　Feldman, R. (2015) 'The adaptive human parental brain: Implications for children's social development'. *Trends in Neurosciences*, 38: 6, 387–99.

31　英国经济和商业研究中心正在进行的一样研究表明，把孩子养到12岁的花费已经从2016年的222458英镑涨到了2017年的227266英镑，比一套半独立小屋的均价还要贵。平均来说，其中家长在保姆和儿童看护方面要花超过70000英镑，而校服、午餐、教材和郊游之类的教育相关开支则有74000英镑之多。这是养育公立学校孩子的开销，私立学校孩子的父母则要准备373000英镑左右。参见 <https://cebr.com/?s=cost+of+raising+a+child> (accessed August 2017).

32　参见 <http://www.ons.gov.uk/peoplepopulationandcommunity/birthsdeathsandmarriages/families/bulletins/familiesandhouseholds/2015-01-28#lone-parents> (accessed June 2017).

33　参见 <http://www.oneplusone.org.uk/content_topic/day-to-day-life/working-mothers/(accessed May 2017).

34　很多媒体会在新闻副标题里引用近来关于父母工作的影响的研究，比如说《每日邮报》说"职业女性置孩子的未来于不顾"。参见 <http://www.dailymail.co.uk/news/article-30342/Working-mothers-risk-damaging-childs-prospects.html> (accessed June 2017)；或者《每日电讯报》说的"上班的妈妈们听好了！咱的孩子快要被学校开除了"。参见 <http://www.telegraph.co.uk/women/mother-tongue/11340513/Working-mums-Were-in-danger-of-getting-our-kids-excluded.html> (accessed July 2017)。

35　Ermisch, J. and Francesconi, M. (2001) 'The effect of parents' employment on outcomes for children'. York: Joseph Rowntree Foundation. 参见 <https://www.jrf.org.uk/report/effect-parents-employment-outcomes?children >(accessed 21 September 2017)。

36 英国家庭状况调查项目始于1991年,涉及的样本结构从未改变,直至2011年项目完结。该研究包括对样本家庭中的每一位成年人的访谈。第一批访谈对象包括大不列颠境内250个地区中由10300个公民组成的共5500个家庭。1999年额外补充了苏格兰和威尔士的1500个家庭进入主样本,并于2001年再次加入了北爱尔兰的2000个家庭样本。埃米施和弗朗切斯科尼借用英国家庭状况调查的成果,比较了20世纪70年代516对子女的发展结果与他们父母就业形式的关系。

37 Brooks-Gunn, J., Han, W. and Waldfogel, J. (2010) 'First-year maternal employment and child development in the first 7 years'. *Child Development*, 75: 2, 7–9.

38 林恩·克雷格运用澳大利亚统计局的时间使用调查(Time Use Survey, 1997)的数据开展深度调查(涉及超过4000个随机抽取的家庭样本),比较了职业男性、职业女性以及未就业的女性在时间分配上的差异。研究显示出父母平衡工作与儿童照料时间的方式。可确定的策略有(1)减少其他活动的时间(主要是睡觉、休闲、洗浴、穿衣打扮和吃饭);(2)重新安排计划(周末的事务挪到工作日,或者把白天的时间留给特定的事务)。参见 <https://www.sprc.unsw.edu.au/media/SPRCFile/DP136.pdf> (accessed June 2017)。

39 Craig, L. (2007) *Contemporary Motherhood: The impact of children on adult time.* Abingdon: Ashgate.

40 Cummings, E. M. and Davies, P. T. (1994) 'Maternal depression and child development'. *Journal of Child Psychology and Psychiatry*, 35: 1, 73–112; Winsler, A. and Wallace G. L. (2002) 'Behavior problems and social skills in preschool children: parent–teacher agreement and relations with classroom observations'. *Early Education and Development*, 13: 1, 41–58.

41 进一步了解关于父母幸福与孩子人际与情绪发展关系的研究,可见 Crnic, K.A. and Low, C. (2002) 'Everyday stresses and parenting', in M.H. Bornstein (ed.), *Handbook in Parenting: Practical issues in parenting*, Vol. 5, Hove, UK: Psychology Press; Dix, T. and Meunier, L. N. (2009) 'Depressive symptoms and parenting competence: an analysis of 13 regulatory processes'. *Developmental Review*, 29: 1, 45–68; Goodman, J. H. (2004) 'Paternal postpartum depression,

its relationship to maternal postpartum depression: and implications for family health'. *Journal of Advanced Nursing*, 45: 1, 26–35; Gross, H. E., Shaw, D. S., Moilanen, K. L., Dishion, T. J. and Wilson M. N. (2008) 'Reciprocal models of child behavior and depressive symptoms in mothers and fathers in a sample of children at risk for early conduct problems'. *Journal of Family Psychology*, 22: 5, 742–75; Jarvis P. A., Creasey, G. L. (1991) 'Parental stress, coping, and attachment in families with an 18-month-old infant'. *Infant Behavior and Development*, 14: 4, 383–95。

42 Talge, N. M., Neal, C. and Glover, V. (2007) 'Antenatal maternal stress and long-term effects on child neurodevelopment: How and why?' *Journal of Child Psychology and Psychiatry*, 48: 3–4, 245–61.

43 O'Donnell, K., O'Connor, T. G. and Glover, V. (2009) 'Prenatal development and neurodevelopment of the child: Focus on the HPA axis and the role of the placenta'. *Developmental Neuroscience*, 31, 285–92.

第三章 何为"家庭"？家庭有优劣之分吗？

1 Giddens, A. (1998) *Sociology*. Cambridge: Polity Press, p. 140.

2 Piaget, J. (1928) *Judgment and Reasoning in the Child*. London: Kegan Paul.

3 Roe, A., Bridges, L., Dunn, J. and O'Connor, T. G. (2006) 'Young children's representations of their families: A longitudinal follow-up study of family drawings by children living in different family settings'. *International Journal of Behavioural Development*, 30: 6, 529–36.

4 Mason, J. and Tipper, B. (2008) 'Being related: How children define and create kinship'. *Childhood*, 15: 4, 441–60.

5 Smart, C., Neale, B. and Wade, A. (2001) *The Changing Experience of Childhood: Families and divorce*. Cambridge: Polity Press, p. 42.

6 2016年人类受精与胚胎管理局（Human Fertilization and Embryology Authority,）宣布，寻求体外受精（IVF）手段的单亲母亲数量已从2007起翻了一倍。参见 <http://www.hfea.gov.uk/> (accessed August 2017)。

7 Golombok, S. (2015) Modern Families. Cambridge: Cambridge University

Press.

8 Blake. L., Casey, P., Jadva, V. and Golombok, S. (2013) '"I was quite amazed" :Donor conception and parent–child relationships from the child's perspective'. *Children and Society*, 28: 6, 425–37, p. 433.

9 Blake et al., 2013, p. 426.

10 Morrow, V. (1998) *Understanding Families: Children's perspectives*. London: National Children's Bureau.

11 Morrow, 1998, pp. 24–5.

12 Morrow, 1998, p. 27.

13 Sutton, C. (2017) What Counts as Happiness for Young People? unpublished PhD dissertation, Open University, Milton Keynes, p. 108.

14 Punch, S. (2008) '"You can do nasty things to your brothers and sisters without a reason": Siblings' backstage behaviour'. *Children and Society*, 22: 5, 333–44; 也可参见 Edwards, R., Hadfield, L., Lucey, H., Mauthner, M. (2006) *Sibling Identity and Relationships: Sisters and brothers*. Abingdon: Routledge; McIntosh, I. and Punch, S. (2009) '"Barter", "deals", "bribes" and "threats": Exploring sibling interactions'. *Childhood*, 16: 1, 49–65。

15 Weisner, T. and Gallimore, R. (1977) 'My brother's keeper: Child and sibling caretaking'. *Current Anthropology*, 18: 2, 169–90.

16 Howe, N. and Recchia, H. (2014) 'Sibling relations and their impact on children's development', in Encyclopaedia of Early Childhood Development. 参见 <http://www.child-encyclopedia.com/peer-relations/according-experts/sibling-relations-and-their-impact-childrens?development>。

17 Morrow, 1998, p. 31.

18 Punch, 2008, p. 338.

19 Morrow, V. (2009) 'Children, young people and their families in the UK', in H. Montgomery and M. Kellett (eds) *Children and Young People's Worlds: Developing frameworks for integrated practice*. Bristol University: Policy Press.

20 Hylton, C. (1995) *Coping with Change. Family transitions in multi-cultural communities*. London: National Stepfamily Association.

21 Kramer L., Baron, L. A. (1995) 'Parental perceptions of children's sibling rela-

tionships'. Family Relations: *Journal of Applied Family and Child Studies*, 44: 1, 95–103.

22 Ross, H. S. (2014) 'Parent mediation of sibling conflict: Addressing issues of fairness and morality', in C. Wainryb and H. Recchia (eds.) *Talking about Right and Wrong: Parent–child conversations as contexts for moral development*. Cambridge: Cambridge University Press.

23 Brooks, F., Klemera, E., Offredy, M., Hill, C., Cook, L. and Clark, R. (2009) Do Grandparents Matter? The impact of grandparenting on the well-being of children. University of Hertfordshire: Family Matters Institute. 参见 <http://www.familymatters.org.uk/researchpublications/Do_Grandparents_Matter.pdf> (accessed 10 September 2017)。

24 Ross, N., Hill, M., Sweeting, H. and Cunningham-Burley, S. (2005) *Relationships Between Grandparents and Teenage Grandchildren*. Edinburgh: Centre for Research on Families and Relationships.

25 Solomon, J. C. and Marx, J. (1995) '"To grandmother's house we go": Health and school adjustment of children raised solely by grandparents'. *The Gerontologist*. 35: 3, 386–94.

26 皮尤研究中心比对了美国人口统计学趋势后发现，单亲家庭子女的比例已从20世纪60年代的9%激增至21世纪头十年的25%左右。英国国家统计局表示，英国带孩子的单亲父母的数量从2004年的190万增加到了2014年的200万，并且在同性同居伴侣组成的家庭中，11%需要抚养孩子。尽管这样，非传统家庭依旧遭遇偏见。例如，七成的美国人认为，带孩子的单身母亲越来越多这个趋势对社会有潜在的威胁。这也就是说，在单亲家庭和同性恋家庭中长大的孩子将面临更多的挑战，比如社会偏见和社交上的排挤。参见 <http://www.pewsocialtrends.org/2010/11/18/the?-decline-of-marriage-and-rise-of-new-families/2/#ii-overview > (accessed May 2017).

27 关于这类发现的综述与讨论，参见 Dunn, J., Deater-Deckard, K., Pickering, K. and O'Connor, T. G. (1998) 'Children's adjustment and prosocial behaviour in step-, single-parent, and non-stepfamily settings: Findings from acommunity study'. *Journal of Child Psychology and Psychiatry*, 39: 8, 1083–95; O'Connor,

T. G., Dunn, J., Jenkins, J. M., Pickering, K. and Rabash, J. (2001) 'Family settings and children's adjustment: Differential adjustment within and across families'. *British Journal of Psychiatry*, 179: 2, 110–15。

28 Wallerstein, J. and Blakeslee, S. (1989) *Second Chances: Men, women and children a decade after divorce*. New York: Houghton Mifflin; Wallerstein, J. and Blakeslee, S. (2002) *The Unexpected Legacy of Divorce: A 25-year landmark study*. London: Fusion.

29 Wallerstein and Blakeslee, 1989, p. 299.

30 Grady, D. (2012) 'Judith S. Wallerstein, Psychologist Who Analyzed Divorce, Dies at 90', *New York Times*, 20 June. 参见 <http://www.nytimes.com/2012/06/21/health/research/judith-s-wallerstein?psychologist-who-analyzed-divorce-dies-at-90.html >.

31 Grady, 2012.

32 Smart, C. (2003) 'New perspectives on childhood and divorce'. *Childhood*, 10: 2, 123–9.

33 Dunn, J. and Layard, R. (2009) *A Good Childhood: Searching for values in a competitive age*. London: Penguin.

34 Dunn, J. (2004) 'Children's relationships with their non-resident fathers'. *Journal of Child Psychology and Psychiatry*, 45: 4, 659–71.

35 Maes, S., De Mol, J. and Buysse, A. (2011) 'Children's experiences and meaning construction on parental divorce: A focus group study'. *Childhood*, 19: 2, 266–79.

36 Mishcon De Reya and Place2Be (eds) (2016) *Splitting Up – A child's guide to a grown-up problem*. London: Mishcon De Reya, p. 10.

37 Smart et al., 2001.

38 Jaffee, S., Moffitt, T. E., Caspi, A. and Taylor, A. (2003) 'Life with (or without) father: The benefits of living with two biological parents depend on the father's antisocial behavior'. *Child Development*, 74: 1, 109–26.

39 McLanahan, S. and Sandefur, G. (1994) *Growing Up with a Single Parent: What hurts, what helps*. Cambridge, MA: Harvard University Press.

40 Amato, P. R., and Gilbreth, J. G. (1999) 'Non-resident fathers and children's

well-being: A meta-analysis'. *Journal of Marriage and the Family*, 61, 557–73.

41 伦敦大学学院托马斯·科伦研究小组发现，87% 的男性在离异后仍会与子女保持联系，尽管只有 49% 说自己会在周末或假期去看望他们。但即使这样，仍有 81% 的离异父亲表示自己与不住在一起的孩子依旧关系密切。TCRU(2017) *Who are Fathers?* 参见 <http://www.modernfatherhood.org/themes/who-are-fathers/?view=key-facts-and-figures> (accessed 31 July 2017).

42 O'Brien, M., Alldred, P. and Jones, D. (1996) 'Children's constructions of family and kinship', in J. Brannen and M. O'Brien (eds) *Children in Families: Research and policy.* London: Falmer Press.

43 Jaffee et al., 2003.

44 Europa.eu (2016) *Parental Responsibility*. 参见 <http://europa.eu/youreurope/citizens/family/children/parental-responsibility/index_en.htm>。

45 Kruk, E. (2013). '"Bird's Nest" co-parenting arrangements: When parents rotate in and out of the family home', *Psychology Today*, 16 July 2013, 参见 <https://www.psychologytoday.com/blog/co-parenting-after?divorce/201307/birds-nest-co-parenting-arrangements >.

46 Jaffee et al., 2003, p. 110.

47 引自 Faircloth, C. (2014) 'Intensive fatherhood? The (un)involved dad', in E. Lee, J. Bristow, C. Faircloth and J. Macvarish (eds.) *Parenting Culture Studies*. Basingstoke: Palgrave Macmillan, p. 184。

48 Moynihan, D. (1965) *The Negro Family: The case for national action*. Washington, DC: Office of Policy Planning and Research, US Department of Labor.

49 Stack, C. (1974) *All Our Kin*. New York: Basic Books.

50 Biblarz, T. and Stacey, J. (2010) 'How does the gender of parents matter?' *Journal of Marriage and Family*. 72: 1, 3–22.

第四章 孩子该如何社会化？

1 Thornton, J., D. (2011) *Brain Culture: Neuroscience and popular media*. New Brunswick, NJ: Rutgers University Press.

2 Macvarish, J., Lee, E. and Lowe, P. (2014) 'The "first three years" movement

and the infant brain: A review of critiques'. *Sociology Compass*, 8; 6, 792–804.

3 参见 <https://neuroethics.upenn.edu/about-us/> (accessed June 2017)。

4 Huttenlocher, P. R. and Dabholkar, A. S. (1997) 'Regional differences in synaptogenesis in human cerebral cortex'. *Journal of Comparative Neurology*, 387: 2, 167–78.

5 Goldman-Rakic, P., Bourgeois, J. and Rakic, P. (1997) 'Synaptic substrate of cognitive development: Synaptogenesis in the prefrontal cortex of the nonhuman primate', in N. A. Krasnegor, G. R. Lyon, and Patricia S. Goldman-Rakic (eds.) *Development of the Prefrontal Cortex: Evolution, neurobiology, and behaviour*. Baltimore, MD: Paul H. Brookes Publishing Co.

6 Bruer, J. (1999) 'Neural connections: Some you use, some you lose'. Phi Delta Kappan, 81: 4, 264–77. 参见 <https://www.jsmf.org/about/j/neural_connections.htm> (accessed August 2017)。

7 Jha, A. (2012) 'Childhood stimulation key to brain development, study finds'. *The Guardian,* 14 October 2012. 参见 <https://www.theguardian.com/science/2012/oct/14/childhood-stimulation-key-brain?development> (accessed July 2017)。

8 Hackman, D. A., Betancourt, L. M., Gallop, R., Brodsky, A., Giannetta, J. M., Hurt, H. and Farah, M. J. (2014) 'Mapping the trajectory of socioeconomic disparity inworking memory: Parental and neighborhood factors'. *Child Development*, 85: 4, 1433–45.

9 Chatterjee, A. and Farah, M. J. (2013) *Neuroethics in Practice: Medicine, mind and society*. New York: Oxford University Press.

10 Macvarish, Lee and Lowe, 2014

11 Macvarish, Lee and Lowe, 2014.

12 Rutter, M. (2002) 'Nature, nurture, and development: From evangelism through science toward policy and practice', in *Child Development*, 73: 1, 1–21.

13 McCabe, D. P. and Castel, A. D. (2008) 'Seeing is believing: The effect of brain images on judgments of scientific reasoning'. *Cognition*, 107: 1, 343–52.

14 McCabe and Castel, 2008.

15 Weisberg, D. S., Keil, F. S., Goodstein, J., Rawson, A. and Gray, J. (2009) 'The

seductive allure of neuroscience explanations'. *Journal of Cognitive Neuroscience*, 20: 3, 470–77.

16 Stokes, M. (2013) 'There's a lot more to neuroscience than media "neuromania"'. *The Guardian,* 25 June 2013. 参见 <https://www.theguardian.com/science/blog/2013/jun/25/neuroscience-media?ne uromania > (accessed 21 September 2017)。

17 "五年成长"项目是凯特·凯恩斯协会（Kate Cairns Associates, KCA）的分支项目；该协会成立于2011年，旨在收集凯特·凯恩斯的研究成果，在英国境内组织一批有经验的从业者和培训人员，为服务弱势群体的从业者提供培训和资源支持。

18 参见 http://www.fivetothrive.org.uk/。

19 城市儿童研究所，见于 <http://www.urbanchildinstitute.org/why-0-3/baby-and-brain> (accessed June 2017)。

20 参见 Hendrick, H., '"It's me or the dog": Me, myself and child training in an uncertain world', a revised and extended version of a seminar paper originally delivered at the Department of Social Policy, University of Edinburgh on 27 April 2012.。

21 这一做法无疑深受诟病。虽然这样做可能在初期会让孩子顺从，当同时也可能伤害亲子之间的感情纽带，而且长期来看，以剥夺关爱的方式来施加管控可能让孩子处于焦虑和不安全感之中。

22 Baumrind, D. (1967) 'Child care practices anteceding three patternsof preschool behaviour'. *Genetic Psychology Monographs*, 75: 1, 43–88.

23 Steinberg, L., Lamborn, S. D., Dornbusch, S. M. and Darling, N. (1992) 'Impact of parenting practices on adolescent achievement: Authoritative parenting, school involvement, and encouragement to succeed'. *Child Development*, 63, 1266–81; Stassen Berger, K. (2011) *The Developing Person Through the Life Span*, 8th edn. Basingstoke: Palgrave Macmillan; Hoskins, D. (2014) 'Consequences of parenting on adolescent outcomes', *Societies* 4, 506–31; Uji, M., Sakamoto, A., Adachi, K. and Kitamura, T. (2014) 'The impact of authoritative, authoritarian, and permissive parenting styles on children's later mental health in Japan: focusing on parent and child gender'. *Journal of Child and Family Studies*,

23, 293–302.

24 Stafford, M., Kuh, D. L., Gale, C. R., Mishra, G. and Richards, M. (2015). 'Parent–child relationships and offspring's positive mental wellbeing from adolescence to early older age'. *Journal of Positive Psychology*, 11: 3, 326–37.

25 Wintre, M. G., and Gates, S. K. E. (2006) 'Relationships with parents, spousal reciprocity, and psychological distress in middle-age adults'. *Journal of Adult Development*, 13: 2, 84–94;

26 Rodgers B. (1996) 'Reported parental behaviour and adult affective symptoms. 2. Mediating factors', *Psychological Medicine*, 26: 1, 63–77; Charles, S. T. and Carstensen, L. L.(2010) 'Social and emotional aging'. *Annual Review of Psychology*, 61, 383–409; Richards, M. and Hatch, S. L. (2011) 'A life course approach to the development of mental skills'. *Journals of Gerontology Series B: Psychological Sciences and Social Sciences*, 66 (Supll 1): i26–i35.

27 Maccoby, E. E. and Martin, J. (1983) 'Socialization in the context of the family: Parent–child interaction', in P. H. Mussen and E. M. Hetherington(eds) *Socialization, Personality, and Social Development*. New York: Wiley, pp. 1–101.

28 Steinberg, L., Lamborn, S. D., Darling, N., Mounts, N. S. and Dornbusch, S. N. (1994) 'Over-time changes in adjustment and competence among adolescents from authoritative, authoritarian, indulgent, and neglectful families'. *Child Development*, 65: 3, 754–70; Knutson, N. F., DeGarmo, D. S. and Reid, J. B. (2004) 'Social disadvantage and neglectful parenting as precursors to the development of antisocial and aggressive child behavior: Testing a theoretical model'. *Aggressive Behavior,* 30: 3, 187–205.

29 McCrae R. R., Costa Jr, P. T. (1988) 'Recalled parent–child relations and adult personality'. *Journal of Personality*, 56: 2, 417–34; Mackinnon A. J., Henderson A. S. and Andrews, G. (1991) 'The parental bonding instrument: A measure of perceived or actual parental behavior?' *Acta Psychiatrica Scandinavica*, 83: 2, 153–9.

30 Baumrind, 1967.

31 Overbeek, G. and Håkan, Stattin, N. (2007) 'Parent–child relationships, partner relationships, and emotional adjustment: A birth-to-maturity prospective study'.

Developmental Psychology, 43:2, 429–37.

32 Harris, J. R. (1998) *The Nurture Assumption: Why children turn out the way they do*. New York: Free Press, pp. 357–8.

33 原始对话是一种亲子互动，是指父母在孩子学会使用语言之前，用包括声音、手势和单词在内的方式和孩子进行交流。

34 LeVine, R., Dixon, S., LeVine, S. (1994) *Child Care and Culture: Lessons from Africa*. Cambridge: Cambridge University Press.

35 Lancy, D. (2007) 'Accounting for variability in mother–child play'. *American Anthropologist*, 109: 2, 273–84.

36 摇篮板是北美印第安人的传统婴儿载具。婴儿会被放进襁褓里（要用小毯子紧紧裹起来），然后被捆到一块板子上（通常是木制的，母亲可以抱在怀里），母亲将这块板子挂在背上或者插在地上，就像婴儿椅一样。

37 Small, M. (1998) *Our Babies, Ourselves: How biology and culture shape the way we parent*. New York: Anchor Books.

38 Lythcott-Haims, J. (2015) *How to Raise an Adult: Break free of the overparenting trap and prepare your kid for success*. London: Bluebird.

39 Mogel, W. (2010) *The Blessing of a B Minus: Using Jewish teachings to raise resilient teenagers*. New York: Scribner.

40 Mogel, 2010, p. 104.

41 Chua, A. (2011) *Battle Hymn of the Tiger Mother*. London: Bloomsbury Publishing.

42 Furedi, F. (2001) *Paranoid Parenting*. London: Allen Lane.

43 UNICEF (2001) *A League Table of Child Deaths by Injury in Rich Nations*, Innocenti Report Card No.2. Florence: UNICEF Innocenti Research Centre. 参见 <https://www.unicef-irc.org/publications/pdf/repcard2e.pdf> (accessed July 2017)。

44 Ginott, H. G. (1967) *Between Parent and Teenager*. New York: Macmillan.

45 Segrin, C., Woszidlo, A., Givertz, M. and Montgomery, N. (2013) 'Parent and child traits associated with overparenting'. *Journal of Social and Clinical Psychology*, 32: 6, 569–95.

第五章 孩子该怎么玩？

1. 第九章会讨论儿童的权利以及《联合国儿童权利公约》。其中第 31 条表示："1. 缔约国确认儿童有权享有休息和休暇，从事与儿童年龄相宜的游戏和娱乐活动，以及自由参加文化生活和艺术活动。2. 缔约国应尊重并促进儿童充分参加文化和艺术生活的权利，并应鼓励提供从事文化、艺术、娱乐和休闲活动的适当和均等的机会。参见 <www.un.org/documents/ga/res/44/ a44r025.htm> (accessed 31 January 2018)

2. Roopnarine, J. L. (2012) 'Cultural variations in beliefs about play, parent–child play, and children's play: Meaning for childhood development', in P. Nathan and A. D. Pellegrini (eds.) *The Oxford Handbook of the Development of Play*. Oxford: Oxford University Press, pp. 19–40.

3. Haight, W. L., Wang, X. L., Fung, H. H., Williams, K. and Mintz, J. (2015) 'Universal, developmental, and variable aspects of young children's play: A cross-cultural comparison of pretending at home'. *Child Development*, 70: 6, 1477–88.

4. Lancy, D. F. (2007) 'Accounting for variability in mother/child play', *American Anthropologist*, 109: 2, 273–84.

5. Jiang, S., Han, M. (2015) 'Parental beliefs on children's play: Comparison among mainland Chinese, Chinese immigrants in the USA, and European?Americans'. *Early Child Development and Care*, 186: 3, 341–52.

6. Naftali, O. (2016) Children in China. Chichester: John Wiley.

7. Chen, L. Y. (2015) 'Latest craze for Chinese parents: preschool coding classes'. Bloomberg online, 17 November 2015. Available at <http://www.bloomberg.com/news/features/2015-11-17/latest-craze-for-chinese?parents-preschool-coding-classes> (accessed 1 July 2016).

8. Jiang and Han, 2015.

9. Singh A. and Gupta, D. (2012) 'Contexts of childhood and play: Exploring parental perceptions'. *Childhood*.19: 2, 235–50.

10. LaForett, D. R., Mendez, J. L. (2016) 'Play beliefs and responsive parenting among low-income mothers of preschoolers in the United States'. *Early Child-*

hood Development and Care, 187: 3, 1359–71.

11 Roopnarine, 2012, p. 8.

12 Parten, M. (1933) 'Social play among preschool children'. *Journal of Abnormal and Social Psychology,* 28: 2, 430–40.

13 Brooker, L., Woodhead, M. (2013) *Early Childhood in Focus 9. The Right to Play*. Milton Keynes: Open University.

14 Whitebread, D. D. (2012) 'The Importance of Play'. Cambridge: Toy Institute of Europe. Available at <http://www.importanceofplay.eu/IMG/pdf/dr_david_whitebread_-_the_importance_of_play.pdf > (accessed 21 September 2017).

15 Lowe, R. J. (2012) 'Children deconstructing childhood'. *Children and Society*, 24: 6, 269–79.

16 Glenn, N. M., Knight, C. J., Holt, N. L. (2012) 'Meanings of play among children'. *Childhood*, 20: 2, 185–99, p. 191.

17 Gleave, J. (2009) Children's Time to Play: A literature review. London: Play England for National Children's Bureau (NCB). Available at <http://www.playday.org.uk/wp-content/uploads/2015/11/children%E2%80%99s_time_to_play___a_literature_review.pdf > (accessed 21 September 2017), p. 2.

18 IKEA (2015) The Play Report. Available at <http://www.ikea.com/ms/en_US/pdf/reports-downloads/IKEA_Play_Report_2015.pdf > (accessed 21 September 2017).

19 IKEA, 2015, p. 14.

20 Glenn et al., 2012, p. 12.

21 Lester, S. and Russell, W. (2008) *Play for a Change: Play, Policy, and Practice: A review of contemporary perspectives*. London: National Children's Bureau.

22 IKEA, 2015.

23 Edwards, C. P. (2005) 'Children's play in cross-cultural perspective: A new lookat the Six Cultures study'. *Cross-Cultural Research*, 34: 4, 318–38.

24 Vygotsky, L. S. (1967) 'Play and its role in the mental development of the child'. *Psychology*, 5: 3, 6–18, p. 16.

25 Brooker and Woodhead, 2013.

26　Singer, D. G., Singer, J. L., Agostino, H. D., Delong, R. (2009) 'Children's pastimes and play in sixteen nations. Is free-play declining?' *American Journal of Play*, 1: 3, 283–312.

27　Roopnarine, 2012.

28　Kennedy-Moore, E. (2015) 'Do boys need rough and tumble play?' Psychology Today, 30 June 2015. Available at <https://www.psychologytoday.com/blog/growing-friendships/201506/do-boys-need-rough-and-tumble?play> (accessed 5 September 2017).

29　Kennedy-Moore, 2015.

30　Whitebread, 2012

31　Jarvis, P., Newman, S., Swiniarski, L. (2014) 'On "becoming social": The importance of collaborative free play in childhood'. *International Journal of Play*, 3:1, 1–16.

32　Colwell, M. J. and Lindsey, E. W. (2005) 'Preschool children's pretend and physical play and sex of play partner: Connections to peer competence'. *Sex Roles*, 52: 7–8, 497–509.

33　Tannock, M. (2011) 'Observing young children's rough-and-tumble play'. *Australasian Journal of Early Childhood,* 36: 2, 13–20.

34　Edwards, C. P., Knoche, L. and Kumru, A. (2001) 'Play patterns and gender', in J. Worell (ed.) *Encyclopedia of Women and Gender. Sex similarities and differences and the impact of society on gender*. San Diego, CA: Academic Press.

35　Berk, L. E., Meyers, A. B. (2013) 'The role of make-believe play in the development of executive function status of research and future directions'. *Amercian Journal of Play*, 6: 1, 98–110.

36　Eggum-Wilkens, N., Fabes, R., Castle, S., Zhang, L., Hanish, L. and Martin, C. (2014) 'Playing with others: Head start children's peer play and relations with kindergarten school competence', *Early Childhood Research Quarterly*, 1: 29, 345–56.

37　Lin, Y-C.,Yawkey, T. (2014) 'Parents' play beliefs and the relationship to children's social competence'. *Education*, 1, 107–14.

38　Brooker and Woodhead, 2013.

39 Lansdown, G. (2013) 'Challenges to realising children's right to play', in L. Brooker and M. Woodhead (eds) *Early Childhood in Focus 9. The Right to Play*. Milton Keynes: Open University, p. 34.

40 Brooker and Woodhead, 2013.

41 IKEA, 2015.

42 Little, H., Wyver, S., Gibson, F. (2011) 'The influence of play context and adult attitudes on young children's physical risk-taking during outdoor play'. *European Early Childhood Education Research Journal*, 19: 1, 113–31.

43 Wilson, C. (2015) 'Improve your children's vision'. *New Scientist*, 23 May, 226: 3022, 37.

44 Lansdown, 2013, p. 34.

45 Little, H. (2013) 'Mothers' beliefs about risk and risk-taking in children's outdoor play'. *Journal of Adventure Education and Outdoor Learning*, 15: 1, 24–39.

46 Little, 2013, p. 29.

47 Little, H., Sandsetter, E. B. H. and Wyver, S. (2012) 'Early childhood teachers' beliefs about children's risky play in Australia and Norway'. *Contemporary Issues in Early Childhood*, 1 January, 13: 4, 300–316.

48 Little et al., 2012, p. 305.

49 Little, 2013, p. 34.

50 Moss, S. (2012) *Natural Childhood*. London: National Trust.

51 Buchanan, K., Anand, P. and Joffe, H. (2002) 'Perceiving and understanding the social world', in D. Miell, A. Phoenix and K. Thomas (eds.) *Mapping Psychology*. Milton Keynes: Open University Press, pp. 57–109.

52 Pimentel, D. (2012) 'Criminal child neglect and the "free range kid": Is overprotective parenting the new standard of care?' Utah Law Review, 947: 2, 1–53.

53 Little, 2013.

54 Pimentel, 2012.

55 Gleave, 2009.

56 Moss, 2012.

57 Carrington, D. (2016) 'Three-quarters of UK children spend less time outdoors than prison inmates – survey'. *The Guardian,* 25 March. Available at <https://

www.theguardian.com/environment/2016/mar/25/three?quarters-of-uk-children-spend-less-time-outdoors-than-prison-inmates?survey (Accessed 21September 2017).

58 Stevens, C. (2013) *The Growing Child: Laying the foundations of active learning and physical health*. Abingdon: Routedge, p. 82.

59 Chatfield, T. (2012) *How to Thrive in the Digital Age*. London: Pan Macmillan, p. 29.

60 Savin-Baden, M. (2015) *Rethinking Learning in an Age of Digital Fluency: Is being digitally tethered a new learning nexus?* Abingdon: Routledge.

61 Marsh, J., Plowman, L., Yamada-Rice, D., Bishop, J.C., Lahmar, J., Scott, F., Davenport, A., Davis, S., French, K., Piras, M., Thornhill, S., Robinson, P. and Winter, P. (2015) *Exploring Play and Creativity in Pre-Schoolers' Use of Apps: Final Project Report*. Available at <http://www.techandplay.org/reports/TAP_Final_Report.pdf> (accessed 21 September 2017).

62 Haughton, C., Aiken, M. and Cheevers, C. (2015) 'Cyber babies: the impact of emerging technology on the developing infant'. *Psychology Research*, September, 5: 9, 504–18.

63 Ofcom (2014) *Children and Parents: Media use and attitudes report 2014*. London: Ofcom. Available at <https://www.ofcom.org.uk/__data/assets/pdf_file/0027/76266/childrens_2014_report.pdf?lang=default> (accessed 15 October 2017).

64 McGoogan, C. and Titcomb, J. (2017) 'Just looking at your smartphone makes you less intelligent, study finds'. *Daily Telegraph*, 27 June 2017.

65 Nagash, A. (2017) 'Tech addiction is "digital heroin" for kids – turning children into screen junkies'. *Metro*, 5 January 2017.

66 Noah, S. (2017) 'Social media making children more isolated warns author Michael Morpurgo'. *Irish News*, 29 April 2017.

67 Britton, A. (2013) 'Instagram and Snapchat are damaging young people's mental health'. *Daily Mirror*, 19 May 2017.

68 Burns, J. (2017) 'Parents' mobile use harms family life, say secondary pupils'. BBC News online, 23 April 2017. Available at <http://www.bbc.co.uk/news/

education-39666863> (accessed 22 September 2017).

69　Rosen, L. D., Lim, A. F., Felt, J., Carrier, L. M., Cheever, N. A., Lara-Ruiz, J. M. et al. (2014) 'Media and technology use predicts ill-being among children, preteens and teenagers independent of the negative health impacts of exercise and eating habits'. *Computers in Human Behavior*, 35, 364–75.

70　Cheung, C., Bedford, R., Saez De Urabain, I. R., Karmiloff-Smith, A. and Smith, T. J. (2017) 'Daily touchscreen use in infants and toddlers is associated with reduced sleep and delayed sleep onset'. *Nature Scientific Reports*, 7, 46104. Available at <https://www.nature.com/articles/srep46104> (accessed 1 September 2017).

71　Donnelly, L. (2017) 'iPads could hinder babies' sleep and brain development, study suggests'. *Daily Telegraph*, 13 April 2017.

72　AAP News (2017) 'Handheld screen time linked with speech delays in young children', 4 May 2017. Illinois: American Academy of Pediatrics. Available at <http://www.aappublications.org/news/2017/05/04/PASScreenTime050417> (accessed 1 September 2017).

73　Knapton, S. (2017) 'Tablets and smartphones damage toddlers' speech development'.*Daily Telegraph*, 4 May 2017.

74　Malki, D. (ed.) (2011) *Wondermark*. Quoting Socrates on writing, from Plato,Phaedrus, translated by B. Jowett. Available at <http://wondermark.com/socrates-vs-writing/> (accessed 12 February 2016).

75　Furedi, F. (2015) 'The media's first moral panic'. *History Today*, 65: 11, 46–8.

76　Bell, V. (2010). 'Don't touch that dial. A history of media technology scares, from the printing press to Facebook'. *Slate*, 15 February. Available at <http://www.slate.com/articles/health_and_science/science/2010/02/dont_touch_that_dial.html> (accessed 12 February 2016).

77　Wartella, E. A. and Jennings, N. (2000) 'Children and computers: New technology – old concerns'. Future of Children, 10:2, 31–43.

78　Wilmer, H. H., Sherman, L. E. and Chein, J. M. (2017) 'Smartphones and cognition: A review of research exploring the links between mobile technology habits and cognitive functioning'. *Frontiers in Psychology*, April: 8, 1–16.

79 Bedford, R., Saez de Urabain, I. R., Cheung, C. H., Karmiloff-Smith, A. and Smith, T. J. (2016) 'Toddlers' fine motor milestone achievement is associated with early touchscreen scrolling'. *Frontiers in Psychology*, August: 7, 1–8.

80 Livingstone, S., Haddon, L. Görzig, A. and Ólafsson, K. (2014) EU *Kids Online*. London: LSE. Available at <http://www.lse.ac.uk/media%40lse/research/EUKidsOnline/EU%20Kids%20II%20(2009-11)/EUKidsOnlineIIReports/Final%20report.pdf> (accessed 21 September 2017).

81 Anand, P. and Roope, L. (2016) 'The development and happiness of very young children'. *Social Choice and Welfare*, 47: 4, 825–51.

82 Plowman, L. and McPake, J. (2013) 'Seven myths about young children and technology'. *Childhood Education*, 89: 1, 27–33.

83 Lauricella, A. R., Wartella, E. and Rideout, V. J. (2015) 'Young children's screen-time: The complex role of parent and child factors'. *Journal of Applied Developmental Psychology*, 36, 11–17.

84 Hsin, C.-T., Li, M.-C. and Tsai, C.-C. (2014) 'The influence of young children's use of technology on their learning: A review'. *Journal of Educational Technology & Society,* 17: 4, 85–99.

85 Wartella and Jennings, 2000.

86 Blum-Ross, A. and Livingstone, S. (2016) *Families and Screen Time: Current advice and emerging research*. Media Policy Brief 17. London: Media Policy Project, London School of Economics and Political Science, p. 4.

87 Blum-Ross and Livingstone, 2016.

88 Ransom-Wiley, J. (2008) WoW surpasses 10 million subscribers, now half the population of Australia. Available at <https://www.engadget.com/2008/01/22/world-of-warcraft-surpasses-10-million-subscribers-now-half-the/> (accessed 21 September 2017)

89 Grimes, S. M. (2013) 'Playing by the market rules: Promotional priorities and commercialization in children's virtual worlds'. *Journal of Consumer Culture*, 15: 1, 110–34.

90 Sheehy, K., Ferguson, R., and Clough, G. (eds.) (2010) *Virtual Worlds: Controversies at the frontier of education*. Hauppauge, New York: Nova Science Pub-

lishers.

91 Castronova, E. (2007) *Exodus to the Virtual World*. Basingstoke: Palgrave Macmillan.

92 引自 Ferguson, R., Sheehy, K. and Clough, G. (2010) 'Introduction: Challenging education in virtual worlds', in Sheehy, Ferguson and Clough (eds.), 2010。

93 Byron, T. (2008) *Safer Children in a Digital World. The Report of the Byron Review*. Nottingham: DCSF Publications. Available at <https://www.iwf.org.uk/sites/default/files/inlinefiles/Safer%20Children%20in%20a%20Digital%20World%20report.pdf>.

94 Internet Matters (2015) *Pace of Change Report*. Available at <http://www.internetmatters.org/wp-content/uploads/2015/12/Internet_Matters_Pace_of_Change_report-vs2.pdf> (accessed 21 September 2017).

95 Internet Matters, 2015.

96 Hendriyani, Hollander, E., d'Haenens, L. and Beentjes, J. (2014) 'Views on children's media use in Indonesia: Parents, children, and teachers'. *International Communications Gazette*, 76: 4–5, 322–39.

97 Internet Matters, 2015.

98 Boyd, D. (2008) *Taken Out of Context: American teen sociality in networked publics*. PhD Dissertation, University of California, Berkeley, CA.

99 Pearson, D. (2015) 'Sulake: 15 years of Habbo Hotel'. Online article, 16 April 2015, gamesindustry.bz. Available at <http://www.gamesindustry.biz/articles/2015-04-16-sulake-15-years-of-habbo-hotel> (accessed 5 January 2016).

100 Livingstone et al., 2014, pp. 9–12.

101 Livingstone, S., Kirwil, L., Ponte, C. and Staksrud, E. (2014) 'In their own words: What bothers children online?' *European Journal of Communication*, 29: 3, 271–88, p. 271.

102 Brown, T. (2015) 'Use of visual media by primary aged children in my school'. Report available at <http://www.open.ac.uk/researchprojects/childrens-research-centre/children-and-young-peoples-voices/research?children-young-people> (accessed 31January 2018).

103 Arora, R. (2014) 'Do children in my KS2 class play age inappropriate video

games?' Milton Keynes: Open University Children's Research Centre. Available at <http://www.open.ac.uk/researchprojects/childrens?research-centre/research-childrenyoung-people/aged-9-10> (accessed 22 February 2016).

104 Livingstone and Smith, 2014.

105 Livingstone and Smith, 2014.

106 Drake, E. and Steer, D. A. (2009) *Drake's Comprehensive Compendium of Dragonology*. Somerville, MA: Candlewick, p. 192.

107 Ha, T., Lee, Y., Woo, W. (2011) 'Digilog book for temple bell tolling experience based on interactive augmented reality'. *Virtual Reality*, 15: 4, 295–309.

108 Knapp, A. (2016) 'Stan Lee introduces augmented reality for his kids universe'. *Forbes Magazine*, 2 November 2016. Available at <http://www.forbes.com/sites/alexknapp/2016/11/02/stan-lee-introduces-augmented?reality-for-his-kids-universe/#13f5a73d184d> (accessed 15 November 2016).

109 Greenwood, C. (2016) 'The Pokemon Go crimewave: Robbers, thieves and paedophiles target 300 gamers in one month'. *Daily Mail*, 30 August 2016. Available at <http://www.dailymail.co.uk/news/article-3764307/The?Pokemon-crimewave-Robbers-thieves-paedophiles-target-300-gamers-one?month>(accessed 21September 2017)

110 Althoff, T., White, R. W. and Horvitz, E. (2016) 'Influence of Pokémon Goon physical activity: Study and implications' *Journal of Medical Internet Research*, 18: 2, e315 (published online).

111 National Society for the Prevention of Cruelty to Children (2016) *Pokémon Go: A parent's guide*. Available at <https://www.nspcc.org.uk/preventingabuse/keeping-children-safe/online-safety/pokemon-go parents guide/> (accessed 1 November 2016).

112 Althoff et al., 2016.

113 North American financial company Manulife comissioned a survey to look at physical activity and Pokemon GO in July 2016. The results can be found at <http://www.manulife.com/Master-Article-Detail?content_id=a0Q5000000KEyHeEAL>.

114 McCartney, M. (2016) 'Game on for Pokémon Go'. British Medical Journal,

354: i4306. Available at < http://www.bmj.com/content/354/bmj.i4306 >.

115 McReynolds, E., Hubbard, S., Lau, T. and Saraf, A. (2017). 'Toys that listen: A study of parents, children, and internet-connected toys'. *Proceedings of the 2017 CHI Conference on Human Factors in Computing Systems*, 5197–5207. Available at < http://chi2017.acm.org/ >

116 Hill, S. (2016) 'CogniToys Dino Toy review'. *Digital Trends*, 27 July 2016. Available at <https://www.digitaltrends.com/smart-toy-reviews/cognitoys-dino-review/>.

117 Sheehy, K., Ferguson, R. and Clough, G. (2014) *Augmented Education: Bringing real and virtual learning together*. New York: Palgrave Macmillan.

第六章 教育里最重要的是什么？

1 Sheehy, K. and Bucknall, S. (2008) 'How is technology seen in young people's visions of future education systems?', *Learning, Media and Technology*, 33: 2, 101–14.

2 Morgan, M., Gibbs, S., Maxwell, K., Britten, N. (2002) 'Hearing children's voices: Methodological issues in conducting focus groups with children aged 7–11 years'. *Qualitative Research*, 2: 1, 5–20.

3 Reid, K. (2005) 'The causes, views and traits of school absenteeism and truancy'. *Research in Education*, 74: 1, 59–82.

4 Jordan, A. (2013) 'Fostering the transition to effective teaching practices in inclusive classrooms', in S. E. Elliott-Johns and D. H. Jarvis (eds) *Perspectives on Transitions in Schooling and Instructional Practice*. Toronto: University of Toronto Press, pp. 1689–99; Jordan, A., Schwartz, E. and McGhie-Richmond, D. (2009) 'Preparing teachers for inclusive classrooms'. *Teaching and Teacher Education*, 25: 4, 535–42.

5 Nind, M., Rix, J., Sheehy, K., Simmons, K. (2013) *Curriculum and Pedagogy in Inclusive Education: Values into practice*. Abingdon: Routledge.

6 No Bullying.com. (2015) 'Bullying in Indonesia'. Bullying Facts, 22 December 2015. 参见 <http://nobullying.com/bullying-in-indonesia/>.

7 Department for Education (2012) *Pupil behaviour in schools in England: An evaluation, report.* 参见 system/uploads/attachment_data/file/184078/DFE-RR218.pdf>。

8 Department for Education, 2012.

9 McGuckin. C. and Corcoran, L. (2018) 'Cyberbullying', in K. Sheehy and A. J. Holliman (eds) *Education and New Technologies: Perils and promises for learners.* Abingdon: Routledge.

10 Patton, D. U., Hong, J. S., Patel, S. and Kral, M. J. (2017) 'Systematic review of research strategies used in qualitative studies on school bullying and victimization'. *Trauma, Violence, & Abuse*, 18: 1, 3–16.

11 United Nations Children's Fund (2012) *Child Protection in Educational Settings: Findings from six countries in East Asia and the Pacific.* Strengthening Child Protection Systems Series No. 2. Bangkok: UNICEFEAPRO. 参见 <http://www.unicef.org/eapro/CP-ED_Setting.pdf>.

12 Brown, C. S. and Bigler R. S. (2005) 'Children's perceptions of discrimination: A developmental model'. Child Development, 76:3, 533–53.

13 IKEA (2015) The Play Report. 参见 <http://www.ikea.com/ms/en_US/pdf/reports-downloads/IKEA_Play_Report_2015.pdf > (accessed on 21 September 2017)。

14 United Nations Children's Fund, 2012.

15 Department for Education, 2012.

16 Rix, J. and Sheehy, K.(2014) 'Nothing special: The everyday pedagogy of teaching', in L. Florian (ed.) *The Sage Handbook of Special Education*, Vol. 2. London: Sage, pp. 459–74.

17 Long, M., Wood, C., Littleton, K., Passenger, T. and Sheehy, K. (2010) *The Psychology of Education*. Abingdon: Routledge, p. 2.

18 见于 https://www.antibullyingpro.com/researchhome。

19 Rogers, B. (2004) *Behaviour Recovery*. London: Sage.

20 Cooper, P. and Jacobs, B. (2011) *Evidence of Best Practice Models and Outcomes in the Education of Children with Emotional Disturbance/Behavioural Difficulties: An international review.* Trim, County Meath: National Council for Special Ed-

ucation.

21 Sheehy and Bucknall, 2008, p. 104.

22 Sheehy and Bucknall, 2008.

23 Sheehy and Bucknall, 2008.

24 Shiao En Chng, G. (2012). *Children's Informal Reasoning Skills and Epistemological Beliefs within the Family: The role of parenting practices, parental epistemological beliefs and family communication patterns*. PhD dissertation, Bielefeld University, Germany. 参见 <http://pub.uni-bielefeld.de/publication/2519185> (accessed 15 October 2017).

25 Shiao En Chng, 2012.

26 Jordan, A., Glenn, C., McGhie-Richmond, D. (2010) 'The Supporting Effective Teaching (SET) project: The relationship of inclusive teaching practices to teachers' beliefs about disability and ability, and about their roles as teachers'. *Teaching and Teacher Education*, 26: 2, 259–66.

27 Saucerman, J. and Vasquez, K. (2014) 'Psychological barriers to STEM participation for women over the course of development'. *Adultspan Journal*, 13: 1, 46–64.

28 Crowley, K., Callanan, M. A., Tenenbaum, H. R. and Allen, E. (2001) 'Parents explain more often to boys than to girls during shared scientific thinking'. *Psychological Science*, 12: 3, 258–61; Saucerman et al., 2014.

29 PISA (2015) *What do parents look for in their child's school?* (Vol. 44). 参见 <http://www.oecd.org/pisa/pisaproducts/pisainfocus/PIF-51(eng)-FINAL.pdf>(accessed 15 October 2017)。

30 Ule, M., Živoder, A., du Bois-Reymond, M. (2105) '"Simply the best for my children": Patterns of parental involvement in education'. *International Journal of Qualitative Studies in Education*, 28: 3, 329–48.

31 Burgess, S., Greaves, E., Vignoles, A., Wilson, D. (2014) 'What parents want: School preferences and school choice'. *The Economic Journal*, 125: 587, 1262–89, p. 1262.

32 Burgess et al., 2014.

33 Institute of Community Cohesion (the iCoCo foundation) (2016) *Understanding*

Segregation in England: 2011–2016. London: TheChallenge/SchoolDash/iCoCo foundation/ 参见 <http://tedcantle.co.uk/wp-content/uploads/2013/03/Understanding-School-Segregation-in-England-2011-2016-Final.pdf >(accessed 15 October 2017).

34 Lindsay, G. (2007) 'Educational psychology and the effectiveness of inclusive education/mainstreaming'. *British Journal of Educational Psychology*, 77: 1, 1–24.

35 UNESCO (1999) *Salamanca: Five years on. A Review of UNESCO activities in the light of the Salamanca statement and framework for action*. Paris: UNESCO, p. 9.

36 Stein, M., Stein, P., Weiss, D., Lang, R. (2007) 'Health care and the UN Disability Rights Convention', *The Lancet*, 374: 9704, 1796–8.

37 United Nations Department of Economic and Social Affairs (2011) *Disabilities Conventions Gets 100th Ratification*. New York: United Nations. 参见 https://www.un.org/en/development/desa/news/social/disability-ratification.html。

38 Budiyanto (2011) *Best Practices of Inclusive Education in Japan, Australia, India and Thailand: Implications for Indonesia*. Tsukuba, Japan: Centre for Research on International Cooperation in Educational Development (CRICED).

39 Direktorat Pembinaan Sekolah Dasar (2008) *Profil Pendidikan Inklusif di Indonesia1 ('Inclusive Education Profile in Indonesia 1')*. Jakarta: Kementerian Pendidikan Nasional.

40 Ramos-Mattoussi, F. and Milligan, J. A. (2013) *Building Research and Teaching Capacity in Indonesia through International Cooperation*. New York: Institute of International Relations, p. 15.

41 Budiyanto, 2011.

42 Hughes, J. and Loader, R. (2015). '"Plugging the gap": Shared education and the promotion of community relations through schools in Northern Ireland'. *British Educational Research Journal*, 41: 6, 1142–55.

43 iCoCo foundation, 2016.

44 Okolosie, L. (2017) 'Segregated schools persist because parents maintain the divide'. *The Guardian*, 24 March 2017. 参见 <http://www.theguardian.com/

commentisfree/2017/mar/24/schools-segregated-parents-children-integration>.

45 Billingham, C. M. and Hunt, M. O. (2016) 'School racial composition and parental choice: New evidence on the preferences of White parents in the United States'. *Sociology of Education*, 89: 2, 99–117.

46 Billingham and Hunt, 2016.

47 Department for Education (2016) *Special Educational Needs in England January 2016*. 参见 <https://www.gov.uk/government/uploads/system/uploads/attachment_data/file/539158/SFR29_2016_Main_Text.pdf> (accessed 15 October 2017)。

48 UNICEF (2012) *The Right of Children with Disabilities to Education: A rights-based approach to inclusive education*. Geneva: UNICEF Regional Office for CEECIS. 参见 <http://www.inclusive-education.org/publications/right-children-disabilities-education-rights-based-approachinclusive-education> (accessed 15 October 2017); Werner, S., Corrigan, P., Ditchman, N. and Sokol, K. (2012). 'Stigma and intellectual disability: A review of related measures and future directions'. *Research in Developmental Disabilities*, 33: 2, 748–65。

49 Stark, R., Gordon-Burns, D., Purdue, K., Rarere-Briggs, B. and Turnock, R. (2011). 'Other parents' perceptions of disability and inclusion in early childhood education: Implications for the teachers' role in creating inclusive communities'. *He Kupu*, 2: 4, 4–18.

50 'Secret Teacher' (2015) 'Secret teacher: I am all for inclusion in principle, but it doesn't always work'. *The Guardian*, 23 May 2015. 参见 <https://www.theguardian.com/teacher-network/2015/may/23/secret-teacher-support-inclusion-but-not-at-any-cost>。

51 Ruijs, N. M., Van der Veen, I. and Peetsma, T. T. D. (2010) 'Inclusive education and students without special educational needs'. *Educational Research*, 52: 4, 351–90.

52 Canadian Council on Learning. (2009) 'Does placement matter? Comparing the academic performance of students with special needs in inclusive and separate settings'. Ottawa: University of Ottawa. 参见 <http://www.ccl-cca.ca/pdfs/

LessonsInLearning/03_18_09E.p.2>(accessed 15 October 2017)。
53 Rix and Sheehy, 2014.
54 Lindsay, 2007.
55 Buckley, S., Bird, G., Sacks, B. and Archer T. (2006) 'A comparison of mainstream and special education for teenagers with Down syndrome: Implications for parents and teachers'. *Down Syndrome Research and Practice*, 9: 3, 54–67.
56 Kalambouka, A., Farrell, P., Dyson, A. and Kaplan, I. (2007). 'The impact of placing pupils with special educational needs in mainstream schools on the achievement of their peers'. *Educational Research*, 49: 4, 365–82.
57 Ruijs et al., 2010.
58 Rix, Jonathan (2015) *Must Inclusion be Special? Rethinking educational support within a community of provision*. London: Routledge.
59 Long et al., 2010, p. 2.
60 Long et al., 2010.
61 Stanovich, P. and Jordan, A. (1998) 'Canadian teachers' and principals' beliefs about inclusive education as predictors of effective teaching in heterogeneous classrooms'. *Elementary School Journal*, 98: 3, 221–38; Brownlee, J., Schraw, G. and Berthelsen, D. (2012) *Personal Epistemology and Teacher Education*. London: Routledge; Tumkaya, S. (2012) 'The investigation of the epistemological beliefs of university students according to gender, grade, fields of study, academic success and their learning styles'. *Educational Sciences: Theory and Practice*, 12: 1, 88–95.
62 Lourenço, O. (2012) 'Piaget and Vygotsky: Many resemblances, and a crucial difference'. *New Ideas in Psychology*, 30: 3, 281–95.
63 Lee, J., Zhang, Z., Song, H. and Huang, X. (2013) 'Effects of epistemological and pedagogical beliefs on the instructional practices of teachers: A Chinese perspective'. *Australian Journal of Teacher Education*, 38: 12, 119–46.
64 Müller, U., Burman, J. T., Hutchison, S. M. (2013) 'The developmental psychologyof Jean Piaget: A quinquagenary retrospective'. *Journal of AppliedDevelopmental Psychology*, 34: 1, 52–5.
65 Opper, S. (1977) 'Piaget's clinical method'. *Journal of Children's Mathematical*

Behavior, 1: 4, 90–107.

66 Piaget, J. and Szeminska, A. (1952) *The Child's Conception of Number*. London: Routledge and Kegan Paul.

67 Donaldson, M. (1982) 'Conservation: What is the question?' *British Journal of Psychology*, 73: 2, 199–207.

68 Donaldson, M. (1993) *Human Minds: An exploration*. London: Allen Lane.

69 Hughes, M. and Donaldson, M. (1979) 'The use of hiding games for studying the coordination of viewpoints', *Educational Review*, 31:2, 133–40.

70 Wu, S.-C. and Rao, N. (2011) 'Chinese and German teachers' conceptions of play and learning and children's play behaviour'. *European Early Childhood Educational Research Journal*, 19: 4, 469–81.

71 Daniels, H. (2014) 'Vygotsky and Dialogic Pedagogy'. *Cultural Historical Psychology*, 10: 3, 19–29; Vygotsky, L. S. (1931/1978) *Mind in Society: The development of higher psychological processes*. Cambridge, MA: Harvard University Press, p. 57.

72 Lourenço, 2012.

73 Mercer, N., Dawes, L., Wegerif, R. and Sams, C. (2004) 'Reasoning as a scientist: Ways of helping children to use language to learn science'. *British Educational Research Journal*, 30: 3, 359–77.

74 Mercer et al., 2004.

75 Mercer, N. and Sams, C. (2006) 'Teaching children how to use language to solve maths problems'. *Language and Education*, 20: 6, 507–28; Littleton, K. and Mercer, N. (2010) 'The significance of educational dialogues between primary school children', in C. Howe and K. Littleton (eds) *Educational Dialogues*. Abingdon: Routledge.

76 Elliott, B. and Chan, K. W. (1998) 'Epistemological beliefs in learning to teach: Resolving conceptual and empirical issues'. Paper presented at the European Conference on Educational Research Ljubljana, Slovenia, 17–20 September 1998, p. 821.

77 Mercer and Sams, 2006.

78 Wu and Roa, 2011.

79 Wu and Roa, 2011, p. 478
80 Wu and Roa, 2011, p. 471.
81 OECD (2009) *Creating Effective Teaching and Learning Environments: First results from TALIS*. Paris: OECD, p. 95. 参见 <https://www.oecd.org/edu/school/43023606.pdf>(accessed 15 October 2015)。
82 Lee et al., 2013; Jordan, A. and Stanovich, P. (2003) 'Teachers' personal epistemological beliefs about students with disabilities as indicators of effective teaching practices'. *Journal of Research into Special Educational Needs*, 3:1, 1–14.
83 Shirvani, H. (2005) 'Does your elementary mathematics methodology class correspond to constructivist epistemology?' *Journal of Instructional Psychology*, 36: 3, 245–58; Jordan, 2013; Jordan et al., 2009.
84 Ganimian, A. J., Murnane, R. J. (2014) 'Improving educational outcomes in developing countries', NBER Working Paper No. 20284. Cambridge, MA: National Bureau of Economic Research.
85 Choi, Amy (2014) 'What the best education systems are doing right'. Ideas. Ted.Com, 4 September 2014. 参见 <https://ideas.ted.com/what-the%EF%BF%BEbest-education-systems-are-doing-right/>(accessed 31 January 2018).

第七章　父母和专业人士该如何培养孩子？

1 参见 <https://youngminds.org.uk> (accessed August 2017)。
2 压力和早年间的不幸（例如身体上的、情绪上的、言语上的虐待、性虐待、被忽视以及社会的排斥）都与童年期和青春期的发展问题相关 (Guarjardo, N. R., Snyder, G. and Peterson, R.(2008) 'Relationships among parenting practices, parental stress, child behaviour, and children's social-cognitive development', *Infant child development*, 18: 1, 37–60; Lupien, S. J., McEwen, B. S., Gunnar, M. R. and Heim, C. (2009) 'Effects of stress throughout the lifespan on the brain, behaviour and cognition', *Nature Reviews: Neuroscience*, 10, 434–45.
3 Gilligan, R., De Castro, E., Vanistendael, S. and Warburton, J. (2014). *Learning from Children Exposed to Sexual Abuse and Sexual Exploitation: Synthesis report of the Bamboo Project study on child resilience*, Geneva: Oak Foundation, p. 1.

4　Liebenberg, L. and Ungar, M. (2009) 'Introduction: The challenges in researching resilience', in L. Liebenberg and M. Ungar (eds.) *Researching Resilience*. Toronto: University of Toronto Press, pp. 3–25, p. 5.

5　Winnicott, D. (1964) *The Child, the Family and the Outside World*, London: Pelican Books.

6　Mischel, W. (2014) *The Marshmallow Test. Understanding self-control and how to master it*. London: Penguin.

7　引自 Mischel, 2014。

8　Dweck, C. S. (2006) Mindset: *The New Psychology of Success*. New York: Ballantine Books.

9　Dent, M. (2003) *Saving our Children from Our Chaotic World. Teaching children the magic of silence and stillness*. Australia: Pennington Publications.

10　安吉拉·达克沃斯（Angela Duckworth）曾大量提到"毅力"这个概念并以此为基础在 2013 年 4 月做了 TED 演讲。参见 <https://www.ted.com/talks/angela_lee_duckworth_grit_the_power_of_passion_and_perseverance> (accessed August 2017).

11　Garmezy, N. and Rutter, M. (1985) 'Acute reactions to stress', in M. Rutter and L.Hersov (eds.) *Child and Adolescent Psychiatry: Modern approaches*, 2nd edn. Oxford: Blackwell Scientific Publications.

12　Sameroff, A., J., Seifer, R., Barocas, R., Zax, M. and Greenspan, S. (1987) 'Intelligence quotient scores of 4-year-old children: social-environmental risk factors'. *Pediatrics*, 79: 3, 343–50.

13　Werner, E. E. and Smith, R. S. (1982) *Vulnerable But Invincible: A longitudinal study of resilient children and youth*. New York: McGraw Hill.

14　Werner and Smith, 1982, p. 92.

15　DeLongis, A. and Holtzman, S. (2005) 'Coping in context: The role of stress, social support and personality in coping'. *Journal of Personality*, 73: 6,1633–56.

16　Murphy, L. B. and Moriarty, A. E. (1976) *Vulnerability, Coping and Growth from Infancy to Adolescence*. New Haven: Yale University Press.

17　Murphy and Moriarty, 1976, p. 71. 墨菲和莫里亚蒂在美国门宁格基金会（Menninger Foundation）观察了一组孩子从出生到青春期的发展历程，看看他们是如何尝试解决内部和外部压力的，以及压力又是如促进他们成长的。墨菲与其他研究者们一起，考察了儿童的习惯和他们解决日常压力的多种行为方式，并研究了一系列可能会影响儿童应对能力和坚韧品格的因素。这些因素包括：孩子的气质、主要照料者的气质、家庭中的照料者和直接环境中其他照料者的气质，以及家庭关系的质量。

18 John, O. P and Srivastava, S. (1999) 'The Big-Five trait taxonomy: History, measurement, and theoretical perspectives', in L. A. Pervin and O. P. John (eds.), *Handbook of Personality: Theory and research*. New York: Guilford Press, pp. 102–38. 参见 <http://moityca.com.br/pdfs/bigfive_John.pdf> (accessed 26 August 2017).

19 Carver, C. S. and Connor-Smith, J. K. (2010) 'Personality and coping'. *TheAnnual Review of Psychology*, 61, 679–704.

20 Eley, D. S., Cloninger, C. R., Walters, L., Laurence, C., Synnott, R. and Wilkinson, D. (2013) 'The relationship between resilience and personality traits in doctors: Implications for enhancing well being'. *PeerJ*, 19 November 2013, 1:e216. 参见 <https://peerj.com/articles/216/>(accessed 30 June 2017).

21 Cooper, V. L. and Rixon, A. (2017) 'Wellbeing', in V. L. Cooper and A. Rixon (eds) *Making a Difference: Working with children and young people*. Milton Keynes: Open University Press. 参见 <https://learn2.open.ac.uk/pluginfile.php/2225911/mod_resource/content/3/ke206_bk1_c1.pdf>.

22 参见 Boyce, W. T. and Ellis, B. J. (2005) 'Biological sensitivity to context: An evolutionary-developmental theory of the origins and functions of stress reactivity'. *Developmental Psychopathology*. 17: 2, 271–301; Obradovic, J. (2013) 'Physiological responsivity and executive functioning: Implications for adaptation and resilience in early childhood'. *Child Development Perspectives*, 10: 1, 65–70; Charney, D. S. (2004) 'Psychobiological mechanisms of resilience and vulnerability: Implications for successful adaptation to extreme stress'. *American Journal of Psychiatry*, 161: 2, 195–216.

23 Obradovic, 2013.

24 Charney, 2004.

25 Boyce and Ellis, 2005.

26 Essex, M., Klein, M., Cho, E. and Kalin, N. (2002) 'Maternal stress beginning in infancy may sensitize children to later stress exposure: Effects on cortisol and behaviour'. *Biological Psychiatry*, 52: 8, 776–84.

27 Heim, C. and Nemeroff, C. B. (2001) 'The role of childhood trauma in the neurobiology of mood and anxiety disorders: Preclinical and clinical studies'. *Biological Psychiatry*, 49: 12, 1023–39.

28 Bonanno, G. A. (2004) 'Loss, trauma, and human resilience: Have we underestimated the human capacity to thrive after extremely aversive events?' *American Psychologist*, 59: 1, 20–28.

29 Luthar, S. and Zigler, E. (1991) 'Vulnerability and competence: A review of research on resilience in childhood'. *American Journal of Orthopsychiatry*, 61: 1, 6–22.

30 Daniel, B., Wassell, S. and Gilligan, R. (2010) *Child Development for Child Care and Protection Workers*, 2nd edn. London: Jessica Kingsley Publishers, p. 70.

31 Luthar, S. S. and Barkin, S. H. (2012) 'Are affluent youth truly "at risk"? Vulnerability and resilience across three diverse samples'. *Development and Psychopathology*, 24: 2, 429–49.

32 Arruabarrena, I. (2014) 'Maltreated children', in A. Ben-Arieh, F. Casas, I. Frønes and J. E. Korbin (eds) *Handbook of Child Well-Being. Theories, methods and policies in global perspectives*. Dordrecht: Springer, pp. 2669–96.

33 Garbarino, J., Kostelny, K. and Dubrow, N. (1991) 'What children can tell us about living in danger'. *American Psychologist*, 461: 4, 376–83, p. 378.

34 Coles, R. (1967) *Children of Crisis: A study in courage and fear*, vol. 1, Boston, MA: Atlantic-Little and Brown.

35 Rutter, M. (1987) 'Psychosocial resilience and protective mechanisms'. *American Journal of Orthopsychiatry*, 57: 3, 316–31.

36 Rutter, 1987.

37 Rutter, M. (1985) 'Resilience in the face of adversity: Protective factors and resistance to psychiatric disorder'. *British Journal of Psychiatry* 147: 6, 598–611.

38 Ainsworth, M., Blehar, M., Waters, E. and Wall, S. (1978) *Patterns of Attachment: A psychological study of the strange situation*. Hillsdale, NJ: Erlbaum.

39 许多理论家都批评"陌生情境"方法的使用,他们特别反对将父母的敏感度视作孩子韧性的预测指标。杰罗姆·卡根表示,必须要考虑孩子自己的气质,也就是说,不同气质的孩子也会生成不同的依恋类型[Kagan, J. (1998) 'The allure of infant determinism', in J. Kagan (ed.) *Three Seductive Ideas*. Harvard, MA: Harvard University Press, pp. 83–151]。内森·福克斯(Nathan Fox)的研究发现,"单纯型"(easy)气质的宝宝(往往吃睡有很规律,很会适应新环境)更可能发展出安全型的依恋关系;"慢热型"(slow to warm up)气质的宝宝(往往要花点时间才能适应新环境)更倾向于发展出回避-闪躲型(insecure-avoidant)的依恋关系;而"困难型"(difficult)气质的宝宝(往往吃睡不规律,抗拒新环境)通常会发展出回避-矛盾型(insecure-ambivalent)的依恋关系[Fox, N. A. (1989) 'Infant temperament and security of attachment: A new look'. Paper presented at International Society for Behavioral Development, Jyväskyla, Finland]。杰伊·贝尔斯基(Jay Belsky)和迈克尔·罗文(Michael Rovine)提出了一套互动型理论来解释不同的依恋类型。他们认为,孩子的依恋类型是自身气质和父母/照料者回应(即敏感度)共同作用的结果[Belsky, J. and Rovine, M. (1987) 'Temperament and attachment security in the strange situation: An empirical approchement'. *Child Development*, 58: 3, 787–95]。但马里奥·马伦(Mario Marrone)认为,尽管有人批评"特殊情景"方法给孩子过分的压力,可能有违实验伦理,但其实它只是在还原孩子的日常经历,因为父母/照料者平时确实会离开孩子一段时间[Marrone, M. (1998) *Attachment and Interaction*. London: Jessica Kingsley Publishers]。另外,安斯沃斯原实验中的样本代表性确实有问题——这些样本来自100个美国中产阶级家庭。因此,得出的结果很难拓展到美国之外,也很难适用于工人阶级家庭。

40 Holmes, J. (2001) *The Search for the Secure Base: Attachment theory and psychotherapy*. Hove, Sussex: Routledge.

41 Fonagy, P. (2001) *Attachment Theory and Psychoanalysis*. New York: Other Press.

42 Zakeria, H., Jowkara, B. and Razmjoeeb, M. (2010) 'Parenting styles and resilience'. *Procedia Social and Behavioral Sciences*, 5, 1067–70.

43 Cooper, C. (2015) 'Overly-controlling parents cause their children lifelong psychological damage, says study', *The Independent*, 3 September 2015, 参见 <https://www.independent.co.uk/life-style/health-and-familiesoverly-controlling-parents-cause-their-children-lifelong-psychologicaldamage-says-study-10485172.html> (accessed June 2017).

44 Stafford, M., Kuh, D. L., Gale, C. R., Mishra, G. and Richards, M. (2015). 'Parent–child relationships and offspring's positive mental wellbeing from adolescence to early older age'. *Journal of Positive Psychology*, 11: 3, 26–37.

45 得出这些结论的研究调查了超过5000名儿童,自他们于1946年出生以来,就一直跟进他们的发展状态。研究中涉及的控制型行为包括:侵犯儿童隐私以及不愿意让孩子自己做决定。尽管有很多人批评这种依赖于童年回忆和自陈的研究方式,但这些研究者认为,他们的研究结果与过往的研究是相符的,也就是说,能和父母形成安全情绪纽带的孩子,在日后的生活中也更可能展现出情绪上的安全感。

46 Harris, J. R. (1998) *The Nurture Assumption. Why children turn out the way that they do*. New York: Touchstone.

第八章　孩子应该看起来什么样子?

1 WHO (2016) *Obesity and Overweight, factsheet*. Geneva: World Health Organization. 参见 <https://www.who.int/mediacentre/factsheets/fs311/en/> (accessed 30 November 2016)。

2 HM Government (2016) *Childhood obesity: A plan for action, paper*. London: Department of Health and Social Care. 参见 <https://www.gov.uk/government/publications/childhood-obesity-a-plan-for-action/childhoodobesity-a-plan-for-action> (accessed 30 November 2016)。

3 孩子的身体质量指数(BMI)在同年龄同性别人群中,高于85%的人群而低于95%的人群,则被定义为超重,而BMI超过95%同年龄同性别人群的孩子被定义为肥胖。BMI这个数值的算法是一个人的体重(以千克计)除以其身高(以米计)的平方。儿童的BMI算法与成人不同,它是与年龄和性别相关的,这反映出男孩与女孩的身体构成不同,并且会随着年龄而改变。因此，儿童的 BMI 值是相对于同年龄、同性别儿童的值来看的。The Centers for Disease Control and Prevention (2016) *Defining Childhood Obesity factsheet*. Atlanta, GA: CDC. 参见 <https://www.cdc.gov/obesity/childhood/defining.html>(accessed 31 July 2017)。

4 Hewitt-Taylor, J., Alexander, J. and McBride, J. (2004) *Overweight and Obesity in Children: A review of the literature*. Poole, Dorset: Bournemouth University. 参见 <http://eprints.bournemouth.ac.uk/11685/>(accessed 1 December 2016)。

5 Burgess, J. N. and Broome, M. E. (2012) 'Perceptions of weight and body image among preschool children: A pilot study'. *Pediatric Nursing*, 38: 3, 147–76.

6 The Centers for Disease Control and Prevention (2017) *Childhood Obesity: Causes and consequences, factsheet*. Atlanta, GA: CDC. 参见 <https://www.cdc.gov/obesity/childhood/causes.html>(accessed 31 July 2017).

7 HM Government, 2016. *Childhood Plan for Obesity*.

8 2003 年，英国食品标准局（UK's Food Standards Agency）主席称，由于肥胖问题，英国人的预期寿命在近一个世纪以来第一次出现了下跌。Ahmed, K., Revill, J. and Hinsliff, G. (2003) 'Official: Fat epidemic will cut life-expectancy'. *The Observer*, 9 November 2003.

9 Yang, W., Kelly, T., He, J. (2007) 'Genetic epidemiology of obesity'. *Epidemiologic Review*, 29: 1, 49–61.

10 Panter-Brick, C. (2013) 'Achieving health for children', in H. Montgomery (ed.) *Local Childhoods, Global Issues*. Bristol University: Policy Press.

11 Agras, W. S., Hammer, L. D., McNicholas, F. and Kraemer, H. C. (2004) 'Risk factors for childhood overweight: A prospective study from birth to 9.5 years'. *Journal of Pediatrics*, 145: 3, 424.

12 HM Government, 2016. *Childhood Plan for Obesity*.

13 见 Rosenberg, T. (2015) 'How one of the most obese countries on earth took on the soda giants'. *The Guardian*, 3 November 2015. 参见 https://www.theguardian.com/news/2015/nov/03/allobese-soda-sugar-tax-mexico。

14 Buckingham, D. (2011) *The Material Child. Growing up in consumer culture*. Cambridge: Polity Press.

15 Buckingham, 2011; Tingstad, V. (2009) 'Discourses on child obesity and TV ad-

vertising in the context of the Norwegian welfare state', in A. James, A. T. Kjørholt and V. Tingstad (eds) *Children, Food and Identity in Everyday Life*. Basingstoke: Palgrave Macmillan.

16 Gibbons, K. (2016) 'Ignorant parents are blamed for creating an obese generation'. *The Times*, 4 November 2016.
17 Buckingham, 2011, p. 105.
18 MeMe Roth, National Action Against Obesity (NAAO), quoted in Herndon, A. M. (2010) 'Mommy made me do it. Mothering fat children in the midst of the obesity epidemic'. *Food, Culture and Society*, 13: 3, 332–49, p. 332.
19 Evans, J., Davies, B. and Rich, E. (2008) 'The class and cultural functions of obesity discourse: Our latter day child saving movement'. *International Studies in Sociology of Education,* 18:2, 117–32, p. 126.
20 Furedi, F. (2001) *Paranoid Parenting*. London: Allen Lane.
21 De Vries, J. (2007) 'The obesity epidemic: Medical and ethical considerations'. *Science and Engineering Ethics*, 13: 3, 55–67.
22 De Vries, 2007, p. 64
23 Gard, M. and Wright, J. (2005) *The Obesity Epidemic: Science, morality and ideology*. New York: Routledge.
24 Tingstad, 2009.
25 Evans et al., p. 2008.
26 Montgomery, H. (2013) 'Children, poverty and social inequality', in H. Montgomery (ed.) *Local Childhoods, Global Issues*. Bristol University: Policy Press.
27 Buckingham, 2011, p. 122.
28 Herndon, 2010.
29 Harden, J. and Dickson, A. (2015) 'Low-income mothers' food practices with young children: A qualitative longitudinal study'. *Health Education Journal*, 74: 4, 381–91.
30 De Vries, 2007, p. 56.
31 Evans et al., 2008.
32 Su, W. and Di Santo, A. (2012) 'Preschool children's perception of overweight peers'. *Journal of Early Childhood Research*, 10: 1, 19–31.

33 Tiggemann, M. and Wilson-Barrett, E. (1998) 'Children's figure rating to self-esteem and negative stereotyping'. *International Journal of Eating Disorders*, 23: 1, 83–8.

34 Grogan, S. (2008) *Body Image: Understanding body dissatisfaction in men, women and children*. London: Routledge.

35 Grogan, 2008.

36 Herbozo, S., Tantleff-Dunn, S., Gokee-Larose, J. and Thompson, J. K. (2004) 'Beauty and thinness messages in children's media: A content analysis'. *Eating Disorders*, 12: 1, 21–34.

37 Buckingham, 2011.

38 Rees, R., Oliver, K., Woodman, J. and Thomas, J. (2009) *Children's Views About Obesity, Body Size, Shape and Weight. A systematic review*. London: Institute of Education, University of London. 参见 <http://eppi.ioe/ac.uk/cms/Portals/0/Obesity%20Views%20Children%20R2009Rees.pdf?ver=2010-12-22-121209-040> (accessed 31 January 2018).

39 Sheehy, K. (2010) 'Stigmatising and removing defective children from society: The influence of eugenic thinking', in L. Brockliss and H. Montgomery (eds.) *Childhood and Violence in the Western Tradition*. Oxford: Oxbow Books.

40 Pinquart, M. (2013) 'Body image of children and adolescents with chronic illness: A meta-analytic comparison with healthy peers'. *Body Image*, 10: 2, 141–8.

41 Beckett, A. (2013) 'Non-disabled children's ideas about disability and disabled people'. *British Journal of Sociology of Education*, 35: 6, 856–75.

42 Hodkinson, A. (2007) 'Inclusive education and the cultural representation of disability and disabled people: Recipe for disaster or catalyst of change? An examination of non-disabled primary school children's attitudes to children with disabilities'. *Research in Education*, 77: 1, 56–76, p. 70.

43 Beckett, 2013.

44 Shakespeare, T., Preistly, M. and Barnes, C. (1999) *Life as a Disabled Child: A qualitative study of young people's experiences and perspectives, final report*. University of Leeds: Centre for Disability Studies. 参见 <http://disabilitystudies.leeds.ac.uk/files/2011/10/life-as-a-disabled-child-report.pdf> (accessed 7 De-

cember 2015)。

45 De Vries, 2007; Tingsted, 2009; Buckingham, 2011.

第九章　过去真的比现在好吗？

1 "身心健康"（well-being）这个词是用来研究儿童生活质量的，它将重心从儿童的基本需求和缺失，转为更积极的关注他们当前的生活质量。最重要的是，在计算物质生活水平的同时，也将儿童自己对生活的感知纳入到了考察之中。这个概念现在经常被政策制定者、从业人员和学界人士使用，但也因其概念上的模糊性而被质疑和抵制。关于支持和反对该词使用的回顾，可参见 Punch, S. (2013) 'Resilience and well-being', in H. Montgomery (ed.) *Global Childhood: Local Issues*. Bristol University: Policy Press.

2 Morrow, V. and Mayall, B. (2009) 'What is wrong with children's well-being in the UK? Questions of meaning and measurement'. *Journal of Social Welfare and Family Law*, 31: 3, 217–29.

3 Kehily, M. J. (2010) 'Childhood in crisis? Tracing the contours of "crisis" and its impact upon contemporary parenting practices'. *Media, Culture and Society*, 32: 2, 171–85.

4 引自 *The Guardian*, 16 May 2007. 参见 <https://www.theguardian.com/society/2007/may/16/childrensservices.uknews>.

5 Barnardo's (2008) 'The shame of Britain's intolerance of children', press release. 17 November 2008. 参见 <http://www.barnardos.org.uk/news_and_events/media_centre/press_releases.htm?ref=42088>.

6 Kehily, M. J. (2013) 'Childhood in crisis? An introduction to contemporary Western childhood', in M. J. Kehily (ed.) *Understanding Childhood: A cross-disciplinary approach*. Bristol University: Policy Press.

7 儿童的体重以及当前的肥胖危机，是儿童健康的一个特殊层面，在第八章中有更为详尽的解读。

8 UNICEF (2007) *Child Poverty in Perspective: An overview of child well-being in rich countries*. Florence: UNICEF Innocenti Research Centre.

9 UNICEF (2013) *Child Well-Being in Rich Countries. A comparative overview*.

Florence: UNICEF Innocenti Research Centre.

10. Wilkinson, R. and Pickett, K. (2010) *The Spirit Level. Why equality is better for everyone*. London: Penguin.

11. 关于国家、社会福利体制与儿童身心健康三者关系的全面讨论，可参见 Parton, N. (2012) 'Reflections on "Governing the Family": the close relationship between child protection and social work in advanced Western societies – the example of England'. *Families, Relationships and Societies*, 1: 1, 87–101.

12. Cross, G. (2004) *The Cute and the Cool: Wondrous innocence and modern American children's culture*. New York: Oxford University Press.

13. Buckingham, D. (2011) *The Material Child. Growing up in consumer culture*. Cambridge: Polity Press.

14. Palmer, S. (2006) *Toxic Childhood. How the modern world is damaging our children and what we can do about it*. London: Orion.

15. Barkham, P. (2013) 'No freedom to play or explore outside for children', *The Guardian*, 13 July 2013. 参见 <https://www.theguardian.com/internationallifeandstyle/2013/jul/13/no-freedom-play-outside-children>.

16. Dunn, J. and Layard, R. (2009) *A Good Childhood. Searching for values in a competitive age*. London: Penguin.

17. Hillman, M., Adams, J. and Whitelegg, J. (1990) *One False Move: A study of children's independent mobility*. London: Policy Studies Institute.

18. Holpuch, A. (2015) '"Free-range" kids taken into custody again – parents had to sign "safety plan"', *The Guardian*, 13 April 2015. 参见 <http://www.theguardian.com/society/2015/apr/13/free-range-children-taken-into-custody-again-maryland>。

19. Courier Mail (Australia) (2016) 'Do your kids walk or ride to school by themselves? You could be breaking the law', 5 August 2016. 参见 <http://www.couriermail.com.au/news/queensland/do-d45f1daefac034cb0a7aef961285c88b> (accessed 31 January 2018)。

20. Furedi, F. (2001) *Paranoid Parenting*, London: Allen Lane, p. 10.

21. Fass, P. (1997) *Kidnapped. Child Abduction in America*. Oxford: Oxford Univer-

sity Press.

22 几十年来，儿童被陌生人绑架和杀害的数量一直维持在每年 11 人左右。而儿童，尤其 10 岁以下的儿童，面临的来自外人的威胁也非常少。虽然每一起案件都是一场骇人的家庭悲剧，但耐人寻味的是，这类案件的发生率一直保持稳定，但父母对这种威胁的恐惧竟直线攀升，以至于对"来自陌生人的危险"的担忧掩盖了父母的所有其他焦虑。比如说有人表示，家长们更担心他们的孩子被谋杀而不是变得肥胖，但后者的概率其实比前者高多了。BBC News online (2010) 'Parents "more worried about murder than obesity" threat'. 18 May 2010. 参见 <http://www.bbc.co.uk/news/10120160>(accessed 22 October 2018)。

23 DeMause, L. (1976) *The History of Childhood*. London: Souvenir Press, p. 1.

24 Pollock, L. A. (1983) *Forgotten Children: Parent–child relations from 1500 to 1900*. Cambridge: Cambridge University Press.

25 震惊于广为流传的 BBC 艺人、天主教和新教教会内部及其他地方的娈童丑闻，时任英国内政大臣的特蕾莎·梅于 2014 年 7 月 7 日发起了针对儿童性侵丑闻的独立调查，旨在调查国家机关为何失职，没能保护儿童于性侵害。

26 Child Welfare Information Gateway (2014) *Child Abuse and Neglect Fatalities 2014: Statistics and interventions*. Washington, DC: US Department of Health and Human Services. 参见 <https://www.childwelfare.gov/pubPDFs/fatality.pdf> (accessed 22 October 2017)。

27 NSPCC (2010) Child Protection Register Statistics. 参见 <http://www.nspcc.org.uk/Inform/research/statistics/child_protection_register_statistics_wda48723.html> (accessed 17 September 2017)。

28 Kempe, C. H., Silverman, F. N., Steele, B. F., Droegemuller, W. and Silver, H. K. (1962) 'The battered child syndrome'. *Journal of the American Medical Association*, 181, 17–24.

29 Brockliss, L. and Montgomery, H. (eds.) (2010) *Childhood and Violence in the Western Tradition*. Oxford: Oxbow Press.

30 英国最出名的儿童死亡事件包括：Dennis O'Neill (1945), Maria Colwell (1973), Tyra Henry (1984), Jasmine Beckford (1984), Kimberley Carlile (1987),

Martin Nicoll (1991), Victoria Climbié (2000), Lauren Wright (2000), Ainlee Labonte (2002), John Gray (2003) and Peter Connelly (2007). Hopkins, G. (2007). 'What have we learned? Child death scandals since 1944'. Community Care website, 10 January 2007. 参见 <http://http://www.communitycare.co.uk/2007/01/10/what-have-we-learned-child-death-scandals-since-1944> (accessed 22nd October 2017)。

31 教师群体中也有类似的观念。尽管二战前的一些管教手段，比如以教育和惩戒的名义鞭笞和殴打儿童（男女通行），在今天看来令人发指，但直到 20 世纪 70 年代，体罚一直是英国学校中普遍采取的手段，并被视为教师的重要管理手段。现在体罚已近被取缔了（公立学校于 1987 年废除体罚，私立学校则于 1999 年将其废除），如果再次出现则将被视为人身伤害。然而，2008 年一次涉及 6,162 名英国教师的民意调查发现，22% 的中学教师依旧支持在极端情况下鞭打学生。Bloom, A. (2008) 'Survey whips up debate on caning'. *Times Educational Supplement*, 10 October 2008.

32 Centre for Research on Families and Relationships (2008) 'Parenting practices and support in Scotland'. Briefing Paper no. 40, October 2008. Edinburgh: University of Edinburgh.

33 Donnelly, M. and Straus, M. A. (2005) *Corporal Punishment of Children in Theoretical Perspective*. New Haven: Yale University Press.

34 Levinson, D. (1989) *Family Violence in Cross-Cultural Perspective*. London: Sage.

35 Einarsdóttir, J. (2000) "Tired of Weeping". Child Death and Mourning among Papel Mothers in Guinea-Bissau. *Stockholm Studies in Social Anthropology*. Stockholm: Almquiest & Wiksell Intl.

36 Wolf, M. (1972) *Women and the Family in Rural Taiwan*. Stanford: Stanford University Press, p. 69.

37 Stafford, C. (1995) *The Roads of Chinese Childhood: Learning and identification in Angang*. Cambridge: Cambridge University Press.

38 Alison Parkes, University of Glasgow, quoted in Horne, M. (2016) 'Rural idylls make for discontented children', *The Times*, 30 June 2016, p. 23.

39 Wells, K. (2002) 'Reconfiguring the radical other: Urban children's consump-

tion practices and the nature/culture divide'. *Journal of Consumer Culture*, 2: 3, 261–77.

40 引自 Cunningham, H. (2006) *The Invention of Childhood*. London: BBC Books, p. 214。

41 然而这个观点也不全然正确,许多儿童依旧在家中劳作,侍奉父母,照顾兄弟姐妹,或者做些零工,工资却比成年人少得多。但尽管这样,童年仍被看作独立于成年期的一段时间,人们不指望孩子工作,希望他们在家里或者学校里待着,并且或多或少与成人世界的操心相隔绝。参见 Morrow, V. (1996) 'Rethinking childhood dependency: Children's contributions to the domestic economy'. *Sociological Review*, 44: 1, 58–77。

42 Zelizer, V. (1985) *Pricing the Priceless Child*. Princeton: Princeton University Press, p. 3.

43 Lansdown, G. (1994) 'Children's rights', in B. Mayall (ed.) *Children's Childhoods: Observed and experienced*. London: Falmer Press.

44 Burr, R. (2004) 'Children's rights: International policy and lived practice', in M. J. Kehily (ed.) *An Introduction to Childhood Studies*. Maidenhead: Open University Press, p. 152.

45 Goodman, R. 1996. 'On introducing the UN Convention on the Rights of the Child into Japan', in R. Goodman and I. Neary (eds), *Case Studies on Human Rights in Japan*. Richmond, Surrey: Japan Library, Curzon Press, p. 131.

46 Twum-Danso, A. (2009) 'Reciprocity, respect and responsibility: The 3Rs underlying parent–child relationships in Ghana and the implications for children's rights'. *International Journal of Children's Rights*, 17: 3, 415–32.

47 Adams, K. (2013) 'Childhood in crisis? Perceptions of 7–11-year-olds on being a child and the implications for education's well-being agenda'. *International Journal of Primary, Elementary and Early Years Education*, 41: 5, 523–37

48 Pugh, A. J. (2009) *Longing and Belonging: Parents, children, and consumer culture*. Berkeley: University of California Press.

49 Kehily, 2013, p. 8.

50 Hill, A., Davies, C. and Hinsliff, G. (2009) 'Are our children really in crisis, or the victims of parents' anxiety'. *The Observer*, 1 February 2009. 参见 <http://

www.guardian.co.uk/society/2009/feb/01/child-welfare-inquiry>(accessed 7 July 2016)。

结语　工作愉快，会玩懂爱，心怀期待

1. Harries, V. and Brown, A. (forthcoming) 'The association between use of infant parenting books that promote strict routines, and maternal depression, self-efficacy, and parenting confidence'. *Early Child Development and Care*, 1–12. 另外可以参见 Swansea University press release. 参见 http://www.swansea.ac.uk/media-centre/latest-research/newresearchfindslinkbetweensomebabybooksandpostnataldepression.php。

延伸阅读

第一章　该如何照看孩子？

DELOACHE, JUDY and GOTTLIEB, ALMA(2000) *A World of Babies: Imagined childcare guides for seven societies*. Cambridge: Cambridge University Press.

这是人类学家编纂的一套精美绝伦的论文集，仿佛一本原住民所写的育婴手册。各位作者记述了 17 世纪马萨诸塞州清教徒的教养方式，以及现今科特迪瓦、巴厘岛、土耳其、西非共和国、密克罗尼西亚以及澳大利亚原住民的教养实例。这本书饱含温情地介绍了世界各地人民对子女的爱与关怀，以及他们照料孩子的各种习俗。

LEVINE, ROBERT and LEVINE, SARAH(2016) *Do Parents Matter? Why Japanese babies sleep soundly, Mexican siblings don't fight, and American families should just relax*. New York:

Public Affairs, Perseus Books.

这是一本可读性极高的人类学汇总,记述了不同民族是如何照料婴儿、教养孩子的。这本书挑战了家长自以为在孩子社交过程中至关重要的地位,并用人类学的证据批驳了各种普适理论。任何为观点矛盾所苦恼的家长都该读读这本书,其实有很多种方式培养健康快乐的孩子。

LEE, ELLIE, BRISTOW, JENNY, FAIRCLOTH, CHARLOTTE and MACVARISH, JAN(2014) *Parenting Culture Studies*. Basingstoke: Palgrave Macmillan

这本书是由英国教养研究界领军学者编纂的论文集,批判分析了许多教养理念的"圣典"。四位作者对现代教养理念的诸多方面展开探索,包括各路专家的生平、怀孕为何被监督以及依恋关系是不是像我们一直以为的那样重要。虽偶有晦涩难懂之处,但其中精彩的点评现在的每一位家长都该聆听。

FREEMAN, HADLEY (2016) 'Attachment parenting: the best way to raise a child – or maternal masochism?' The Guardian, 13 July. Available at<https://www.theguardian.com/lifeandstyle/2016/jul/30/attachment-parenting-best-way raise child-ormaternal-masochism>

这是一篇记者写的文章,她作为一位母亲,探索了亲密育儿法的世界。虽然她认为这种方式不适合她,但她还是公允地记述了现实状况、其中利弊以及与其他亲密式育儿的母亲的对话。要了解亲密育儿法背后的理念及它如此流行的原因,此文很值得一读。

SMALL, MEREDITH (1998) *Our Babies, Ourselves: How biology and culture shape the way we parent*. New York: Anchor Books.

这是一本精彩的跨文化与进化视角下的婴儿照料研究的综述与点评,它将告诉我们,我们在孩子早年所做的一切中,有多少是生理决定的,又有多少是文化决定的。这本书详尽地探索了不同文化中的教养方式,他们母乳喂养的时间,他们允许孩子哭闹多久,以及他们鼓励孩子在什么样的地方睡觉。

第二章 成为父母对一个人有何影响?

HOLLWAY, WENDY (2015) *Knowing Mother: Researching maternal identity change*. Basingstoke: Palgrave Macmillan.

该书深度探索了女性初为人母的体验和身份转变,涉及大量社会心理学领域的研究

GERHARDT, SUE (2015) *Why Love Matters: How affection shapes a baby's brain*. New York: Routledge.

该书引用大量当代神经生物学和心理学的研究成果，考察了为何儿童的早年关系对他们的脑部发育至关重要，并且与他们未来的心理健康和幸福感密切相关。

第三章 何为"家庭"？家庭有优劣之分吗？

GOLOMBOK, SUASAN (2015) *Modern Families*. Cambridge: Cambridge University Press.

该书是家庭结构改变领域的权威之作，由剑桥家庭研究中心主任撰写。这本书关注了新近出现的生殖技术（如体外受精，代孕，捐精捐卵等）对社会和个人的影响。该书的核心观点是：对孩子发展影响最大、最重要的是家庭关系的质量和广义的社会环境，而不是他们的受孕方式、他们与父母的生物学联系，也不是他们家长的数量或者家长的性取向。

LAYARD, RICHARD and DUNN, JUDY (2009) *A Good Childhood: Searching for values in a competitive age*. London: Penguin Books.

"美好童年调研"于 2006 年受"儿童协会"委托，考察了英国儿童的童年现状并提出了提升儿童幸福感的建议，调研内容在同年出版成书，适合普通大众阅读。其中第二章以家庭为主题，对父母冲突、分手和离异等方面的不同研究做了精彩的综述。

SMART, CAROL, NEALE, BREN and WADE, AMANDA (2001) *The Changing Experience of Childhood: Families and divorce.* Cambridge: Polity Press.

该书由利兹大学研究团队撰写，是一份关于孩子对父母离异和教养方式看法的社会学调查，书中大量引用了受访儿童的原话。该书结论精确细腻，分析了父母离异对儿童的影响，这种影响如何随岁月消逝，以及该如何协助孩子适应这样的家庭变故。

第四章　孩子该如何社会化？

LYTHCOTT-HAIMS, JULIE (2015) *How to Raise an Adult: Break free of the overparenting trap and prepare your kid for success.* London: Bluebird.

莱斯考特-海姆斯在这本书中不仅引用大量研究作为证据，同时也融入了自己作为一位母亲和新生院院长的反思，考察了过度教养可能伤害孩子并导致父母焦虑的方式。这是一本引人入胜且文笔幽默的读物，将研究证据与颇有洞见的反思相结合。

FUREDI, FRANK (2001) *Paranoid Parenting: Why ignoring the experts may be best for your child*. London: Allen Lane.

在这本影响深远又极为可读的书中，弗兰克·富里迪挑战了许多既定的观念：什么样才是好父母？家长对所谓业界专家的各式主张到底能有多敏感？

第五章　孩子该怎么玩？

IKEA (2015) *The Play Report*. Available at <http://www.kidsandyouth.com/wp-content/uploads/2015/12/>:

这是一份清晰易读的材料，汇报了有史以来规模最大的儿童玩耍研究，其中开展的访谈涉及 30000 名父母和儿童，横跨 12 个国家。关于不同时期不同国家儿童的玩耍经历，这份报告呈现了许多颇为有趣的洞见。

BROOKER, LIZ, and WOODHEAD, MARTIN (eds.) (2013) *The Right to Play, Early Childhood in Focus* 9. Milton Keynes: Open University. Available at <https://bernardvanleer.org/publications-reports/the-right-to-play/>

这个配有插画的小册子简明扼要地总结了理论建设、实地研究和政策议题。这本书考察了第五章涉及的一些话题，比如文化对儿童玩耍的影响、儿童自己对玩耍的见解以及玩耍的好处。

第六章 教育里最重要的什么?

BURKE, CATHERINE and GROSVENOR, IAN (2015) *The School I'd Like Revisited: Children and young people's reflections on an education for the 21st century*. London: Routledge.

该书内容丰富有趣,颇有见地,探究了孩子们对学校以及上学的看法。书中收纳了孩子们的画作和小诗,向读者展示出,在设计更好的教育体验的时候,倾听"孩子的声音"是多么重要。

LONG, MARTYN, WOOD, CLARE, LITTLETON, KAREN, PASSENGER, TERRI, and SHEEHY, KIERON (2010) *ThePsychology of Education*, 2nd edn. London: Routledge.

这是一本大体量的综合性读物。该书采用了以证据说话的模式,考察了教育领域的诸多话题。此书运用现实中的案例,为提高教育效果提供了切实可行的解决方案。除此之外,在您检索具体的教育理论、干预手法和争议话题的时候,这本书也可以作为一个可靠详实的信息来源。

PISA in Focus (2015). What do parents look for in their child's school? (Issue no. 51). Paris: OECD Publishing. Available at <http://www.oecd.org/pisa/pisaproducts/pisainfocus/PIF-51(eng)-FINAL.pdf>

这是一份简明扼要的研究报告,调查了 11 个国家中家长在择校时都会关注哪些因素。报告中提出了一份"打造理想学校的配方",并讨论了父母将如何影响孩子的发展。

第七章 父母和专业人士该如何培养孩子的韧性和自主性?

GINSBURG, KENNETH (2014) *Building Resilience in Children and Teens: Giving kids roots and wings.* Illinois: American Academy of Pediatrics.

这本书探索了儿童每天都会面对的挑战和压力,并提出了一套策略,帮助孩子解决与同龄人的问题,社交中的困难,与家庭的矛盾,以及学业带来的压力。非常好读的一本书,适合孩子父母和准家长阅读。

SELIGMAN, MARTIN (1995) *The Optimistic Child.* New York: Houghton Mifflin (pbk edn, 2007: New York: HarperCollins).

塞利格曼的疑问是,为什么自尊和韧性已经被研究了十多年，然而儿童和青年人的抑郁率依旧在上升，而心理健康问题依旧是个问题？通过引述大量的研究成果，塞利格曼为儿童和青年人提供了一份处理日常挑战的指南。

第八章　孩子应该看起来什么样子？

BUCKINGHAM, DAVID (2011) *The Material Child: Growing up in consumer culture*. Cambridge: Polity Press.

该书作者是一位数十载都致力于书写儿童与媒体关系的社会学家。这本书，尤其是它的第六章"对肥胖的恐惧"，考察了关于"肥胖流行病"的一些观点。虽然在内容上挑战着我们的认知，甚至有时颇具争议，这诚然是一份非常易读的多视角文本。

JAMES, ALLISON, KJØRHOLT, ANNE-TRINE and TINGSTAD, VEBJØRG (eds) (2009) *Children, Food and Identity in Everyday Life*. Basingstoke: Palgrave Macmillan.

这是一部校订过的学术论文集，论述了儿童与食物的关系，并不局限于肥胖问题。该书考察了食物在儿童生活的地位，以及父母、儿童与广告商之间的饮食控制权之争。在书中我们可以看到，孩子能有多少控制权，实际上有掌握多少控制权，以及在饮食上他们究竟有多少选择。

National Center for Education in Maternal and Child Health (2012) 'Overweight and Obesity in Children and Adolescents'. Available at <https://www.ncemch.org/knowledge/overweight.php>. Washington DC: Georgetown University.

尽管儿童肥胖症的成因和后果已经被讨论了无数次，最核心的问题依旧在其医学/生理层面，由此也产生了大量的学术和医疗文献，并提倡人们采取干预措施。这个网站如同一个信息汇集中心（而且会定期更新），收录了有关儿童超重与肥胖的预防、识别、管理和治疗的各种当代权威资源。网站为家长、校方和医疗从业者提供了各自的专区。

WATSON, NICK, SHAKESPEARE, TOM, CUNNINGHAM-BURLEY, SARAH and BARNES, COLIN (2005) *Life as a Disabled Child: A qualitative study of young people's experiences and perspectives*. ESRC Research Programme. Available at <http://disability-studies/leeds.ac.uk/files/2011/10/life-as-a-disabled-child report.pdf>

这份研究报告关注了残疾儿童在日常生活中各个层面的经历。在身份认同部分，该报告考察了在一个崇尚完美身形的文化中，残疾儿童会如何看待自己。

第九章　过去真的比现在好吗？

FUREDI, FRANK (2001) *Paranoid Parenting: Why ignoring the experts may be best for your child*. London: Allen Lane.

这是一本鞭辟入里、被广为引用参考的读物。富里迪考察了"风险"的概念，进而思考为什么在这前所未有的安全年代里，人们仍会如此偏执地关注儿童的安全和身心健康。该书内容上挑战着我们的认知，但极为可读，透视了诸多当代父母担忧的话题。

CUNNINGHAM, HUGH (2006) *The Invention of Childhood*. London: BBC Books.Based on a BBC Radio 4 series,

坎宁安关注了自盎格鲁-撒克逊时期开始的数个世纪以来人们对童年的看法。虽然他看到了二战之后成人-儿童关系中独特而又明显的变换，但这本书也向我们表明，童年的概念确实一直是和焦虑相关的，充满了万事万物都在走下坡路的论调。

KEHILY, MARY-JANE (2010) 'Childhood in crisis? Tracing the contours of "crisis" and its impact upon contemporary parenting practices'. *Media, Culture and Society*, 32: 2, 171–85.

玛丽·简·凯西里是"童年危机"的讨论中最新加入而

且读者群也最广的一位评论家。和坎宁安一样，她认为童年危机概念在一定程度上是一种周而复始的、聚焦于青年一代的道德恐慌。她考察了媒体和国际报道是如何通过描绘当今儿童的凄惨形象——尤其是英国儿童的形象——来塑造这场大讨论的，以及这对父母的教养有何影响。

图书在版编目（CIP）数据

为人父母：那些证据告诉我们的事 /（英）维多利亚·库珀,（英）希瑟·蒙哥马利,（英）基伦·希伊著；白亦玄译. -- 上海：上海文艺出版社，2023
（企鹅·鹈鹕丛书）
ISBN 978-7-5321-8512-2

Ⅰ.①为… Ⅱ.①维… ②希… ③基… ④白… Ⅲ.①家庭教育 Ⅳ.① G78

中国版本图书馆 CIP 数据核字（2022）第 202709 号

PARENTING THE FIRST TWELVE YEARS
Text copyright © Victoria Cooper, Heather Montgomery, Kieron Sheehy, 2018
First Published by Pelican Books, an imprint of Penguin Books 2018
Simplified Chinese edition copyright © 2023 by Shanghai Literature & Art Publishing House in association with Penguin Random House North Asia.
Penguin（企鹅）, Pelican（鹈鹕）, the Pelican and Penguin logos are trademarks of Penguin Books Ltd.

®"企鹅"及相关标识是企鹅兰登已经注册或尚未注册的商标。
未经允许，不得擅用。
封底凡无企鹅防伪标识者均属未经授权之非法版本。

出品人：毕　胜
责任编辑：肖海鸥
特约编辑：孙未末

书　　名：为人父母：那些证据告诉我们的事
作　　者：[英] 维多利亚·库珀　[英] 希瑟·蒙哥马利　[英] 基伦·希伊
译　　者：白亦玄
出　　版：上海世纪出版集团　上海文艺出版社
地　　址：上海市闵行区号景路 159 弄 A 座 2 楼 201101
发　　行：上海文艺出版社发行中心
　　　　　上海市闵行区号景路 159 弄 A 座 2 楼 206 室 201101　www.ewen.co
印　　刷：苏州市越洋印刷有限公司
开　　本：1092×787　1/32
印　　张：10.125
字　　数：190,000
印　　次：2023 年 4 月第 1 版　2023 年 4 月第 1 次印刷
Ｉ Ｓ Ｂ Ｎ：978-7-5321-8512-2 / C.095
定　　价：68.00 元
告 读 者：如发现本书有质量问题请与印刷厂质量科联系 T：0512-68180628